XING SHI WEI FA LI LUN YAN JIU
FAN ZUI PING JIA DE GUI FAN JI CHU
JI QI SHI JIAN JIA ZHI

刑事违法理论研究

——犯罪评价的规范基础及其实践价值

张军 / 著

中国检察出版社

图书在版编目（CIP）数据

刑事违法理论研究：犯罪评价的规范基础及其实践价值／张军著．—北京：中国检察出版社，2017.1

ISBN 978 - 7 - 5102 - 1801 - 9

Ⅰ．①刑…　Ⅱ．①张…　Ⅲ．①刑法 - 研究 - 中国　Ⅳ．①D924.04

中国版本图书馆 CIP 数据核字（2016）第 302916 号

刑事违法理论研究
——犯罪评价的规范基础及其实践价值

张军　著

出版发行：中国检察出版社

社　　　址：北京市石景山区香山南路 111 号　（100144）

网　　　址：中国检察出版社（www.zgjccbs.com）

编辑电话：(010)68658769

发行电话：(010)88954291　88953175　68686531
　　　　　　(010)68650015　68650016

经　　　销：新华书店

印　　　刷：保定市中画美凯印刷有限公司

开　　　本：710 mm×960 mm　16 开

印　　　张：11.75

字　　　数：210 千字

版　　　次：2017 年 1 月第一版　　2017 年 1 月第一次印刷

书　　　号：ISBN 978 - 7 - 5102 - 1801 - 9

定　　　价：32 元

内容摘要

德国学者卡尔·拉伦茨指出，"法学是指：以法秩序为基础及界限，借以探求法律问题之答案的学问。这种学问的基本问题在于，在法律判断中经常包含价值判断……法学针对价值取向的思考也发展出一些方法，借助它们可以理解和转述既定的价值判断"。犯罪是违反刑法的当罚行为，这个看似简单的概念实质上是刑法问题的核心，乃至整个刑法理论的基础。从刑法理论的历史来看，想要解决的便是如何给犯罪的评价以妥当的指引，所有犯罪构成理论也均是围绕着犯罪的评价展开的。同样，我国的刑法理论也是围绕犯罪的评价展开，其中刑事违法性也是一个不可或缺的概念。但是，作为犯罪形式特征的刑事违法性只是一个没有实体内容、依附于社会危害性的形式概念，实际上只是对以社会危害性为本质的犯罪概念的"法"的形式修饰，并不具有实质的刑法意义。本文立足于我国的刑法理论体系，对传统的刑事违法性理论进行了反思和重构，揭示了刑事违法性作为一种价值关系属性的本质，寻求刑事违法的规范本质，倡导规范意义上的刑事违法性，以期将刑事违法性建构成为刑法中的核心概念，进而对刑事司法中的方法论尝试展开探讨。

除绪论和结语以外，本文的主体共分为六章。

第一章对我国刑法中的刑事违法性理论与德日国家刑法理论中的违法性概念进行了简略的梳理，并指出二者在刑法中的不同地位与功能，为后面的论述奠定基础。

第二章对两种违法性理论分别进行了反思和检讨，揭示了我国刑法理论中的刑事违法性概念的矛盾和德日国家二元违法观的缺陷，并进行了批判。重点指出：我国刑法中的刑事违法性实质上只是对犯罪构成"法定性"的形式强调，并没有体现对行为否定性价值评价的属性；而为了矫正形式违法的不足，传统理论在刑事违法性之外引入社会危害性这一实质的标准，不仅使刑事违法本身失去了在刑法理论中的价值，而且导致社会危害性与刑事违法性二者之间的矛盾。德日国家刑法理论中形式违法性与实质违法性的区分只是古典犯罪论形式主义思维的产物，是对体系化的犯罪构成予以合理解释的需要，而真正的违法性就是实质意义的法价值评价，形式违法性的概念并不妥当。因此，借鉴德日国家刑法理论，构建形式—实质的双层次刑事违法性理论的做法并不可行。

第三章立足于刑事违法性规范评价的特征，指出刑事违法性并不是简单的三段论推理的形式结论。与社会危害性一样，刑事违法性也是行为人的行为所体现的一种属性，是行为与刑法发生关系时所体现出的与刑法的目的、价值相背离的价值关系属性。这样的一种刑事违法性本身就包含了刑法立场无价值评价的实质内涵。因此，刑事违法性并不仅是对犯罪构成法定性的形式强调，而是现代刑法上犯罪行为的本质属性。从规范违反意义上实质理解的刑事违法性不仅从刑法评价的立场将刑法上的犯罪与一般意义上的犯罪相区分，而且将社会危害性蕴涵的实质价值纳入到刑法的规范评价中，既维护了刑法的自主性、安定性，又满足了实质法治的正义要求。

第四章主要围绕刑事违法性的逻辑结构和价值结构进行分析。重点指出：作为刑法上的否定性价值评价，刑事违法性是和刑法的性质、价值紧密相连的。刑法在国家法秩序中的特殊地位决定了刑事违法具有不同于一般意义上违法的特性，在逻辑上和价值上都体现出特殊的构造。在逻辑上，刑事违法性体现出与法定行为模式相符合，能够产生应当受到刑罚处罚的法律后果的特征；在价值上，作为对法秩序整体违反的刑事违法性不仅违反了刑法中所体现的国家意志，而且还体现出为市民社会规范所不容许的价值属性。刑事违法性价值中社会规范价值的引入就意味着刑事违法性的评价不完全是国家权力的单轨运作，而是将这种评价往社会脉络延伸。这种不再是局限在立法的规定、官方立场的封闭评价，既可以保证刑事违法性评价的正当性、可接受性，又有利于站在市民社会的立场对国家刑罚权的发动加以限制，保障公民自由。

第五章对德日国家关于违法性本质的观点进行了评析和检讨，指出了法益侵害说的不足，对规范违法说的合理性进行了分析。在分析以后，作者提出了自己的观点：具有保护法性质的刑法的目的是保护国民利益、维护市民社会的正常秩序。在我国，应当从社会规范的违反性和对社会利益的侵害性两方面界定刑事违法性的本质，单纯的法益侵害说并不妥当。

第六章立足刑事违法的本质，对罪刑法定原则下的司法理念进行探析。理论是灰色的，而生命之树常青，理论源于实践同时又给实践以指导。研究刑事违法性的价值就在于更好地为实践服务。罪刑法定原则是现代刑法的基本原则，从形式正义向实质正义过渡，从抽象公正到具体公正，是现代司法价值所在，也是让每一起案件的当事人都感受到公平正义的具体体现。刑法的适用离不开对刑法法条的解释，刑事违法性的研究再次凸显了法官释法的重要性和必要性。依照刑事违法性的本质来解释法条，检视刑法对社会生活的介入的必要性，在一定程度上有助于保持刑法的克制和谦抑，防止社会管理的过度刑法化。

目　　录

绪　论 ……………………………………………………………（ 1 ）

第一章　刑法中的违法性理论简述 …………………………………（ 6 ）

　第一节　作为犯罪特征的刑事违法性 …………………………（ 6 ）

　　一、前苏联刑法理论中的刑事违法性 ………………………（ 6 ）

　　二、苏联解体后刑事违法性理论的反思 ……………………（ 9 ）

　第二节　作为犯罪成立要件的违法性 …………………………（ 11 ）

　　一、作为构成要件的违法性理论概述 ………………………（ 11 ）

　　二、不法与违法的概念 ………………………………………（ 12 ）

第二章　刑法中违法性理论的反思与检讨 ………………………（ 15 ）

　第一节　我国刑法中的刑事违法性理论评析与检讨 …………（ 15 ）

　　一、我国刑法中刑事违法性概念的矛盾分析 ………………（ 15 ）

　　二、对通说的改造观点及评析 ………………………………（ 18 ）

　　三、我国刑法中的刑事违法性理论检讨 ……………………（ 21 ）

　第二节　德日国家二元违法性理论评析及批判 ………………（ 23 ）

　　一、德日国家二元违法性理论评析 …………………………（ 24 ）

　　二、形式违法性的批判 ………………………………………（ 29 ）

第三章　刑事违法性理论的重构 …………………………………（ 33 ）

　第一节　刑事违法性重构的基本前提分析 ……………………（ 33 ）

　　一、刑事违法性与社会危害性的关系 ………………………（ 33 ）

　　二、刑事违法性与罪刑法定原则 ……………………………（ 38 ）

　第二节　刑事违法性理论的重构分析 …………………………（ 45 ）

　　一、刑事违法性另一视角的分析 ……………………………（ 45 ）

　　二、刑事违法性的概念重构 …………………………………（ 49 ）

　　三、刑事违法性在刑法中的定位 ……………………………（ 51 ）

第三节 实质的刑事违法性之探寻 …………………（54）
　　一、实质的刑事违法性与实质法治观 …………（54）
　　二、刑事违法性与形式理性 ……………………（59）

第四章 刑事违法性的结构分析 ……………………（66）
　第一节 刑事违法性与违法性的关系 ………………（66）
　　一、刑法的特殊性分析 …………………………（66）
　　二、刑事违法性与违法性的关系 ………………（67）
　第二节 刑事违法性的逻辑结构 ……………………（74）
　　一、法规范的逻辑结构与违法 …………………（74）
　　二、刑法规范的逻辑结构与刑事违法性 ………（76）
　第三节 刑事违法性的价值构造 ……………………（79）
　　一、刑事违法性中"法"的理解 ………………（80）
　　二、刑事违法性的价值构造分析 ………………（83）
　　三、市民社会规范在刑事违法性中的价值体现 …（89）

第五章 刑事违法性的本质分析 ……………………（99）
　第一节 德日国家违法性本质理论简述 ……………（99）
　　一、行为无价值论的违法性本质观简述 ………（100）
　　二、结果无价值论的违法性本质观简述 ………（104）
　　三、两种违法性本质观的评析 …………………（107）
　第二节 刑事违法性的本质
　　　　　——二元的行为无价值论之提倡 …………（120）
　　一、刑法与社会道德伦理的关系 ………………（122）
　　二、刑事违法中的道德伦理基础 ………………（124）
　　三、法益侵害说与规范违反说的融合 …………（127）
　　四、二元的行为无价值论与刑事违法性的本质 …（128）

第六章 刑事违法性理论的实践价值 ………………（130）
　第一节 刑事违法性理论与罪刑法定思想 …………（130）
　　一、罪刑法定原则的思想基础 …………………（130）
　　二、罪刑法定原则的价值内涵 …………………（135）
　　三、罪刑法定原则在我国刑法中的体现 ………（138）
　　四、刑事违法性评价的司法误区 ………………（141）

　　五、以刑事违法性规范评价为基础的司法理念 ……………（147）

　第二节　刑事违法性理论与刑法的解释适用 ……………（152）

　　一、刑法解释的必要性与必然性 …………………………（153）

　　二、我国现行刑法解释体制评析与反思 …………………（156）

结　　语 ……………………………………………………（163）

参考文献 ……………………………………………………（167）

后　　记 ……………………………………………………（174）

绪　　论

　　所谓违法，就是指行为违反了法律的命令或禁止规定，是以法律为标准（依据）对人的行为作出的评价。这似乎是极为明朗、简单的问题。在法学史上，曾有一段时期，司法被视为是一种形式的三段论推理，即法官先客观中立地判断案件事实形成小前提，再价值无涉地寻找法规范以形成大前提，最后以逻辑推论的方式得出结论——违法还是合法。一个多世纪以前的潘多克顿学派甚至梦想将司法的过程设计为法律的"自动售货机"，在一头投入事实与法律，另一边就产生适用法律的结果。在这样的知识背景下，违法只是被看作法律机械适用的形式结论，并没有，也不可能成为一个理论上的问题而存在。

　　但是，遗憾的是潘多克顿学派这一梦想在法律的现实世界根本无法实现，而且也永远不可能实现。因为，即使撇开法律事实这一小前提的确认的困难不论，立法的局限性、模糊性也无法给定一个完美无漏洞的法律大前提、一个法律的"自动售货机"。因为，一方面，立法的规定总是抽象的、不完整的，而现实的生活却是丰富的、具体的，无论立法者如何睿智，他都不能为现实的生活提供现成的答案；另一方面，作为立法产物的大前提——法规范——本身就是一种价值活动的结果，它的内涵需要在适用时才能具体体现，在法律适用的过程中，法官对于判断的大前提的确定本身就是一个复杂的价值活动。因此，法律适用不只是而且主要也不是一种形式的三段论推理，"违法"注定就是一个与价值密切相关的问题。现如今，法学已经走出了形式主义的初级阶段。这一观点在今天已经受到广泛的质疑：法律适用应该是将案例包摄于制定法之下，而且这种包摄无非是最简单的并且是最准确的逻辑推论。法官应当受到"严格的、赤裸的法律文义"的约束，"他的工作无非是将现有的案件与法律文字作比较，不必考虑法律的意义与精神，当字义是诅咒时，就诅咒，是赦罪时，就赦罪。"① 作为一种价值的思考，法学的主观性逐步得到了承认和重视，而如何在主观性的基础上追求法律的客观性、公正性成为现代法学的新课题。这一课题同样也反映在刑法中，本书对刑事违法性的研究就是对刑法中的相关

---

　　① ［德］考夫曼：《法律哲学》，刘幸义等译，法律出版社 2004 年版，第 72 – 73 页。

课题的尝试。

刑法是规定犯罪与刑罚的特殊规范，它是以剥夺公民权利的刑罚手段来调整社会的。刑法的特殊性决定了刑法的明确性、安定性具有更为重要的价值，只有司法者严格按照立法的规定来加以适用，公民的权利和自由才能不受国家刑罚的恣意干预。罪刑法定原则的一个基本要求就是以刑法作为认定犯罪的唯一依据，强调立法对于司法的限制，以保障刑法的安定性、可预测性。因此，一段时期以来，刑法学的研究具有很强的法律形式主义的倾向。作为现代法治的基本标志的罪刑法定思想就源于对中世纪司法罪刑擅断的反思与批判，意图通过立法的形式来限制司法的恣意。以贝卡利亚为代表的刑事古典学派就曾主张"严格限制的解释论"，否认司法中对于刑法的解释。认为刑事法官对任何案件所应当做的只是进行三段论式的逻辑推理，法官根本没有解释刑事法律的权利，因为他们不是立法者。法官所要做的就是依据法律的大前提，判断小前提的行为是否符合法律，其结论是自由或者刑罚。① 因此，当时的刑法理论一再强调刑法评价的客观性、形式性，认为刑法适用就是法官依照立法者制定的刑法进行形式的三段论推理的过程，否认刑法适用中的主观评价。正如考夫曼教授所指出的，"局限于概念和结构分析的形式唯理性，决定了早期的刑法学方法论上流行这样一种观点：即刑法大概是一种极为简单的逻辑堆砌，是对某种生活客观状况以法律规范形式所作的归纳；刑法适用不过是对刑法条文的机械复制以产出无需任何解释的刑事判决书。"②

在概念法学作为一种理论的幻想破灭以后，违法已经不再被视为是从法律概念中演绎出的形式命题，而是包含有法律目的的价值判断。同样，在刑法中无论如何强调法的安定性、形式性，刑法适用中的价值因素始终是无法回避的。罪刑法定原则的坚持并不意味着我们只需根据立法的规定按图索骥，或是在刑法理论的研究中只专注于法条的形式解释，而抛弃对社会现实的关注。因为"刑法的结果是程度如此严重的'必要的恶'，我们不得不推敲其适用的合理性与正当性。我们的国民因一部合理性与必要性不明确的法律而在日常生活中受到限制，违法时被处以刑罚，并被打上犯人的烙印，这一切都令人难以忍受"。③ 刑法是人类社会制定的用于规范人的行为的最为严厉的法律，国家用刑法规范来禁止某一行为并规定违背这一规定的行为应受刑罚处罚不应是任意

---

① ［意］贝卡利亚：《论犯罪与刑罚》，黄风译，中国大百科全书出版社 1993 年版，第 12 – 13 页。

② 转引自刘艳红：《走向实质解释的刑法学——刑法方法论的发端、发展与发达》，载《中国法学》2006 年第 5 期。

③ ［日］西原春夫：《刑法的根基与哲学》，顾肖荣等译，上海三联书店 1991 年版，序章第 4 页。

的，而是要有其合理的根据。国家制定的刑法不仅为刑罚权的行使限定了相应的范围，同时也奠定了合法的基础。因此，国家以法的名义对国民进行惩罚不仅要进行合法性还需要正当性的论证。一个理性的人关心的不仅是刑法适用的"形式合法性"，往往进一步追问立法者制定的刑法的内容、这一规范内容的适用正当与否、合"法"与否。这是刑法学者的使命和刑法研究的价值所在，也是刑法学"专业槽"的体现。在现实生活中，应当给予刑罚处罚的刑事违法行为不仅仅止于立法者的规定；同样，也不是所有看来符合（违反）刑法规定的行为都是应予处罚的刑事违法行为。翻开刑法的历史，统治者借着法的名义实施的镇压与剥夺并不罕见。晚近的法西斯政权更是在法的形式的掩盖下利用法律的形式规定来给予其镇压与统治"合法性"的粉饰。

在现代法治社会，刑法已不再是统治者镇压被统治者反抗的工具，其功能与价值也不再仅是对犯罪的惩罚，而更多的是对国家刑罚权的限制和对国民权利与自由的保障。这一限制和保障不仅是通过立法制约司法权来实现的，还得通过刑事立法和对刑法适用的正当性来保证。因为，规定犯罪构成与刑罚后果的刑法典在限制了司法恣意的同时，也赋予国家刑罚权行使的合法性，使得国家对犯罪行为的处罚具备正当依据。如果不对刑事立法权加以警惕，那么统治者就可以随意"依法"惩治那些所认为的"犯罪行为"，为自己刑罚权的专横、恣意建构合法的依据。而任何既定的法律秩序都可能是"凝固的非正义"……每一种法律秩序都有一种压制的可能，而且它使权力披上权威的外衣，从而更加有效。①　刑事立法是将一定的价值评价与社会生活事实相对应形成犯罪类型的过程，而司法则是将具体的案件事实与刑法规范所体现的价值标准相对应形成判决的过程。因此，无论是刑事立法还是司法均是具有主观性的价值活动，都应当受到足够的约束与制衡。因为根本就不存在全知全能的终极性权力，任何权力只要失去控制，都会成为践踏人权的脱缰野马，无论它是来自法官个人还是立法者群体。

自从上世纪七八十年代我国刑法理论研究走上征途以来，刑事违法性就成为刑法教科书中一个必不可少的概念。但是，这样的一个概念长期以来并未引起理论的注目，甚至从未真正作为一个独立的理论概念加以研究。学者们只是程式化地指出刑事违法性是犯罪的法律特征、形式特征，此后就不再对其予以关注。在传统理论中，社会危害性反而是整个犯罪论的基础与核心，它是决定刑事违法性的实质标准，而刑事违法性则是一个没有实体内容、完全依附于社

---

① ［美］P. 诺内特、P. 塞尔兹尼克：《转变中的法律与社会：迈向回应型法》，张志铭译，中国政法大学出版社 2004 年版，第 31 页。

会危害性的概念，实际上只是对以社会危害性为中心的犯罪概念"法"的形式修饰，并不具有实质的刑法意义。

随着我国刑法理论研究的深入和国外刑法思想的引入，特别是1997年修订的刑法规定罪刑法定原则之后。理论上对于刑事违法性的关注也逐步增多，刑事违法性似乎一跃成为刑法学中一个最为关键的概念。它不仅仅是罪刑法定原则在刑法中的具体体现，甚至成为刑事法治的一个基本坐标。尽管刑事违法性的概念引起了理论的重视，不少学者站在现代法治的立场强调了刑事违法性在刑法中的重要性。但是，刑事违法性本身仍是停留在传统理论的窠臼中，在理论上还是作为犯罪的形式特征加以研究的，在实践中的价值更是无从体现。即使强调刑事违法性的法治意义的学者也并没有对传统的刑事违法性理论加以反思，更没有进一步阐述刑事违法性的实质内涵。这样一种形式的刑事违法性的理解充分体现了我国刑法学研究对法律道德主义传统的反叛和对形式法治的渴望，但同时也隐藏了法律形式主义、概念法学的危险。

实际上，刑法本身就是立法者价值活动的体现，刑法的适用不是简单地将法定的犯罪构成与具体案件事实相对应的逻辑活动，而是一个判断案件事实是否与立法的规定价值上等置的评价过程。因此，在刑法中，仅仅将刑法条文作为大前提、待判的案件事实作为小前提进行逻辑三段论的推理，并不能得出真正的刑事违法性。严格意义上的形式违法根本就不曾真正存在，刑事违法性实际上是对行为人的行为从刑法的立场所作的无价值判断、一种否定性的评价，它不仅仅是与刑法规范形式上的背离，而且是包含着深刻的价值内涵的法的评价。实质意义上的刑事违法性是对刑法中的形式主义、法定主义的扬弃，是在承认刑法评价主观性的前提下对刑法上犯罪的规范性诠释。

作为研究以刑罚的方式规制公民行为的规范法学，在刑法学研究中追问刑事违法性的价值内涵有着更为深刻的伦理内涵与实践价值。这不仅可以推动刑事立法的科学、合理，而且可以透过法形式的外衣揭示司法判断的主观性、价值性，有助于在具体的案件中实现正义。在倡导罪刑法定主义的现代法治中，我们不该、也不应让形式主义的逻辑推演取代作为法律人的智识与责任，更不该让刑法学只是成为刑事立法的形式解释学。在刑法学研究中，借助社会科学、人文科学的方法等手段是无可避免的，它可以使得刑法学更全面的发展，实现法的正义目标。诚如拉伦茨教授所言"……它（指法学）所关心的不仅是法的明确性及法的安定性，同时也致意于：在具体的细节上，以逐步进行的工作来实现更多的正义。如果谁认为可以忽视这部分的工作，实际上他就不该和法学打交道"。①

　　本书立足于我国现行的刑法理论体系，从刑事违法性价值评价的本质出发，采用比较研究的方法，借鉴德日国家刑法中的违法性理论研究的观点，同时吸收了伦理学、法理学研究的一些成果，对通说的刑事违法性概念加以评析和改造；并对刑事违法性与社会危害性理论的关系进行梳理，对刑事违法性的构造、刑事违法性的本质进行了分析。特别是，还站在市民社会刑法的立场来阐述刑事违法性的价值内涵，力图将刑事违法性建构成为现代刑法学中一个真正的核心概念。

---

① ［德］卡尔·拉伦茨：《法学方法论》，陈爱娥译，商务印书馆 2004 年版，第 77 页。

第一章　刑法中的违法性理论简述

第一节　作为犯罪特征的刑事违法性

所谓刑事违法，简单地说就是违反刑法规范，是以刑法为标准作出的一种评价。在刑法早期的历史上，由于诸法合体，没有独立的刑法规范，加之统治者往往"不予设法、言出法随"，犯罪行为的认定与是否有明确的刑法规定没有必然的联系。因此，在理论上也就根本不存在刑事违法这样的概念。到了近代，受到欧洲启蒙思想的影响，古典学派刑法学者为了反对封建司法的罪刑擅断、保障公民的权利与自由，主张从违反法律的立场来评价犯罪，把对犯罪行为的评价与处罚限制在刑法规定的范围内。因此，学者们普遍强调从违反刑法的角度来定义犯罪。认为"犯罪是违反禁止或者命令之法律的作为或不作为""犯罪是触犯刑法规范的行为""犯罪是受到刑法禁止的行为""犯罪是违反刑法应当受到刑罚处罚的行为"。[①] 这些观点明确了刑法规范对于犯罪的决定意义，把刑法上的犯罪定义为刑事违法，从而体现了刑事违法对于犯罪的决定意义。如今，这种从刑法违反的立场来定义犯罪的方式已成为西方刑法学的一个通行做法。但是，这些国家的刑法学者们只是从刑事违法的立场来强调犯罪的法定性，并没有在刑法中提出刑事违法性的概念，更没有对刑事违法性本身展开理论的研究。

一、前苏联刑法理论中的刑事违法性

作为刑法理论上的一个独立概念，刑事违法性并不是源于刑事古典学派理论中的犯罪概念，而是来源于有浓厚的实质色彩的前苏联刑法理论。尽管我国有学者认为，前苏联的刑事违法性概念源于对德国刑法理论的改造，但是这一断言尚缺乏充足的理论依据。因此，在本书中，是将前苏联刑法理论中的刑事

---

① 何秉松主编：《刑法教科书》，中国法制出版社 1997 年版，第 133 页。

违法性作为这一概念的正式渊源。

作为刑法上的一个独立概念，刑事违法性是和前苏联刑法学者所提出的犯罪的混合概念紧密联系的。

十月革命胜利后初期，由于强调以马克思、列宁主义的国家阶级学说为指导，认为犯罪是阶级对抗不可调和的产物。因此，在这样的政治背景下，刑法理论也主要是强调社会主义刑法的阶级性，揭示犯罪的阶级本质，根本没有从违反法律规定的角度来认识犯罪，刑事违法性的理论概念也就无从谈起。不仅如此，当时的苏联学者还对资产阶级学者从违法的形式角度来界定犯罪，将犯罪看成是实施时为刑事法律所禁止的行为的观点提出了批判。认为苏维埃的立法是从实质上，也就是从对社会主义秩序的实质损害上来定义犯罪的。这一时期的刑事法令都着重强调对工农政权和劳动人民的国家建立的法律秩序有危害的行为是犯罪，而对于犯罪的法律因素——刑事违法性，在犯罪的定义中都没有体现。例如，1919 年的《苏俄刑法指导原则》第 6 条规定，"犯罪是危害某种社会主义制度的作为或不作为"；1922 年的《苏俄刑法典》对犯罪规定了一个更加扩展的、实质化的和极具阶级色彩的概念："危害苏维埃制度基础及工农政权在向共产主义制度过渡时期所建立的法律秩序的一切危害社会的作为或不作为，都被认为是犯罪。"1926 年《苏俄刑法典》也将犯罪规定为是一种威胁苏维埃制度基础或社会主义法律秩序的危害社会的行为。① 这一时期，由于过于关注犯罪的阶级性，导致当时整个学界法律虚无主义思想盛行。表现在刑法理论上，就是犯罪的法律属性——刑事违法性被完全忽视了。当时的学者沃尔科夫甚至认为，"在刑法中，特别是在犯罪问题上，重要的一环是社会危害性，也可以理解为阶级危害性……犯罪构成的要件只具有次要意义，一个人之所以被追究刑事责任不是由于他的行为，而是由于它具有阶级危害性。"他还断言："由于苏维埃刑事立法是从实质上来理解犯罪，必然得出不要规定具体犯罪行为的刑事责任制度。"②

到了 20 世纪 30 年代后期，由于苏联国家经济的逐步恢复，社会趋于稳定，法律虚无主义的观点得到扭转。一些学者开始对犯罪概念的法律属性予以关注。H. 杜尔曼诺夫在题为《犯罪概念》(1943 年) 的博士论文中第一次将苏维埃刑法中的犯罪的基本特征描述为：社会危害性、违法性、罪过、应受处

---

① ［苏］A. A. 皮昂特科夫斯基等著：《苏联刑法科学史》，曹子丹等译，法律出版社 1984 年版，第 19 - 20 页。

② ［苏］A. A. 皮昂特科夫斯基等著：《苏联刑法科学史》，曹子丹等译，法律出版社 1984 年版，第 21 页。

罚性和不道德性。在此，他把犯罪的形式特征与实质特征结合起来研究，并指出，如果说犯罪的实质特征是行为的社会危害性，那么形式特征就是以违法性、罪过和人的责任能力为条件的应受惩罚性。这样，违法性就作为犯罪的形式特征首次出现在了犯罪的概念中。① 杜尔曼诺夫的观点对后来的刑法理论产生了深刻的影响，不少学者接受了这样一种混合性的犯罪定义，从形式和实质两方面来描述犯罪。如皮昂特科夫斯基在 1948 年的刑法总则教科书中指出，犯罪特征除社会危害性之外，还有应受惩罚性与罪过；在 1952 年的教科书中，他进一步把像违法性这样的特征列入犯罪概念之中。他写道："犯罪乃是对社会主义国家和社会主义法律秩序有危害的、违法的、有罪过的、应受惩罚的作为和不作为。"② A. A. 盖尔仲青教授也将犯罪定义为"以侵害苏维埃制度基础或社会主义法律秩序、危害社会的作为或不作为的形式表现出来的应受刑罚惩罚的行为"。③ 在这一表述中，盖尔仲青教授明确提出了犯罪概念有两个特征，即实质上的特征——社会危害性；形式上的特征——应受惩罚性。这一时期，将刑事违法性作为犯罪的一个独立特征的观点不但得到了理论上的广泛承认，而且还得到了立法的支持与确认。1958 年的《苏联和各加盟共和国刑事立法纲要》把学者们经过多年创造性讨论而制定的犯罪定义从立法上确定下来。它在第 7 条明确将刑事违法性与社会危害性一同作为犯罪的基本特征进行表述。1960 年的《苏俄刑法典》第 7 条规定的犯罪概念是："凡刑事法律所规定的侵害苏维埃的社会制度、政治和经济体制，侵害社会主义所有制、侵害公民的人身权利和自由、政治权利和自由、劳动权利和自由、财产权利和自由及其他权利和自由的社会危害行为，都是犯罪。"这一概念明显体现了犯罪的两个特征，即社会危害性与刑事违法性。从此，刑事违法性作为犯罪的一个基本特征在苏联刑法中确定了下来。在对刑事违法性的认识上，学者们认为，刑事违法性作为犯罪的一个重要特征的理由在于："仅仅具有社会危害性这个要件，还不足以说明该行为是犯罪。行为的刑事违法性是犯罪的另一个必要要件；只有刑事法律规定的那些社会危害行为才是犯罪。""不管某个社会危害行为是

---

① 〔苏〕A. A. 皮昂特科夫斯基等著：《苏联刑法科学史》，曹子丹等译，法律出版社 1984 年版，第 22 页。

② 〔苏〕A. A. 皮昂特科夫斯基等著：《苏联刑法科学史》，曹子丹等译，法律出版社 1984 年版，第 23 页。

③ 〔苏〕A. A. 皮昂特科夫斯基等著：《苏联刑法科学史》，曹子丹等译，法律出版社 1984 年版，第 23 页。

否违反了其他法律或者道德规范，只要该行为违反了刑事法律即被认为是犯罪。"①

应当指出的是，前苏联学者所主张的刑事违法性实质上指的只是"犯罪的法定性"，是社会危害性的实体标准在法律上的体现。正如俄罗斯总检察长斯库拉托夫在解释"违法性"时所指出的，"违法性这一制度作为犯罪要件只是到 1958 年才在我国立法中出现。刑事违法性——这是犯罪被相应的刑法规范以对犯罪人适用刑罚相威胁而被禁止的性质。违法性是对犯罪社会属性的实体评价在法律上的体现。"② 而实际上，由于苏联刑法理论中社会危害性的核心地位，加上类推制度的存在，这样的刑事违法性只能是一个徒具"形式"的符号，并不具备决定犯罪的实际意义，更没有起到对社会危害性的实际制约作用。处于从属的地位的刑事违法性更多的只是以对社会危害性为中心的犯罪概念加以"法制化"修饰，而非真正意义上的犯罪的法律特征。

由于特殊的政治环境影响，这样一种刑事违法性理论为包括中国在内的广大社会主义国家刑法理论所继受，并成为社会主义国家刑法中犯罪概念的一个重要特征。

二、苏联解体后刑事违法性理论的反思

苏东巨变以后，不少学者对前苏联刑法理论中过分强调犯罪的社会危害性本质特征的做法进行了反思，并在现代法治思想的指导下重新强调了刑事违法性在犯罪概念中的地位和价值。有学者甚至主张直接用刑事违法性特征来取代犯罪的社会危害性特征。并认为，回到犯罪的形式概念，即认为犯罪是刑事法律所禁止的作为或不作为是恰当的。其论据是：社会危害性似乎是"宣言性的要件"，是一个"政治化的规定"，现在是将注意力集中到正确的犯罪要件描述，而摆脱对行为进行社会评价的时候了。③ 这样的理论观点在刑法的立法过程中也得到了反映。例如在当时的两个刑法典草案——1994 年的官方草案和 1993 年的学术性草案中，都尝试在犯罪概念中放弃社会危害性的提法。与此同时，也有学者提出相反的意见，认为应当保留社会危害性的概念。例如库兹涅佐娃教授就认为，"放弃社会危害性便立即从刑法典草案中排除了实践上

---

① ［苏］H. A. 别利亚耶夫等编：《苏维埃刑法总论》，马改秀、张广贤译，群众出版社 1989 年版，第 64 – 65 页。

② ［俄］斯库拉托夫等主编：《俄罗斯刑法典释义》（上册），黄道秀译，中国政法大学出版社 2000 年版，第 24 页。

③ ［俄］库兹涅佐娃等著：《俄罗斯刑法教程》，黄道秀译，中国法制出版社 2002 年版，第 136 页。

非常重要的关于情节显著轻微的行为不是犯罪的规定……刑事违法性是从社会危害性和有罪过性质派生出来，成为对犯罪的评价标准要件。只有危害社会和有罪过的行为才是刑事违法行为。"[1]

在俄罗斯刑法典的编纂过程中，学者们纷纷提议在犯罪定义中应当确立刑事违法性的优先地位，认为这样更加符合刑事法治的精神。他们还对刑事违法性仅是表现社会危害性的形式特征的传统观点提出了批判。例如纳乌莫夫教授明确指出，"必须改变犯罪定义中苏维埃刑事传统的实体要件和形式要件的相互关系。必须真正放弃对这些要件相互联系的通常的解释，在这种解释中，实体要件（社会危害性）是其基础，而形式要件（刑事违法性）被宣布为从前者派生出来的要件。显然，在一个法制国家，违法性要件应该占据第一位。"[2] 但是纳乌莫夫并没有拒绝社会危害性的概念，他在强调犯罪的刑事违法性特征在司法实践中的重大作用的基础上也指出了社会危害性的存在价值。他说："犯罪的形式特征意味着一个法律原则，没有法律规定便没有犯罪……社会危害性是犯罪行为的内在特征，揭示了犯罪的本质属性，这一犯罪的客观特征不依赖于立法者的意志而存在。"[3] 这样的理论观点在俄罗斯的刑事立法中也得到了体现。1996 年《俄罗斯刑法典》规定的犯罪概念是："本法典以刑法相威胁禁止的有罪过的实施的危害社会的行为，被认为是犯罪。" 从而进一步强调了刑事违法性在犯罪概念中的存在，体现了社会危害性与刑事违法性互为前提、互相制约的关系。对此，克拉西科夫写道："刑事违法性与社会危害性的相互制约是正确理解立法者规定某种行为是犯罪的决定因素。无论行为对社会有多大的危害，只要刑事法律没有规定，就不能认为是犯罪。同样，行为虽然形式上含有刑法典条文规定的要件，但由于情节轻微而不具有社会危害性，也不能认为是犯罪"。[4] 由此可以看出，在俄罗斯刑法中，尽管刑法典在犯罪概念中同时规定了社会危害性与刑事违法性。但是，与前苏联刑法中的刑事违法性不同，这里的刑事违法性已经基本脱离了社会危害性的附庸与粉饰的地位。在犯罪的两个特征中，刑事违法性已经占据主导地位，并对社会危害性起到积极的制约概念，社会危害性只是在否定犯罪的成立方面起着实质判断的作用。从某种意义而言，刑事违法性已经成为认定犯罪的主导因素，社会

---

① [俄] 库兹涅佐娃等著：《俄罗斯刑法教程》，黄道秀译，中国法制出版社 2002 年版，第 144 页。

② [俄] 库兹涅佐娃等著：《俄罗斯刑法教程》，黄道秀译，中国法制出版社 2002 年版，第 144 页。

③ 赵薇：《俄罗斯联邦刑法》，法律出版社 2003 年版，第 15 页。

④ 薛瑞麟：《俄罗斯刑法中犯罪概念》，载《法制与社会发展》2000 年第 2 期。

危害性只是起到了阐述刑事违法性的内涵和对刑事违法性进行实质评价的功能。

第二节　作为犯罪成立要件的违法性

一、行为构成要件的违法性理论概述

与前苏联和俄罗斯刑法中的刑事违法性不同，在刑法理论上还存在另外一种违法性理论，即德日国家刑法理论中作为犯罪成立要件的"违法性"。德日国家刑法理论的通说认为，认定某一行为构成犯罪，需要依次经过构成要件符合性、违法性、有责性的评价。这里所谓的"违法性"，是指违反国家整体法秩序，即具有法秩序整体所不容许的性质，是在法秩序立场的无价值评价。在德日刑法中，这种违法性并不是指刑法上的违法，而是法秩序整体意义上的违法评价，它不是作为犯罪的特征，而是作为犯罪成立要件之一在犯罪构成理论中研究的。在大陆法系刑法理论中，违法性作为犯罪构成或是犯罪评价体系的一部分，行为符合构成要件还不一定成立犯罪，还必须考察行为是否具有违法性。

尽管在现代刑法理论产生之前的欧洲大陆，犯罪就被视为是违法、有责的行为，而且早在罗马法时代，就有对正当防卫、紧急避险、杀害夜盗者、杀害通奸的现行犯等排除违法性的情形的规定。但是，将违法性作为犯罪成立的一个独立要件加以阐述则是在19世纪后期，现代刑法、特别是古典犯罪论体系产生以后的事情。德国学者贝林格从贯彻罪刑法定的思想出发，主张将违法、有责的行为限制在刑法规定的范围以内。因此，他创建了包含行为、构成要件、违法性和责任的阶层结构犯罪论体系。在这一犯罪论体系中，行为符合法定的构成要件成为犯罪成立的第一要素。为了贯彻罪刑法定的要求，防止犯罪认定中判断者的恣意，他强调，构成要件的判断必须是抽象的、事实的判断，在构成要件符合性判断的基础上再进行具体的、价值的判断。违法性就是在构成要件符合性的基础上，从法秩序整体的立场所作的一种价值判断，即在"法"立场上不能予以容许的评价。由于刑法规定的构成要件就是违法的类型（或是违法行为的定型），构成要件符合性即具有违法推定机能，某种行为被判断为符合构成要件的时候，就可以推定行为违法，只是在具有违法阻却事由的场合，才例外地排除违法性的推定。因此，违法性的判断主要就是对符合构成要件的行为从法秩序整体的立场加以过滤的否定性判断。对违法性的判断，

一般是从消极的层面来进行的，正如德国刑法学者耶塞克所言"对行为违法性的积极认定在司法实践中是不存在的"，① 这是因为，构成要件的描述只是不法行为的类型，如果行为人实行了某一犯罪构成要件，就需要考察是否存在法律允许的例外。在这一犯罪评价体系中，一般认为违法是客观的、责任是主观的，违法性在犯罪评价体系中的意义主要在于：构成要件是否违法，不可能仅在刑法领域内进行判断；只有将事实放在整个法律秩序中，才能得出其客观方面是否合法的结论。② 对于违法性在犯罪成立评价中的价值，一般认为具有对行为的规范评价和价值评价的双重作用。立法者制定的行为规范往往以要求或者是禁止的形式出现，违法性的意义在于体现了行为对一国法规范的违反，这是一种规范评价，同时，在规范评价背后是价值评价，即一个行为被认定为违法的基础是什么？这样，在价值层面，违法性就成为对犯罪成立判断的限制性要件，体现对国家刑罚权的发动加以限缩的功能。

在德日国家的犯罪论体系中，作为犯罪成立要件之一的违法性是对构成要件事实的规范评价，是从整体法秩序的立场对行为是否为法所容许的评价。在犯罪论中，违法性实际上成为统领全局的核心概念，是对构成要件行为法律评价的核心。"如何考虑违法性的内容是对犯罪论的理论构成具有最重要的决定性意味的问题。对于违法性的实质的态度决定了犯罪论全体的色彩。也就是说处罚根据的问题，也称为犯罪论的本质的问题。"③ 因此，违法性的研究不仅仅具有犯罪构成的意义，而且还与犯罪本质的认识密切联系。德日国家刑法学者围绕违法性评价的内容、对象，违法性的本质展开了讨论，形成了丰富的违法性理论，这些研究对于解决刑罚适用的正当性、合理性问题具有重要的实践价值。

二、不法与违法的概念

在德国刑法理论中，除了在传统三阶层犯罪论体系中的违法性概念，理论上还存在一个"不法"的概念。"不法"是德国学者梅兹格在其主张的新古典犯罪论体系——行为、不法、责任——体系中提出的概念。他将构成要件理解为不法类型，将其与通说的违法性统一于"不法"概念之下。在这一犯罪

---

① ［德］汉斯·海因李希·耶塞克、托马斯·魏根特：《德国刑法教科书》，徐久生译，中国法制出版社 2001 年版，第 286 页。

② ［意］杜里奥·帕多瓦尼：《意大利刑法学原理》，陈忠林译，法律出版社 1998 年版，第 147 页。

③ 王充：《论犯罪论体系中合理性价值判断的实现》，载《法制与社会发展》2006 年第 3 期。

论体系中，不法被视为是基于法规范的立场而对行为进行的一种评价，构成不法的要件与正当化事由中排除不法的要件实际上所起的作用是一样的，是对行为作出的实质判断。在此，构成要件不再仅仅是对违法行为的事实类型，而是本身即含有评价的违法性的情状。因此，正当性事由的定位，似乎应与构成要件该当性作同时的判断。① 这样，不法的评价就不仅仅是阻却违法的消极的判断，而是基于法秩序的整体立场对构成要件符合性的规范评价。在这一犯罪论体系中，尽管违法性不再作为一个独立的成立要件而存在，但是违法性的评价内容仍旧是犯罪成立的一个评价要素，只是由于其已与构成要件合为一体，对于不法实质的研究实际上取代了对违法性的研究。

对于不法与违法性之间的关系，学者之间有不同的观点。有学者认为，刑法上的违法性表示了符合构成要件行为的性质，也就是其对刑法禁止和要求的违反。而在不法中，则把符合行为构成要件和违法性理解为这个行为本身，也就是把违法性评价的对象连同价值称谓一起加以理解。因此，在不法的概念中，就同时包含了行为、行为构成要件符合性和违法性这三个范畴。与此相对，违法性则是从与法秩序的关系上来加以理解的范畴。例如威尔哲尔就认为"违法性是行为与法规范的矛盾，而不法则是被评价为违法的行为本身"。他指出："所谓违法与不法这两个词，确实在大多的场合下基本上未加区别而被使用。这种现象在大多情况下并没有什么坏处，但却在许多场合下往往会引起误解。违法性是纯粹的关系项之间的不协调（矛盾）的关系。相反，不法是实体性的，即违法性的行为本身。违法性是个宾语成分；而不法是个名词主语。违法是侵害、盗窃、杀人未遂等这些行为本身，而违法性是上述这些行为本身所具有的性质，同时也是上述这些行为同法秩序之间的矛盾。违法性是纯粹的关系项之间的。"② 有学者则反对区分这两个概念，认为两者是一致的。例如罗克辛教授就认为，不法与违法均是指行为与法律秩序的对立，在法意义上没有实质的差别，只是在不同构成要件体系中的概念差别。根据今天的观点应当加以分离的违法性与不法的概念，在旧的用法中，经常是作为同等意思来使用的。与此相联系，当人们是在这个词更准确的意义上理解刑法中的违法性理论时，那么人们今天也可以谈不法理论。③

笔者认为，上述学者在概念上的分歧实际上只是表面现象。尽管可以说，

---

① 柯耀程：《变动中的刑法思想》，中国政法大学出版社 2003 年版，第 29 页。
② 何秉松：《犯罪理论体系研究（讨论稿）》（第 3 卷），山东大学刑事法律研究中心，第 29 页。
③ ［德］克劳斯·罗克辛：《德国刑法学总论》（第 1 卷），王世洲译，法律出版社 2005 年版，第 389 页。

不法是一个实体的范畴，指的是违法本身，而违法性则是从与法秩序整体的关系上对行为评价的关系范畴。但是在德日刑法理论中，对于违法性和不法都是有关违法实质的研究，违法性和不法都是法立场的行为评价，"不法"的实质内容与"违法性"的实质并无原则性的差异。在德、日国家的违法性研究中，很多时候是在同等意义上使用这两个概念的。正如洪福增教授所言"在用语上有时将违法、违法性、不法与不法性用于同一意义"①。在本书的论述中，由于我们只是借鉴德日国家刑法中的违法性理论，并不牵涉德日国家犯罪论体系本身的研究，因此，本书是在违法性的评价这一意义上同等的使用这两个概念。

应当说，无论从概念本身还是从在刑法理论体系中的定位与功能来看，刑事违法性与违法性都是完全不同的两个概念，在各自的理论体系中也具有不同的功能与价值。但是，正是由于这两个概念在用语上的近似和功能上的巨大差异引起了学者的兴趣。可以说，近年来我国学界对于刑事违法性的关注，德日国家丰富的违法性理论的影响是一个重要的因素。在西方国家刑法理论的引进中，德日国家的犯罪论体系、违法性理论受到我国不少学者的支持和赞同，甚至有不少学者主张直接引入德日国家的犯罪论体系和违法性理论来改造我国的刑法理论。但是，德日刑法中违法性理论并非一种完美的理论，我国传统的刑事违法性也非一无是处。简单而言，作为犯罪特征的刑事违法性理论的优点在于：坚持从刑法的立场来评价行为的违法性，而且将行为的刑事违法与行为符合犯罪构成相统一，体现了对行为的整体判断，避免了体系上的矛盾。而作为犯罪成立要件的违法性理论的优点则在于：由于违法性的判断不只是限于刑法的形式判断，而是从法秩序整体出发进行实质的判断，体现了对实定法的矫正与衡平。特别是，违法性是在构成要件符合性基础上的消极的出罪判断，体现了国家刑罚权发动的正当、合理和谨慎。这显然有利于刑法适用中对国家刑罚权的限制和公民权利的保障。因此，应当说刑法中这两种不同的违法性理论各有所长。在刑事违法性理论的研究中，我们需要的不仅仅是一种简单的理论移植，而是在借鉴德日国家刑法理论的基础上对我国的刑事违法性进行改造与完善。

---

① 洪福增：《刑法理论之基础》，刑事法杂志社印行 1977 年版，第 236 页。

第二章　刑法中违法性理论的反思与检讨

第一节　我国刑法中的刑事违法性理论评析与检讨

一、我国刑法中刑事违法性概念的矛盾分析

作为继受前苏联刑法理论的产物，我国刑法上的刑事违法性也是作为犯罪的形式特征在犯罪概念中加以表述的。表面上看来，我国学者对刑事违法性的表述并无太多争议，也没有实质的分歧。但是仔细分析起来，对于刑事违法性阐述的各种观点并不相同，甚至还存在冲突与矛盾。

就我国学者关于刑事违法性研究的现状来看，在理论上主要有以下几种观点：（1）刑法理论的通说认为，行为的刑事违法性，就是指行为违反刑法规范，也可以说，行为符合刑法规定的犯罪构成。在刑法中，严重的社会危害性是第一位的，刑事违法性是由社会危害性决定的，刑事违法性指的是行为的社会危害性在刑法上的体现。[①] （2）有的学者提出了与通说不同的观点，认为我国刑法中所理解的刑事违法性只是强调的犯罪构成的法定性，与从规范违反的角度理解的违法性是不同的。例如有学者认为刑事违法性事实上就是指行为符合罪刑规范所指明的假定条件。[②] 还有学者直接指出，我国刑法理论中的刑事违法性相当于德日国家的构成要件符合性，并不具有实质上评价行为是否违法的功能。有学者则从反面指出，犯罪概念提出的刑事违法性不妥，而应以法定性来代替违法性，法定性才是罪刑法定的反映。[③] 持该种观点的学者实际上是认为，在我国刑法的犯罪概念中，社会危害性起到了对行为实质评价的功能，与社会危害性相并列的刑事违法性强调的实际上仅仅是犯罪构成的

---

① 高铭暄主编：《中国刑法学》，中国人民大学出版社 1989 年版，第 70 页；马克昌主编：《犯罪通论》，武汉大学出版社 1999 年版，第 26 页。

② 张明楷：《刑法学》（第 2 版），法律出版社 2003 年版，第 99 页。

③ 储槐植：《刑法一体化与关系刑法》，北京大学出版社 1997 年版，第 382 页。

法定性，也就是罪刑法定原则的形式体现，并不具有评价犯罪的实质功能。（3）还有一种观点认为，"在我国的犯罪构成学说中，刑事违法性与社会危害性一样，不是某一个具体的构成要件，而是整个犯罪构成所体现出来的性质。因此，从某种意义上说，我国刑法中的犯罪构成不仅仅是社会危害性的构成，而且是刑事违法性的构成"。在本体刑法上，刑事违法性是犯罪的根本特征。①尽管上述学者也坚持，刑事违法性强调的是犯罪概念的形式侧面，是犯罪的法律属性。但是，由于这种观点主张刑事违法性是犯罪的根本特征，实际上将刑事违法等同于刑法上的犯罪。如此，这种意义上的刑事违法性就已经包含了对行为的实质评价，而不应再是"由社会危害性决定的、社会危害性在法律上的体现"的形式意义上的刑事违法性。（4）还有学者则不限于在一点上认识刑事违法性，而是阐述了刑事违法性的多重含义。认为"（a）法定犯罪形式：刑事违法性是对违反刑法规范形式表征的展现，回答'法定犯罪是什么'，在表层上描述法定犯罪的定罪形态，由此凸显刑法的罪刑规格。（b）刑事违法内容：刑事违法性表述行为的违法定型，这种违法定型表现为行为对于刑法规范所规定的具体犯罪构成主客观要件的充足从而应当受到刑事处置，行为的定型也包含了行为人的定型特征。（c）犯罪成立标志：刑事违法性是法定犯罪成立所必需的外在的、形式的标志。具体展示这一标志的是犯罪的构成要件，犯罪诸要件的有机统一说明着行为的刑事违法性。"② 这一观点是既从犯罪构成的法定性，又从犯罪成立标志的意义上来把握刑事违法性，意图实现二者的融合。

综合而言，我国学者对于刑事违法性认识的分歧主要在于：刑事违法性到底是社会危害性在法律上的体现，是对犯罪构成法定性的形式强调，还是对行为在刑法上价值评价的体现；是一个形式的概念，还是包含实质内容的法律概念。

在我国刑法中，不仅对于刑事违法性概念的理解本身存在不同观点，而且通说的刑事违法性概念与犯罪构成的理论之间也存在矛盾。一方面，我国刑法理论的通说主张，行为的社会危害性是犯罪的本质属性，行为的社会危害性是刑事违法性的基础，刑事违法性是社会危害性在刑法上的表现。③ 如此，刑事违法性就只是与社会危害性相对应的形式法律概念，或者说是社会危害性的形

---

① 陈兴良：《刑法适用总论》（上卷），法律出版社 1999 版，第 92 页；陈兴良：《本体刑法学》，商务印书馆 2001 年版，第 164 页。

② 张小虎：《犯罪概念形式与实质的理论建构》，载《现代法学》2005 年第 3 期。

③ 高铭暄、马克昌主编：《刑法学》，北京大学出版社、高等教育出版社 2000 年版，第 49 页。

式体现，并不具备实质的价值内容。但是，同时通说又认为，犯罪构成是刑法规定的、决定行为的社会危害性及其程度而为该行为成立犯罪所必需的所有主客观要件的统一。行为是否构成犯罪与是否触犯刑法规范是一致的，符合犯罪构成就是触犯刑法的行为；犯罪构成是法律化的行为构成，是立法者用法律形式确定下来的行为类型，所有犯罪构成要件都是刑法所明文规定的。① 因此，违反刑法的行为就是符合犯罪构成的行为，就构成犯罪。如此，具备了刑事违法性的行为也就构成犯罪，而犯罪显然是包含实质否定性评价的行为。那么，这里的刑事违法性就必然是包含价值内涵的实质评价，而不仅仅是一种对犯罪构成形式法定性的强调。如此，理论上一方面认为刑事违法性是犯罪的形式特征，是受社会危害性决定的，是社会危害性在刑法上的体现；另一方面又认为刑事违法性是指行为符合法定的犯罪构成，刑事违法性也就是犯罪成立的标志，这样的刑事违法性显然就不只是社会危害性的形式体现，而是蕴含实质内容的价值评价。显然，传统的刑事违法性概念与犯罪构成之间是存在矛盾的。

笔者认为，导致这一矛盾的主要原因就在于我国刑法理论对刑事违法性的不当理解及其与社会危害性的不恰当关系。我国刑法理论的通说认为，严重的社会危害性是犯罪的本质特征，行为的严重社会危害性是刑事违法性的前提，刑事违法性是行为的严重社会危害性在法律上的表现，严重的社会危害性是第一性的，刑事违法性是第二性的，是由行为的严重社会危害性所决定的。② 既然如此，由于社会危害性承担了对行为的实质评价功能，是刑事违法性的实体，那么后者就只能是一个由社会危害性决定的形式概念。因为，只有将刑事违法性解释为社会危害性的形式侧面，将社会危害性作为刑事违法性的实质，才能对二者的关系合理解释。但是，实质的社会危害性的标准与形式的刑事违法性的标准必然存在冲突，不可能完全统一。所谓的社会危害性与刑事违法性的统一实际上只是理论上的一厢情愿。且不论在存在类推制度的 1979 年刑法中，以类推定罪的行为根本就不具有刑事违法性的特征。就是在 1997 年刑法确定罪刑法定原则以后，也大量存在刑事违法性与社会危害性相冲突的地方。例如实践中必然存在行为形式上符合刑法的规定，却缺乏严重的社会危害性，或者是具有严重社会危害性的行为而缺乏刑法相应规定的情形。我国刑法第13 条的但书规定实际上也明确承认二者存在冲突的情况是存在的。在此情况下，如果一定坚持说社会危害性与刑事违法性是相统一的，那么在发生冲突的

---

① 高铭暄主编：《刑法学原理》（第 1 卷），中国人民大学出版社 1993 年版，第 446 页；马克昌主编：《犯罪通论》，武汉大学出版社 1999 年版，第 73 页。
② 马克昌主编：《犯罪通论》，武汉大学出版社 1999 年版，第 26 页。

时候到底是刑事违法性统一社会危害性还是社会危害性统一刑事违法性呢？如果说是形式意义的刑事违法性决定社会危害性，那么社会危害性就丧失了实体内容，成为一个纯然由刑事违法性决定的形式的东西。就如同李海东博士所指出的："我国刑法通说中的社会危害性是一种有名无实的概念，即以社会危害性为核心的实质定义在司法中并没有起到实质判断的功能，社会危害性的认识完全依赖于行为的形式违法性，社会危害性的实质内容被刑事违法性架空。换句话说，传统的刑法理论关于社会危害性与刑事违法性的'内容是第一性、形式是第二性，内容决定形式'的关系在实践中变成了形式决定内容，即刑事违法性决定社会危害性之有无。"[①] 这显然是与通说的刑法理论和刑法典规定的犯罪概念相冲突的。而如果按照通说的观点，就只能是社会危害性决定刑事违法性。如此，刑事违法性就有可能沦为社会危害性的粉饰与附庸，失去其独立的价值。刑事违法性、犯罪构成的法定性就都失去了制约犯罪评价的功能。在实践中，司法人员极有可能抛开法律的形式而直接以社会危害性的实质标准作为认定罪与非罪的依据，然后再贴上刑事违法性的标签。这显然又与现代法治的精神相背离。因为"在传统的刑法理论中，社会危害性并不具有基本的规范质量和规范性，如果要处罚一个行为，它就可以在任何时候为此提供超越法律规范的依据。因为它是犯罪的本质，在需要的情况下是可以决定规范性质的。换言之，社会危害性在定罪上起着超法律规范的根据，成为突破罪刑法定的东西。即'内容决定形式或者说内容可以超越形式'"[②]。这样一种理论下的刑事违法性不仅不具备界定犯罪范围的法律属性功能，反而会成为掩盖社会危害性的实质判断的一个"合法借口"，根本不能对犯罪的社会危害性评价起到规范性的限制功能。

二、对通说的改造观点及评析

随着刑法研究的深入，我国有不少学者对传统理论中社会危害性与刑事违法性概念所存在的问题进行了揭露和批评，并提出了改造意见。

早在 20 世纪末，何秉松教授就对刑法理论中社会危害性理论的核心地位提出了质疑，同时强调了刑事违法性在犯罪概念中的重要意义，并将刑事违法性与社会危害性放在同等重要的地位进行研究。在著作中，他明确指出，依法应受刑罚处罚性和社会危害性是决定犯罪这个事物不可分割的两个本质属性，是犯罪的两个最基本、最重要的特征。这两个属性对决定犯罪这一事物的质都

---

① 李海东：《刑法原理入门（犯罪论基础）》，法律出版社 1998 年版，第 7 页。

② 李海东：《刑法原理入门（犯罪论基础）》，法律出版社 1998 年版，第 8 页。

具有决定性的作用，缺少其中的任何一个属性，都不能构成犯罪。① 此后，陈兴良教授也对传统刑法理论中社会危害性的霸主地位以及对于刑事违法性的决定作用提出了批判，同时他还着力强调了刑事违法性在刑法中的地位与意义。他指出，社会危害性理论所体现的实质的价值理念与罪刑法定原则所倡导的形式的价值理念之间存在基本立场上的冲突。当社会危害性视为犯罪本质时，其极端的逻辑结论就是对刑事违法性的否定，甚至是对刑法的否定。基于罪刑法定、刑事法治的理念，在注释刑法中确定犯罪概念时应当以刑事违法性为出发点，将刑事违法性作为犯罪的唯一特征。他还指出，在我国刑法理论中，由于长期以来受到社会危害性理论的影响，实质合理性的冲动十分强烈，形式合理性的理念十分脆弱。而以刑事违法性作为认定犯罪的根本标志的形式合理性才能体现现代法治人权保障的要求。因此，为了恪守罪刑法定原则，应当把社会危害性从刑法理论中剔除出去，以刑事违法性作为决定罪与非罪的依据，将刑事违法性作为认定犯罪的唯一依据。②

随着德日国家刑法中违法性理论在我国的引入，有学者站在德日国家违法性理论的立场对传统的刑事违法性理论展开了反思，并提出以德日国家二元的违法性理论来改造我国传统的刑事违法性，建构形式—实质双层次的刑事违法性理论。例如有学者认为，在双层次结构的刑事违法性中，刑事违法性的形式侧面对犯罪构成法定性的强调体现了对司法权的限制，是罪刑法定原则"无法无罪、无法无刑"的体现；实质违法性则是在形式判断基础上的价值判断。第一阶段，是违法性的形式审查，依据刑法分则明文规定的犯罪构成进行评价，此阶段奉行的理念是罪刑法定主义；第二阶段，是违法性的实质审查，对具有形式违法的行为从价值上进行判断，具体的操作可以从判断该行为是否具有违法阻却事由入手，从而将不具备实质违法性的行为排除在犯罪以外，保证实质正义的实现。③ 张明楷教授也主张引进德日国家双层次的违法性概念，建构形式与实质的双层刑事违法性。但是他并没有拒斥社会危害性理论，而是主张将社会危害性视为刑事违法性的实质。他认为，刑事违法性是指违反刑法，这便是形式意义上的刑事违法性，或称形式违法性。刑法对犯罪行为的禁止，是通过罪刑规范体现出来的，或者说是通过对某种行为规定法定刑来禁止该行为的。因此，刑事违法性事实上就是指行为符合罪刑规范所规定的

---

① 何秉松主编：《刑法教科书》，中国法制出版社 1997 年版，第 143 – 145 页。

② 陈兴良：《本体刑法学》，商务印书馆 2001 年版，第 164 页。

③ 米传勇：《刑事违法论——违法性双层次审查结构之提倡》，载陈兴良主编：《刑事法评论》（第 10 卷），中国政法大学出版社 2002 年版，第 29 页。

假定条件；而实质意义上刑事违法性实际上就是应受刑罚处罚程度的社会危害性。二者不是相对立的概念，而是相对应的概念，二者分别从形式的、外表的与实质的、内容的角度来探求违法性的实质，将二者结合起来就能完整地说明违法性的实质。① 在这里，张明楷教授还是坚持了传统的（应受刑罚处罚的）社会危害性与刑事违法性并列的理论模式，但是，他不再是从决定与被决定的角度来看待二者的关系，而是将二者改造为形式与实质的关系，并明确指出，所谓形式的刑事违法性实际上是指行为符合罪刑规范所规定的假定条件的形式侧面。②

毫无疑问，上述学者对传统理论的改造意见是有相当合理性的，也揭示了传统理论矛盾的关键所在。但是都没有彻底地解决传统理论所导致的困境。何秉松教授是在传统理论的框架下对犯罪的社会危害性地位的反思与改造，强调了刑事违法性的重要性，并将之放在与社会危害性并列的地位，这是相当正确的。但是，他并没有进一步明确厘清刑事违法性的内涵及其与社会危害性的关系，传统理论存在的矛盾没能彻底解决。陈兴良教授在对传统的社会危害性理论展开批判的基础上明确提出应当以刑事违法性作为犯罪概念的出发点，主张以刑事违法性作为决定罪与非罪的依据，将刑事违法性作为认定犯罪的唯一标准。这确实是符合现代法治的精神的。但是，他并未对这样一种作为认定犯罪唯一依据的刑事违法性进一步加以具体阐述，似乎仍是沿用传统理论的刑事违法性的表述。这样的刑事违法性仍旧是一个纯粹的形式概念，实际上无法承担决定行为罪与非罪的唯一依据的功能。

借鉴德、日的违法性理论，改造刑事违法性的观点不失为一种思路。但是，前苏联以及我国刑法理论中的违法性完全不同于大陆法系国家作为犯罪成立要件的违法性，两者根本就是完全不同的话语。如果一定要在德日刑法理论中找到一个与我国刑法中的刑事违法性相类似的概念，那么实际上应当是古典犯罪论体系中的构成要件符合性，而不是违法性。上述学者所主张的形式上的刑事违法性也就是指的形式上的犯罪构成符合性。特别是，所谓的形式的刑事违法概念实际上就是要求对犯罪构成的形式判断，这显然是与我国现行的犯罪构成理论相矛盾的。德日国家刑法中形式违法性与实质违法性概念的区分完全是为了犯罪阶层体系建构的需要，对于形式违法与实质违法的区分本身并不具有绝对的正当性。这样的违法性理论本身就存有缺陷（对此将在下文作具体阐述），在我国一元化的、整体性的犯罪构成体系中，照搬德日国家二元的违

① 张明楷：《刑法学》（第 2 版），法律出版社 2003 年版，第 99－100 页。
② 张明楷：《刑法学》（第 2 版），法律出版社 2003 年版，第 100 页。

法性理论来改造刑事违法性并不可取。

三、我国刑法中的刑事违法性理论检讨

在我国刑法理论中，由于作为犯罪本质的社会危害性承担了对犯罪行为实质评价的功能，刑事违法性只是对行为违反刑法规范这样一种事实的纯粹形式描述。这样的刑事违法性实际上成为了没有实体内容的形式概念。正如我国学者指出的，传统的刑事违法性以"社会危害性"这一虚渺的、无实体内容的概念为理论支持，而蜕变为一个纯粹形式的概念，即形式违法；同时，由于刑事违法性的评价是以犯罪构成的评价的形式进行的，而后者的评价是一次性的综合评价，这也使得刑事违法性的评价只能是一次性的、违法性的形式审查。[①] 可见，目前我国刑法中的刑事违法性实质上是一个缺乏实质内涵、纯粹的形式概念，这种形式意义上的刑事违法性是与古典犯罪论从形式上理解犯罪构成的思维模式相一致的，所体现的只是将立法规定的犯罪构成作为大前提，以现实的行为事实为小前提，然后机械地进行形式逻辑推理的判断结果。

这样一种形式意义上的刑事违法性是与我国刑法理论和现行的立法规定相矛盾的。按照我国的刑法理论，行为符合犯罪构成是认定犯罪的唯一标准。这样，行为违反刑法、符合构成要件即构成犯罪。但是，如果只是从形式意义上来理解刑事违法性，那么，行为违反刑法并不能构成犯罪，还需要进一步的实质价值判断即社会危害性判断。这不仅与我国刑法中的犯罪构成理论相矛盾，而且也使得社会危害性这样一个实质标准的存在成为必然。更何况，就我国刑法的立法规定来看，对刑事违法性，即符合法定的犯罪构成进行形式的理解也不妥当。我国刑法总则规定以处罚未遂犯与预备犯为原则，在分则中又规定有非法经营、寻衅滋事、传授犯罪方法等诸多概括性、模糊性构成要件的犯罪。如果不对法定构成要件加以实质的理解，那么所有的未遂、预备行为，所有与犯罪构成形式相符的行为都是犯罪，这无疑会导致司法实践中犯罪认定的泛化。为了避免这一情形的发生，我国刑法在第13条但书中明确规定，"情节显著轻微危害不大的，不认为是犯罪"。这样就将实质的判断标准纳入犯罪构成的判断中。为了对刑法的这一规定加以合理化的解释，理论上又不得不主张刑法第13条但书的规定体现的是在形式上符合构成要件，在刑事违法性与社会危害性发生冲突的情况下，社会危害性判断的出罪功能。这无疑是和犯罪构成理论的观点相矛盾的。而且，通过社会危害性的实质评价直接进行出罪判

---

① 米传勇：《刑事违法论——违法性双层次审查结构之提倡》，载陈兴良主编：《刑法学评论》（第10卷），中国政法大学出版社2002年版，第25页。

断，实际上又将刑事违法性这一规范标准予以抛弃，使得犯罪的评价继续停留在以社会危害性为中心的传统理论中。

法学是一种实践性的事业，一国的法学理论必须和本国的法律现实相适应。在我国当前刑事立法的民主性、科学性、专业性尚有所欠缺的情况下，一味地强调刑事违法的形式意义很难说是公正、合理的。其可能导致的结果要么是司法的教条主义，法律适用的机械化；要么是形式掩盖下的司法恣意。因为，无论如何，刑法都必须由法官来理解加以适用，而解释是多少具有任意性的价值活动。而抛弃价值内涵的形式刑事违法性的概念会造成所有的违法评价都是形式逻辑推理的科学结论，并不包含法官任何的价值判断的假象。那么，这样的违法判断无疑就是绝对的，法官既不需要对之加以论证，也不存在对其加以修正的可能与必要。这就免除了司法的论证与说理义务。这不仅不能限制法律适用的恣意与不公正，甚至会在形式合法的掩盖下造成司法的专横。

实际上，作为对行为的一种评价，刑事违法性从根本上而言就不可能只是一个价值中立的形式概念。早在前苏联时期，就有学者对从形式意义上理解的刑事违法性提出了质疑。盖尔仲青教授就对把违法性、应受刑罚处罚性作为犯罪的形式特征这种说法表示怀疑。他说："行为的社会危害性也好，违法性也好，应受惩罚性也好，都是同一现象的不同方面，都是能够最充分的揭示犯罪的唯物主义概念的特征。能否认为指出犯罪是苏维埃刑法认为有罪并给以由苏维埃法院对其适用法律所规定的刑罚的行为这只是一种形式上的论证？无疑，不能这样认为。"后来的学者希绍夫还建议不要将违法和应受处罚性叫作犯罪的形式特征，而叫作标准特征。① 在我国，也有学者认识到了纯粹从形式角度理解的刑事违法性的缺陷，提出应当将刑事违法性与社会危害性结合起来理解。他指出，"对于刑事违法性，我们必须将它与行为的严重社会危害性结合起来理解，才能避免形式主义的错误。"② 但问题是，如果将刑事违法性与社会危害性结合起来理解，首先要解决的是如何统一的问题，是社会危害性决定刑事违法性，还是刑事违法性决定社会危害性？因为，这二者并不是绝对统一的。如果是形式的刑事违法性决定社会危害性，那么刑事违法性就成为社会危害性的认定标准，社会危害性就丧失了实体内容，成为纯然由刑事违法性决定的东西。而如果以社会危害性决定刑事违法性，则又回到社会危害性本质论的

---

① [苏] A. A. 皮昂特科夫斯基等：《苏联刑法科学史》，曹子丹等译，法律出版社 1984 年版，第 24 页。

② 马克昌主编：《犯罪通论》，武汉大学出版社 1999 年版，第 28 页。

传统理论的困境。因此，上述学者可以说只是指出了问题所在，但是没有加以解决。

毫无疑问，在现代法治社会，法律应当是评价行为合法与否的标准。在刑法中，对行为的评价依据应当是刑法的规范标准，而不应是其他的社会的、道德的标准。虽然，我国刑法理论的通说也将刑事违法性界定为"行为违反刑法规范""行为符合刑法规定的犯罪构成"。这似乎也体现出了犯罪认定的法定性，是以刑法作为犯罪评价标准的。但是，在我国当前的刑法理论中，由于在刑事违法性以外还存在社会危害性的标准，而作为犯罪的本质特征的社会危害性实际上成为决定罪与非罪的实质标准，这样的社会危害性起到了对刑事违法性的决定作用。这样一种完全形式的、依赖于社会危害性的刑事违法性并不具备对行为实质评价的独立功能。如果剔除社会危害性标准，这样一种形式意义上的刑事违法性显然解决不了犯罪行为所包含价值判断与社会评价的实质问题。因此，为了维持对犯罪行为评价的规范标准，保持刑事违法性在刑法理论中的存在，就必然要在刑事违法性中植入其本应具有的价值内涵，对纯粹形式上理解的刑事违法加以改造，从规范意义上来实质地理解和把握刑事违法性。因为，犯罪并不仅仅是形式上违反法律的规定，而是由国家（统治阶级）以法的名义对行为作出的否定性评价。

综合以上论述可见，我国刑法理论中的刑事违法性的缺陷在于：将其作为犯罪本质的社会危害性的形式体现、作为犯罪的一个形式特征，这导致其无可避免的形式化，实际上沦为社会危害性理论的一个法治装饰，并不具有实质的刑法内涵。因此，对我国的刑事违法性理论进行重构的关键就是纠正刑事违法形式化的倾向，既要正视刑事违法中实质的价值内涵，同时将其纳入规范的范畴进行研究，尽量使其客观化、经验化，易于论证和检验，使刑事违法性真正发挥出在现代刑事法治中应有的价值。

第二节 德日国家二元违法性理论评析及批判

在德日国家刑法理论中，将违法性区分为形式违法性与实质违法性来理解是通行的观点。随着德日国家违法性理论的引进，这一做法也对我国的刑法理论研究产生了影响。不少学者就主张借鉴这一理论，将我国的刑事违法性改造为形式的刑事违法性和实质的刑事违法性两个概念加以研究。笔者认为，这样的概念区分是不妥当的，完全形式意义的违法性并不存在。所谓的形式违法只是一种变换说法的概念，它不仅不能正确地阐述刑事违法性的真实含义，还可能会对刑事违法性的理解带来反作用。

一、德日国家二元违法性理论评析

在德日国家刑法理论中，一般将形式违法性定义为违反国家法律的禁止或命令，或是违反国家的法规范，也即从违反国家实定法的立场来从形式上理解的违法。但是，仅仅从形式上来理解违法性没有说明什么是违法，没有标明违法性的价值内涵。因此有学者就提出了从行为违反刑法背后的社会意义来定义违法性。于是，实质违法性这一概念应运而生。明确将违法性区分为形式的违法性与实质的违法性的是德国学者李斯特。他认为违法具有二重含义：（1）形式违法是指违反国家的规范、违反法制的要求或禁止规定的行为；（2）实质违法是指危害社会的（反社会的）行为。[①] 后来，不少学者追随了李斯特的主张，将违法性区分为形式违法性与实质违法性加以研究。当前，这种区分形式违法性与实质违法性两元观点也是德日国家刑法中违法性理论的通说。但是，由于学者们对于形式违法性与实质违法性的不同认识，对于违法性的这一区分首先带来的就是形式违法性与实质违法性的定义及两者关系的混论，导致违法性认识上的观点分歧。

在德日国家刑法中，虽然都将违法性分为形式违法性与实质违法性进行论述，但是对于形式违法性与实质违法性的定义却有着不同的观点：

（1）有学者将形式违法性理解为违反实定法规范，将实质违法性理解为违反"实定法以外的"实质根据。例如大谷实教授认为，所谓形式违法性，就是指行为在形式上违反刑法上的行为规范（命令、禁止）的性质；实质违法性是指行为实质地违反了整体的法秩序的性质。[②] 我国台湾也有学者认为，依照形式违法之见解，"违法性可认为系依构成要件该当性之判断而确认之类型的违法性"，而若采实质违法性之见解，则违法性应为"以全体法律秩序为背景之具体的违法性。"[③] 韩忠谟教授也将形式违法定义为是从形式上观察的对实定法的违反，把实质违法性解释为对实定法背后的社会道德伦理的违反。德国学者耶塞克、魏根特也是从实定法违反的角度定义形式违法的。他们指出，"与法律的矛盾"应作如下理解："为保护人类共同生活，立法者制定了有约束力的行为规范，此等行为规定被称为法规范（Rechtnormen）。它或者规定了对价值有促进作用的积极的行为，或者禁止违反价值的行为。易言之，此

---

① ［德］弗兰茨·冯·李斯特：《德国刑法教科书》，徐久生译，法律出版社2000年版，第201页。
② ［日］大谷实：《刑法总论》，黎宏译，法律出版社2003年版，第176页。
③ 余振华：《刑法中的违法性理论》，台湾元照出版公司2001年版，第67页。

等法规范是以要求或禁止的形式出现的。因此，违法性的本质在于，行为违反了法规范的作为义务或者不作为义务。人们将之称为形式违法性，因为仅仅行为是与法规范命令相矛盾的。"① 与此相对，他们认为所谓的实质违法也就是从法规范背后的社会侵害来考察行为的性质。

这种观点实际上将从行为与法规范的形式逻辑关系上理解的违法性定义为形式违法性，而将行为对法规范背后的社会的侵害定义为实质违法性。形式违法性与实质违法性实际上就是一种形式与内容的关系，体现在外面的形式是违反法规范，而在形式违法的背后则是实质上对社会的侵害，实质违法性是用来解释、说明形式违法性的。因此，形式的违法性与实质违法性并不是相对立的概念，而是与实质违法性相对应的概念，两者分别从形式的、外表的和实质的、内容的角度来评价行为，只有将两者结合起来才能完整说明违法性的内涵。正如 M. E. 麦耶所指出的，形式违法性和实质违法性是对违法这一状态分别从名义上和实质上两个方面所作的说明，乃是对违法性这种事实的名义上的定义和实质上的定义。② 为了实现形式违法性与实质违法性的统一，麦耶力图从违反法规本身寻找违法性的实质。他认为，由国家承认和保障的文化规范就是法的规范，社会文化规范是刑法规范的基础，所以违反法规范（形式的违法性）就意味着在实质上就是违法，两者不会发生矛盾。实质的违法性并非修正形式的违法性，只不过是加以补充，使之正确解释原理而已。③ 在他看来，由国家承认并保障的文化规范就是法的规范，违反了国家制定的法规范就是违反文化规范。这样，形式违法性与实质违法性就是相互对应的统一概念，是违法的不同侧面，实质违法是从违法的社会内容来对形式违法加以解释、说明的。

（2）有的学者则持不同的观点。他们认为，所谓的形式违法性是指符合法定构成要件而无法定违法阻却事由存在，是一般的、抽象的判断。而实质违法性是在构成要件符合性基础上进行的具体的、实质的评价，是对形式违法性的矫正与补充。这一观点实际上认为实质违法性判断是对形式违法性的矫正与补充，形式违法的行为并不必然具有实质违法性，实质违法性是对形式违法性的例外判断，形式违法与实质违法并非是相对应、统一的关系，而是原则和例外的关系。这里的形式违法性实际上就是指的行为形式上符合法定的构成要

---

①　[德] 耶塞克、魏根特：《德国刑法教科书》（总论），徐久生译，中国法制出版社 2001 年版，第 287 页。

②　张明楷：《法益初论》，中国政法大学出版社 2000 年版，第 75 页。

③　刘为波：《诠说的底线》，载陈兴良主编：《刑事法评论》（第 6 卷），中国政法大学出版社 1999 年版，第 131－132 页。

件，而实质违法性才是真正的违法性评价。如德国学者 Maurach 就认为，形式违法性与构成要件符合性的意义相同，实质违法性则意味着行为符合构成要件且不具备违法阻却事由。[①] 台湾学者林山田也认为，所谓形式违法性，是指该当构成要件行为而不符合法定的阻却违法事由，而实质违法性则是指："在犯罪判断中，就整体法规范的价值体系观察行为的实质内涵，经过刑法判断所认定具有的违法性，即为实质的违法性。"[②] 郑逸哲教授就直接将形式违法性等同于"构成要件符合性"，而实质违法性实际上是"形式违法性的否定"，是违法性的反面判断。[③] 如此，实质违法性就是在实定法以外，对构成要件符合性的行为从法秩序的立场对形式违法的例外的判断。

在日本，对于形式违法性与实质违法性的关系，也有两种不同的观点。一种观点认为，形式违法性与实质违法性，并非相互对立或矛盾的关系，而是形式与内容的统一关系。如木村龟二就明确指出，"这两个（违法性）概念并不意味着存在两种违法性，那么为什么出现了这两个概念呢？因为说违法是指违反法的禁止规范和命令规范，等于说违法性就是违反法，为了避免这种循环论，就要明确违法性的实质含义。"[④] 大塚仁也认为，形式违法性与实质违法性，并不是相对立而是相互对应的概念，只有并用两者才能说明违法的本质。另一种观点则认为，形式违法性与实质违法性，是对立或矛盾的关系。如内滕谦就直接指出，"所谓违法性，并非形式上违反法规，而是实质上违反法规，承认超法规的阻却违法事由的，并非采取形式上违反法规范是违法性的形式违法论，而是采实质上违反法规范的违法性论，即违反法规内在的刑法理念（即刑法任务与机能）的实质违法性论。"[⑤] 这一观点实际上认为违法性就是违法阻却立场的实质评价，并从对超法规违法阻却事由的解释中承认形式违法性与实质违法性之间的对立，将实质违法性解释为对于形式违法性的矫正评价。

从上述分析可见，一元论认为违法性应当是统一的，形式违法性与实质违法性只是违法性的两个分析角度，两者之间不存在对立，实质违法性相对于形式违法性仅具分析、解释的功能。形式上的违法行为，在实质上也是违法的，

---

① 张明楷：《刑法的基本立场》，中国法制出版社 2002 年版，第 159 页。
② 林山田：《刑法通论》，台湾林山田发行第 9 版，第 176 页。
③ 郑逸哲：《刑法上有意义的行为保证罪刑法定原则不被架空》，载《自由·责任·法》，台湾元照出版有限公司 2005 年版，第 148 页。
④ 张明楷：《法益初论》，中国政法大学出版社 2000 年版，第 146 页。
⑤ 何秉松：《犯罪论体系研究》（讨论稿），山东大学刑事法律研究中心，第 35 页。

形式的违法行为所标示的实质内容，就是实质违法性。[①]　正如大塚仁所说的，形式违法性与实质违法性恰如盾的两个方面，是互相补充的。一元论的观点保持了违法的统一性，使得违法性成为一个具有实质内涵的统一概念，这是值得肯定的。但是，一元论者认为实质的违法性并非修正形式的违法性，只不过是加以补充，进一步解释形式的违法，这就完全否认形式违法与实质违法存在冲突的可能。这一主张将实质违法性完全限定于形式违法性之下，使实质违法性仅仅是为形式违法性提供解释，这样的实质违法性的全部意义仅立足于立法层面，就失去了其在犯罪构成体系中的功能。一元论所主张的形式违法与实质违法不会发生矛盾，在形式上违法的行为实质上也是违法的观点，是以实定法与实质违法性完全统一、实定法的完美无漏洞作为预设前提的。而实际上，由于立法的局限性，形式违法性与实质违法性并非绝对统一的，一元论的观点实质上回避了这一矛盾。

二元论则认为，实质违法与形式违法并非绝对的统一，依据形式的或是实质的判断标准，其所得结果也是不同的。形式上违法的行为并不一定总是在实质上对社会构成足够的侵害，因为实定法是相对稳定的，而社会生活却日异常新，社会对具体行为的评价也随之变化，实质违法性的判断就是从社会整体的立场对形式违法性评价的矫正与补充。这样的实质违法性的判断显然不是实定法范围内的自足评价，而是要到法律之外寻找依据。但是，这一理论并没有对这种实质违法性的基础加以进一步的分析阐述。这样的实质违法性，一方面固然可以起到矫正实定法的僵硬实现具体正义的功能，但另一方面则有放纵司法的自由裁量、导致司法恣意的危险。

笔者认为，导致上述分歧的主要原因就是学者们追求犯罪构成的体系完整与违法性的实际功能之间的矛盾。德日国家刑法学者对形式违法性与实质违法性进行区分的目的在于：形式违法是以实定法规定为标准进行的形式判断，揭示的是行为与法规范之间的形式矛盾，而实质违法则是在实定法以外，从整体法秩序的价值观、从行为的实质侵害性出发，判断符合构成要件的行为是否实质上值得为法律所否定评价。因为，就像韩忠谟教授所说的，"某行为何以为实定法所不容，而受到违法的评价，仅仅以违反实定法来解释只能是同义反复，因而就需探索违法的实质，刑法为什么要将某一行为规定为犯罪，这就要从法规范以外来寻找根据。"[②]　通过违法性的实质评价，不但可以说明违法的

---

① 刘卫波：《诠说的底线》，载陈兴良主编：《刑事法评论》（第6卷），中国政法大学出版社1999年版，第132页。

② 韩忠谟：《刑法原理》，中国政法大学出版社2002年版，第100页。

实质，而且可以将形式上违反刑法规范的行为排除在违法性评价之外。因此，作为犯罪成立条件的违法性本来就应当是一种超越形式的实质评价。但是，为了贯彻罪刑法定原则，防止违法性判断的恣意，学者们往往又强调实定法的规定对实质违法的制约功能，意图将违法性的判断限制在实定法的范围之内。于是就提出了形式违法性的概念，主张实质违法性只是从实质上对形式违法进行的解释与说明，二者实际上是形式与内容的关系，实质违法性应当受到形式违法性判断的限制。李斯特就认为，当两者发生矛盾时，应当优先考虑形式的违法性，也即当实定法规定某一行为不属于违法时，审判官应当受法律的约束，即使其实质上是违法的。① 如此，实质违法性就仅仅只具备对形式违法的解释功能，不具有否定形式违法的功能。这固然保障了刑法的安定性，防止违法性评价的恣意，但显然又与违法性在德日刑法犯罪论体系中的功能与价值相背离。这就产生了这样一个理论困境，要么使形式违法性与实质违法性成为同一的概念，形式违法性决定实质违法性，实质违法性只是对形式违法性加以解释；要么实质违法性与形式违法性是相对立的概念，实质违法性是超出实定法之外的判断，是对形式违法性的例外评价。正是这种二元对立的思维模式导致了德日国家违法性理论上的争议。

实际上，所谓违法性的形式与实质的问题，就是以实定法作为判断标准进行形式的逻辑推理还是深入刑法背后进行实质的价值判断的问题。所谓的违法并不是指不具备实质内涵的形式逻辑的推理结论，而是一种价值评价的体现。德日国家犯罪论中的违法性本身就是从整体法秩序的立场来考察行为的价值评价，是一个需要从法秩序全体来进行实质判断的问题。正如团藤重光所指出的"所谓违法性，并非仅是形式的、而是实质的违反作为全体的法秩序"。② 这样的违法性显然应当是一个有着实质价值内涵的概念。因此，在德日刑法中实际上并不存在一个真正的形式违法性概念，所谓的形式违法性实际上就是当初贝林格为了贯彻罪刑法定原则而从实定法立场所理解的构成要件的形式判断，也即构成要件符合性这样一种抽象的、类型的违法，而真正的违法性就是指的实质意义上的、具体的违法评价。就此而言，违法性本身就是具体的、实质的评价体现，形式违法性与实质违法性概念的区分严格来说是不必要的。正如意大利学者所指出的"从刑法学的角度看，由于法官只能以法律的规定为定罪的

---

① 刘为波：《诠说的底线》，载陈兴良主编：《刑事法评论》（第 6 卷），中国政法大学出版社 1999 年版，第 131 页。

② 何秉松：《犯罪论体系研究（讨论稿）》（第 3 卷），山东大学刑事法律研究中心，第 33 页。

标准，违法性就不应该有形式与实质之分，而应该是形式与实质的统一"①。

二、形式违法性的批判

实际上，在作为犯罪成立的一个要件之前，违法性是作为犯罪本质的理论在实质上加以研究的，学者们也一直是在统一的、实质的意义上使用违法性的概念的。形式违法性的概念是受到自然主义影响的古典犯罪论法实证主义思维的一个产物。李斯特提出形式违法性概念的初衷是为了贯彻罪刑法定的要求，意图通过违法的形式审查来限制刑法适用的恣意。因为，并不是所有现实中的违法行为都是刑罚处罚的对象，只有形式上符合法定构成要件的违法行为才能成为刑法的对象。强调形式违法性的意义就是将违法性的评价限制在国家制定法的范围内，以限制刑罚权的恣意行使。实际上，将这样的一种思考模式在违法性中的引入，一开始就导致了矛盾。例如虽然贝林格也是站在罪刑法定的立场来建构犯罪论体系，但他所定义的违法性明显带有形式与实质的矛盾。他指出："所谓违法，不是指行为违反反映在各具体法条中的个别的规范，而是违反行为普遍的一贯的评价基准的'一般规范'，即违背了'社会的正常性'。违反上述一般规范的是违法行为，而违法行为中只有符合刑法各条所规定的构成要件时，才能给予刑罚制裁。"② 这样，贝林格一方面认为违法是违反刑法规范背后的一般规范，同时又力图将违法性评价限制在刑法法条规定范围内，认为只有形式上符合法定构成要件的行为才能评价为违法。这样就出现了两种不同意义上的违法。为了解决这一矛盾，贝林格不得不又提出在刑罚规范中寻找行为人违反的规范，将行为人违反的规范限制在刑法规定之中，最终仍是倒向了实定法主义的形式违法。

从形式违法性概念产生的背景与目的来看，德日学者所主张的形式违法性也就是从客观的、形式上来把握的构成要件符合性，二者是同一意义的不同表达。这一概念是受到 19 世纪理性主义思潮影响下古典犯罪论对犯罪构成要件形式化理解的产物。当时的法学理论受到自然主义理论的影响，试图以自然科学追求精确的研究方法来研究法律，追求法学研究的客观化、精确化。因此，主张所有的法律都是由成文化的形式组成的完整无漏洞的体系，成文法就是书写的正义，法官只须依照成文法的规定行事即可实现法治的目标。以这样的法律思想为理论基础的古典犯罪论也极端重视实定法的规定及依法客观评价的重要性，试图通过形式的、客观的把握构成要件来进行违法性评价，以实现法的

---

① 陈忠林：《意大利刑法纲要》，中国人民大学出版社 1999 年版，第 84 页。

② 张明楷：《刑法的基本立场》，中国法制出版社 2002 年版，第 61 页。

安定性与确定性。他们认为，只有将法官严格限制在实定法内进行形式的违法性判断才能限制司法的恣意，保障法的安定性、可预测性，以保护公民在法律禁止之外享有充分的自由。

而实际上，既然刑法中的违法性是对国家法规范的违反，是在国家的法秩序立场对行为的否定性评价，那么它就不可能仅仅是依据实定法的规定进行形式的逻辑推理得出的结论，而应该是包含实质价值内涵的规范判断。德日国家刑法学者主张区别形式违法性与实质违法性的一个重要原因就是为了给犯罪论体系以合理解释，既强调依据法定的构成要件的形式判断来限制司法的恣意，同时又突出违法性在犯罪构成体系中的实质判断的功能以矫正形式判断的不足。这样的理论构造就导致了犯罪论体系上的矛盾。正如许玉秀在批判古典犯罪论体系时所指出的，"在一个反映自然科学法实证主义的犯罪阶层体系中，竟出现了一个具有评价性色彩的违法性阶层，这的确是实证主义的一个破绽。"[1]

在德日国家的犯罪论体系中，作为独立犯罪成立要件的违法性实际上承担着对构成要件的行为的实质判断功能。所谓的形式违法实际上指的就是从符合实定法规定的构成要件的形式来考察违法性的，构成要件该当行为若不符合法律规定的违法阻却事由，则该行为具有形式的违法性。[2]而实质违法性主要是从违法性的实质来考察违法阻却事由，将该当构成要件而从整体法秩序的立场来看不应当认定为违法的行为从违法评价中排除出去。在德日国家的犯罪构成理论中，由于刑法规定的构成要件是违法的类型。因此，形式上符合构成要件的行为绝大多数也具有实质违法性，具有实质违法性的行为大多也为刑法规范所规定而具有形式违法性。构成要件符合性体现违法性是两者关系的常态，这也是构成要件符合性具有违法推定机能，实质违法性的判断实际上就是违法阻却的消极判断的原因所在。但是，由于立法者认识能力的非至上性以及现实生活的无限丰富性、多变性，实质违法与形式违法的绝对统一只是一种理想，是一种应然状态。实质违法与形式违法的矛盾表现在：（1）具有实质违法性的行为缺乏形式违法，也即刑法规范没有相应的规定；（2）形式上符合刑法规定的犯罪构成的行为由于现实社会生活的发展变化，或其他因素导致其不具有相应的实质违法性。对于前一种矛盾，受到罪刑法定原则的制约，通过对构成要件符合性的判断就可将其排除在刑法评价之外，不存在违法性的判断的问题；对后一种矛盾，违法性判断就有其独立的司法判断价值，它将形式上违法而实质

---

① 许玉秀：《现代刑法思潮》，中国民主与法制出版社 2005 年版，第 123 页。
② 林山田：《刑法通论》（第 9 版），台湾林山田发行，第 296 页。

上不具备违法性的行为排除在刑法评价之外，以实现具体案件的个别公正。虽然在德日国家的犯罪论体系中，区别形式违法与实质违法具有实践的意义。因为，形式违法着眼于犯罪构成要件的犯罪定型，而实质违法则着眼于规范内容的价值判断。如此，就和其三阶层的犯罪论体系相契合。但是，就违法性本身而言，却是在构成要件符合性基础上的具有实质内容的价值判断，不存在形式的违法性。正如有学者所指出的，认为"违法性"区分为"形式违法性"与"实质违法性"是新古典犯罪理论的产物。"在当时的观念下，仍如 Mayer 的见解，认为构成要件系客观的，构成要件该当乃作为形式违法性的佐证，而实质违法性则需从整体法秩序加以判断、刑法构成要件该当，即具有形式违法性，如无阻却事由存在，则实质违法性亦成立；如有阻却事由存在，则连形式违法性亦被排除。此种见解在前提上即产生漏洞，其系将构成要件视为纯粹客观……Lenckner 即认为仅有一个统一的违法性概念存在"。① 在德日国家刑法理论中，后期学者所提倡的二元犯罪结构中的"不法"概念实际上就是一种统一的、实质的违法性评价，这一概念的提出本身就是对传统形式违法性理论缺陷反思的结果。

　　笔者认为，德日国家刑法理论中与实质违法性相对应的形式违法实际上就是从实定法的层面形式逻辑推理的结论，指的是行为符合法定构成要件而没有法定违法阻却事由存在，是一种实定法立场的形式评价。正如大塚仁教授所指出的，"所谓形式违法性是指，对法律规定或者从其中的逻辑推导出的规范的违反，是想形式的确定违法性，简要的说，是实定法主义的违法性论。"② 而在现实中，这样的违法性判断其实是不存在的。在德日国家刑法中，由于违法性是不同于构成要件符合性的形式判断，而是从法秩序的整体对行为的价值判断，这一判断并不是通过逻辑推演得出的纯粹形式判断，而是一种包含法价值的否定评价。因此，形式违法性的说法严格而言是不恰当的，它只是违法性判断中的一个思维过程，违法性本身是包含实质内容的价值判断，应当是实质与形式的统一。

　　随着德日国家刑法理论的发展，古典的犯罪论体系也受到了冲击。构成要件中规范的、主观的要素的发现和承认使得传统的形式构成要件理论一再受到质疑，而构成要件实质解释观的提倡更是彻底推倒了古典犯罪论建构的理想大厦。如今，那种形式化、客观化理解的构成要件理论也逐步被抛弃，超越形式化的构成要件理论，合理地选择真正值得处罚的行为的构成要件实质解释的犯

---

① 柯耀程：《变动中的刑法思想》，中国政法大学出版社 2003 年版，第 18 页。
② ［日］大塚仁：《刑法概说》，冯军译，中国人民大学出版社 2003 年版，第 301 页。

罪论已经成为德日国家刑法理论的发展方向。在这样的犯罪论中，以实定法与待判事实为前提进行三段论推理的形式违法性的概念已无理论上的存在依据。在此，如果再继续沿用形式违法性这一概念，不但无助于违法性与构成要件符合性之间关系的厘清，反而导致违法性理论的混论与分歧。实际上，成文刑法对于犯罪构成要件的规定总是一般性的、抽象的，而每一个待判案件事实则是具体的、个别的，对待判案件事实的整理本身就是在构成要件的文字指引下进行的价值分析。因此，对法律规定的犯罪构成不能形式的、字面的去理解适用，而应当结合具体的案件事实加以实质的考量，这是显而易见的。而且，由于法律文字的局限性，每一个法条的适用都离不开适用者的解释，既然有解释，就有对法规范的不同的认识和评价。因此，违法性判断中的价值评价不可避免，严格意义上的所谓的形式违法就是在法律形式主义鼎盛时期也未曾真正存在过。在概念法学的理想破灭以后，法律已经走过了形式主义的初级阶段，在刑法学中，我们也应当摒弃那种形式意义上的违法性概念，从规范意义上来实质地理解和把握刑法上的违法。

第三章　刑事违法性理论的重构

第一节　刑事违法性重构的基本前提分析

一、刑事违法性与社会危害性的关系

我国刑法理论中，与刑事违法性最为密切的一个关键词应该就是社会危害性了。一直以来，刑法理论都是将社会危害性与刑事违法性作为犯罪的两个特征加以研究的。通说的观点认为，社会危害性是犯罪的本质特征，刑事违法性是社会危害性在法律上的体现，是犯罪的形式特征。在 1997 年的刑法明确规定罪刑法定原则之后，不少学者站在罪刑法定的立场对社会危害性理论展开了反思与批判。社会危害性与刑事违法性的关系一度成为我国刑法理论研究的一个热点问题。鉴于刑事违法性与社会危害性这样的一种特殊联系，对刑事违法性进行重构的一个重要前提就是要厘清社会危害性与刑事违法性的关系。

（一）我国刑法中社会危害性理论的价值评析

与刑事违法性一样，我国刑法中的社会危害性理论也是来源于前苏联的刑法理论。长期以来，继受前苏联的我国刑法理论一直是将社会危害性作为犯罪的本质在犯罪概念中加以研究的。通说的观点认为，（严重的）社会危害性是犯罪的本质属性，在犯罪概念中，行为的社会危害性是刑事违法性的前提，社会危害性是第一性的，刑事违法性是第二性的，刑事违法性是由行为的严重社会危害性所决定的。这样一种作为犯罪本质属性的社会危害性理论就占据了刑法理论核心的位置，并对刑事立法与司法起着决定性的作用。

近年来，随着我国刑法理论研究的深入以及西方刑法思想的引进，不少学者从刑事法治、罪刑法定的立场出发对传统的社会危害性理论展开了反思与批判。社会危害性在刑法中的地位甚至其存在的价值都受到了理论的质疑。有学者指出"在传统的刑法理论中，社会危害性并不具有基本的规范质量和规范性，如果要处罚一个行为，它就可以在任何时候为此提供超越法律规范的依

据。因为它是犯罪的本质，在需要的情况下是可以决定规范性质的。换言之，社会危害性在定罪上起着超法律规范的根据，成为突破罪刑法定的东西。即'内容决定形式或者说内容可以超越形式'"。"对于犯罪本质的社会危害性说的认识，无论它受到怎样言辞极致的赞扬与称颂，社会危害性并不具有规范的质量，更不具有规范性，它只是对于犯罪政治的或者道义的否定评价。社会危害性说不仅通过其犯罪本质的外衣为突破罪刑法定原则的处罚提供一种貌似具有刑法色彩的理论依据，而且也在实践中对于国家法治起着反作用"。[①] 还有学者认为，在刑法确立罪刑法定原则以后，就不应当再在刑法中采用社会危害性理论。在刑法的犯罪概念中同时使用互相冲突、排斥的两个标准来界定犯罪，势必影响罪刑法定原则在犯罪定义中的完全彻底实现，使犯罪定义乃至整个刑法学的科学性大打折扣。[②] 有学者则从更高的角度，站在形式合理性与实质合理性相对立的立场对社会危害性理论进行了批判。认为传统的以社会危害性为中心的刑法观念是以实质合理性为取舍标准的，而罪刑法定所确立的刑事法治原则却要求将形式合理性放在优先地位，在同一概念中使用社会危害性与刑事违法性显然是相互冲突的。[③]

不可否认，上述学者对社会危害性理论的反思是深刻的，也具有相当的合理性。但问题是，犯罪是蕴含价值内涵的否定性的评价，它必须建立在实质的价值基础之上。在我国传统理论中，社会危害性承担了对犯罪行为的实质价值判断的功能，它不仅有效阐明了犯罪的社会属性、社会侵害的实质，不仅对刑事立法有着积极的指导意义，而且还有利于司法中个案正义的实现。而传统理论中的刑事违法性只是从违反刑法这一形式侧面对犯罪的描述，从某种意义上来说只是对社会危害性的一个"法律"修饰，在剔除社会危害性以后，形式意义上的刑事违法性根本无法阐明犯罪的价值内涵，更无法独自撑起犯罪论的大厦。因此，社会危害性在传统刑法理论中的积极价值不容否定。

正是因为这一问题的存在，有学者针对上述批判为传统刑法理论中的社会危害性理论进行了辩护。有学者指出，犯罪的第一特征就是它的社会危害性，否则我们就根本无法解释立法者为什么要用刑罚禁止这类行为，而刑事违法性只不过是立法者按照一定的标准对社会危害性所作的裁减和取舍。这种取舍并不能改变犯罪的本质属性，社会危害性不仅是立法者进行刑事立法的依据，而

---

① 李海东：《刑法原理入门——犯罪论基础》，法律出版社 1998 年版，第 8 页。
② 樊文：《罪刑法定与社会危害性的冲突——兼析刑法第 13 条关于犯罪的概念》，载《法律科学》1998 年第 1 期。
③ 陈兴良：《社会危害性理论——一个反思性检讨》，载《法学研究》2000 年第 1 期。

且对司法者准确把握刑法的精神，并以此指导刑事司法也有着不可或缺的作用。[①] 有学者则从我国刑法中犯罪概念的立法规定为社会危害性在刑法中的存在寻找依据，认为刑法第 13 条规定的犯罪概念既未采用纯粹的社会危害性标准，也未完全采用刑事违法性标准，而是一种刑事违法性和社会危害性相结合，规范标准与非规范标准互为补充的符合标准。在司法中，社会危害性承担了刑法第 13 条但书的出罪功能，可以保证个别公正的实现。[②]

面对社会危害性在刑法学中的价值的理论争议，一个不可回避的前提问题是：刑法上犯罪的判断是在犯罪构成指导下的价值判断还是仅仅与法定犯罪构成符合的形式判断；刑法上犯罪的判断到底仅仅是法的形式判断还是蕴含社会评价的实质规范评价，在规范刑法学中有无认识犯罪的社会政治内涵的必要，这一认识对刑法学的意义何在？在对这些问题没有一个明确的认识之前，对于社会危害性的批判和坚持都缺乏充分的依据，有可能只是学者在不同的语境下对社会危害性的不同评述，并不存在本质的冲突。

笔者认为，刑法上的犯罪是国家在刑法上对行为人行为的否定性评价，是一种包含实质内涵的价值判断。在我国传统的刑法理论中，作为犯罪本质的社会危害性是立法者建构犯罪构成的价值基础，社会危害性在刑法中承担的是对违反刑法规范的行为进行实质评价的功能，只有依据社会危害性理论才能正确理解刑法的规定，对法定犯罪构成进行合理的解释。而且，由于任何成文法都具有不可避免的局限性，在刑法上不能排除形式上符合法定犯罪构成而实质上不具有可罚性的行为存在。对于这些形式上符合法律规定的犯罪构成而实质上缺乏可罚性，但又不具备法定犯罪阻却事由的行为，显然必须进行实质的评价才可以将其排除在犯罪评价之外。在我国刑法中，社会危害性就是这一评价的实质根据。如果剔除这样的实质内容，那么所谓的犯罪就只是指违反刑法的规定这样一个空壳，无法说明犯罪的实质。这样的犯罪概念既无法对刑事立法加以评价以有效推动刑事立法的修改与补充，也无法对刑事司法中的价值评价加以检验和论证以保证刑事司法正义的实现。因此，在现行的犯罪论中，社会危害性理论有其自身存在的价值，上述学者对社会危害性理论的辩护是有一定合理根据的。

但是，犯罪毕竟是国家对公民个体的最为严厉的否定性评价，它是与刑罚这一最为严厉的处罚相联系的。这一评价显然不能只是司法者依据社会危害性的标准作出的判断，而必须建立在统一的、可检验的规范标准之上。社会危害

[①]　沈海平：《社会危害性再审视》，载《中国刑事法杂志》2004 年第 2 期。

[②]　储槐植、张永红：《善待社会危害性观念》，载《法学研究》2002 年第 3 期。

性的评价实质上只是一种社会通常意义上的经验评价，是一种常人情理上的主观感受，并不是具有法律上意义的规范性评价。而且，在现代多元化的社会中，由于多元的道德观、利益观的存在，使得这样的评价极具主观性，依据这样的标准来指导司法的判断显然是与现代法治的精神相背离的。在现代刑法中，决定罪与非罪的标准（无论是出罪还是入罪）只能是刑法立场的规范标准而不应是一种社会意义上的危害性标准。即便是有利于被告人的出罪判断，也应当是规范意义的"法"的评价。我们绝不可以以社会危害性的名义任意地将应当在刑法上作出否定性评价的行为作出罪处理。因为刑法的制定和适用都应当体现法正义的要求，刑法的功能是有效地限制国家刑罚权，公正地惩罚犯罪，如果一味地在规范外以社会危害性的名义出罪，那么刑法的权威将大打折扣。而且，在刑法中，以社会危害性这一非规范的评价取代刑法上的规范评价还会对刑法的独自性与规范性造成损害，使得刑事违法性成为社会危害性本质标准的法治装饰。

因此，尽管作为一种实质的价值评价，社会危害性的价值内涵是犯罪评价所不可或缺的。但是，在刑法中，社会危害性这样的社会评价应当转化为法规范内的价值评价，以法律的标准来取代社会危害性的标准，以求得评价的客观性、可检验性。

（二）社会危害性本质说检讨

如上所述，作为一种非规范性的社会评价，一种缺少统一、明确标准的概念，社会危害性并不具有判断刑法上罪与非罪的决定意义。尤其是，作为犯罪本质的社会危害性说极易演化成一种对行为的政治评价，成为国家随意介入市民生活的理论借口，隐藏着国家以处罚犯罪的名义侵犯公民权利的危险。因此，在刑法学中，以这样一种非规范性的概念作为犯罪的本质特征显然是不妥当的。

1. 社会危害性是一种否定性的价值判断，这种价值判断并不是法的判断，而是一种道德、文化甚至是政治立场上的评价。由于社会危害性评价标准的主观性、相对性，不同地域、文化的主体对同一行为的价值评价都可能有很大差异，甚至截然相反。即使是执行法律的司法者，也可能由于不同文化背景和基于不同的利益考虑，对同样的行为作出不同的社会危害性的判断。在多元化的社会中，如果强行以某种评价作为社会危害性的标准来认定犯罪，那只能是"官大的标准"，谁拥有权力谁就可以决定社会危害性的标准。最终导致的结果就是，掌握强大权力的国家的利益与需要主宰、代替了社会的利益与需要。这显然是一种纯然的国家权威主义的立场。英国自由主义思想家艾塞亚·柏林早就指出，在人类意见最为分歧的道德、政治、宗教、文化及其终极价值这些重大问题上，恰恰不存在一个唯一正确的答案；一定要在不同答案之间裁判真理与谬误，实际上只能是"强权即真理"；而把人类在价值观上的分歧和冲突看成是真理与谬误或善与恶的斗争，正是人间血流成河的根源。① 这样的惨剧在刑法史上并不罕见，不少统治者就是打着危害社会的旗号以刑法手段来镇压异己，以操纵、宰制社会。因此，主观性、易变性，缺乏一个基本统一的标准是社会危害性理论的最大缺陷。

2. 在刑法中，作为犯罪基本特征的刑事违法性和社会危害性确实存在矛盾与冲突。如果坚持罪刑法定原则，以刑事违法性作为评价犯罪的唯一标准，那么一切与犯罪有关的评价都应当放在法律框架内考量，社会危害性就没有独立存在的价值与必要。而如果按照我国刑法的通说，社会危害性作为犯罪的本质特征，那么刑事违法性就只是犯罪的形式特征，是社会危害性在法律上的体现。尽管可以说，社会危害性的标准是通过刑事违法性加以体现的，二者是统一的。但是，社会危害性的本质说就意味着，在二者发生冲突时，社会危害性的标准才是认定犯罪的最终依据。这就很容易导致刑事违法性沦为对社会危害性评价的标签化处理和法治修饰，实际上根本无法发挥对行为规范评价的实质功能。

3. 从逻辑上而言，将社会危害性表述为犯罪的本质特征也是不妥当的。因为，本质是事物的根本性质，是事物的内在的属性。而特征是一事物区别他事物的显著的标志，它是外部的征表、表象，是事物的外部表现形式，属于现象的范畴。现象是用来表现、说明本质的，本质是存在于现象之中的内在根据。既然特征是表现本质的，一事物作为本质出现以后，就不可能作为特征来表现本质。在我国刑法理论上，将社会危害性既表述为犯罪的本质又表述为犯罪的特征之一，这显然与本质与特征之间的关系不相符。另外，如果认为刑事违法性是社会危害性在法律上的表现，那么，刑事违法性就是社会危害性这一内容的体现，两者就是内容与形式的关系，所反映的实际上是事物的同一本质，将这二者并列作为犯罪的基本特征也是不科学的。

4. 社会危害性的界限和内涵都不够明确，无法成为区别犯罪行为与其他行为的根本标志。因为社会危害性是一种直观的、社会意义上的评价，它与法规范评价的犯罪并不总是一致的。就连主张社会危害性的学者也承认，并不是所有具有社会危害性的行为都是犯罪，也不是所有不构成犯罪的行为都不具有社会危害性。例如数额未达到较大定罪标准的诈骗或盗窃行为、无责任能力人的杀人行为等，这类行为很难说没有社会危害性。而为了对社会危害性加以修

① 冯亚东：《理性主义与刑法模式》，中国政法大学出版社 1999 年版，第 30 页。

正，我国学者提出的严重的社会危害性说也存在同样问题，无论如何，社会危害性的程度都不是决定罪与非罪的唯一标准。意大利学者曾形象地指出，不履行重大合同行为的危害性要远远大于带着一条无牙的狗上街（前者只是民法上的违法行为，后者却是刑法规定的犯罪行为）。而且，所谓的严重的社会危害性说中限制社会危害性范围的"严重"本身就是一个极其模糊的标准，根本无法起到对社会危害性的进一步制约与限制作用。因此，仅从社会危害性的角度并不能对行为在刑法上的意义作出恰当的判断，无法有效界定行为的罪与非罪。

综上所述，笔者认为，犯罪是一种包含价值判断的否定性评价。它是个人藐视社会最为极端的表现，是由人的行为所引起的而为国家主权希望阻止的一种危害。① 就此而言，犯罪确实是具有社会危害性的行为，这种评价对于犯罪的认定是必要的。但是，社会危害性是一种普通生活中的常识认识，一种非规范的常理判断。在刑法学这样一种规范法学的研究中，这样一种不言自明的认识和评价不应成为犯罪的本质特征。尽管社会危害性也体现了对行为的价值评价，但是"'危害社会'并不是一种规范评价，而是对于犯罪行为的社会道义评价，甚至会转化为一种政治的评价。它不仅不具备任何规范法学上的意义，而且对刑法的适用起不到任何规范或者限制的作用。因为，它不是对于行为法律上的或者刑法上的规范评价，而是对行为社会的、伦理的甚至是政治的否定宣告和评价。"② 这样的评价不是没有意义，而是说在规范刑法中，应当将这样的评价纳入刑法评价的范畴，成为刑法立场的规范评价的价值要素，而不是超越法规范评价的标准。

二、刑事违法性与罪刑法定原则

在我国，罪刑法定原则一直是学界批判传统理论的社会危害性说、倡导刑事违法性的有力论据。有学者就明确指出，罪刑法定原则就是要求认定犯罪以法律的明文规定为标准，以刑事违法性作为认定犯罪的根本标志体现了罪刑法定原则的要求。因此，在刑法确立了罪刑法定原则之后，应当突出刑事违法性在犯罪概念中的重要意义。③

不可否认，对刑事违法性的强调是与罪刑法定的现代法治精神相契合的。

---

① ［英］W. 塞西尔·特纳：《肯尼刑法原理》，王国庆等译，华夏出版社 1989 年版，第 4－5 页。
② 李海东：《社会危害性与危险性：中、德、日刑法学的一个比较》，载陈兴良主编：《刑事法评论》（第 4 卷），中国政法大学出版社 1999 年版，第 46－47 页。
③ 陈兴良：《社会危害性理论——一个反思性检讨》，载《法学研究》2000 年第 1 期。

但是，这样的刑事违法性应当是建立在对罪刑法定原则的正确理解之上的。只有真正把握罪刑法定原则的宗旨与精神，我们才能对刑事违法性作出恰当的认识和评价。

（一）罪刑法定原则的形式与实质

揆诸罪刑法定原则的历史可以看出，罪刑法定原则经历了一个从形式到实质，从单纯以对司法权的限制为目标到以对国家刑罚权整体加以限制、保障公民权利为目标的发展过程。

作为刑事法治基石的罪刑法定原则是欧洲启蒙运动的产物，从其诞生之日就被打上了时代的烙印。一方面，在欧洲资产阶级革命之前，司法权曾是维护封建专制王权的保守势力，权力的滥用主要集中体现在司法中，而且在刑事司法领域体现得尤为严重。因此，防止法官在运用法律过程中的主观恣意，对司法者的权力给予足够的限制就成为这一时期的主要目标。在另一方面，19世纪以来科学与技术取得了惊人的成就，这使人们相信科学是处理所有问题的最可靠的方法。因此，许多研究社会科学的学者也加入了进来，采用科学的方法来研究社会。认为依照社会发展的基本准则，社会可以得到科学的研究和改造。他们天真的认为，人生而具有智识与道德的禀赋，能使人审慎思考而建构文明，所有的社会制度都是，而且应当是人审慎思考的产物，借助于普遍理性的方法，社会就能得到最大限度的建构。在法律领域，他们认为，运用理性的力量人们能够制定严密理想的法律体系，他们力图系统地规划出各种各样的法规则与原则，并将他们全部纳入到一部法典中。[①] 所以，在法律适用中，他们断然否定法官的自由裁量权，甚至对法律的解释，认为立法是公意的体现，是人的理性结晶，各种法典已经实现了尽善尽美的理性，具有绝对的正当性，只要司法者严格依据法律的规定去适用就能实现社会的正义，保障个人的自由。

在这样的时代背景下，早期的罪刑法定原则着重强调的是立法对于司法的形式限制，提倡"无法无罪"、"无法无罚"，要求什么样的行为构成犯罪，对构成犯罪的行为处以什么刑罚，必须有成文法的规定。司法者只能被动的执行法律，而不允许任何的自由裁量。因此，早期的罪刑法定原则是一种严格的、不容任意选择或变通的原则，更多的强调对司法的形式控制，反对司法的自由裁量。在理论上，也称之为形式的、绝对的罪刑法定原则。

在西方的社会进程中，当资本主义的自由竞争发展到一定阶段，垄断出现以后，各种社会问题纷纷涌现。在经济上，单纯依靠市场这只看不见的手，已

---

① ［美］博登海默：《法理学、法哲学和法律方法》，邓正来译，中国政法大学出版社1999年版，第69页。

难以保证经济的健康发展，人们开始反思理性人的局限性。在社会价值观上，个人本位观念逐渐淡化，社会本位意识增强，人们意识到社会本身对于个人的价值。与之相适应，在法律领域，出现了法律社会化运动。在刑法学界，以社会防卫论为理论核心的刑事实证学派对奠基于个人本位之上的刑事古典学派及其所倡导的罪刑法定原则提出了强烈的批判，并意图抛弃罪刑法定原则。他们指出，法律的作用不仅仅是为了规制司法者，更是为了实现社会正义，保障人民的福祉、国家的繁荣与人民安宁而幸福的生活。人的理性具有非至上性，意图建立以理性设计的立法为唯一法律的社会秩序规则只能是人类"致命的自负"。

在理论上，罪刑法定原则本身也面临着无法解决的明确性困境。成文法至上理念下的罪刑法定原则的一个基本要求就是刑法规范的明确性。因此，基于法治安定性、可预测性的追求，罪刑法定原则要求刑法对于所有的犯罪构成要件及其处罚都有明确的规定。然而，刑法规范中大量的概括条款、规范性构成要件要素的存在对罪刑法定明确性的要求造成巨大的冲击，使得刑法的绝对明确性成为理论的幻影。而且，由于语言文字本身的局限性，即使是描述性的构成要件，也依赖于法官的解释，没有解释的法律只能是僵死的条文，根本无法实现其应有的功能。因此，企图以立法明确规范所有的现实生活，禁止法官对刑法解释的早期的罪刑法定是无法实现的空想。正如 Leckner 所指出的，"罪刑法定的原初理想只是一个乌托邦，它不可能在刑法中实现。"[1]

为了应对社会生活的发展和理论的责难，适应社会的发展，摆脱理论上的困境。罪刑法定原则也从当初单纯的强调严格依照实定法定罪量刑的形式原则，转而成为强调限制刑罚权、保障人权的原则和理念的实质追求。它不仅强调罪刑的法定化，更强调刑法适用的正当性、合理性。从单纯依赖立法限制司法到对立法者进行同样的限制，从绝对排斥法官的自由裁量到有条件的容许法官的自由裁量，从单纯追求刑法适用上的形式公正变为兼顾追求实质的公正。经过理论的发展，现代意义的罪刑法定原则已不仅限于强调法律主义的形式侧面的价值，而且更为强调刑法规范制定和适用的正当性和合理性，反对处罚不当罚的行为的实质价值。正如意大利学者所总结的，刑法中的法制原则已不仅仅是"Nullum crimen sine lege, Nulla poena sine lege"（法无明文规定不为罪，法无明文规定不处罚）；而应是"Nullum crimen sine jure, Nullum crimen sine injuria"（不违背正义要求不为罪，无社会危害不为罪）。[2]

---

① 劳东燕：《罪刑法定的明确性困境及其出路》，载《法学研究》2004 年第 6 期。
② 陈忠林：《刑法散得集》，法律出版社 2003 年版，第 164 - 165 页。

现如今，经过历史洗礼的罪刑法定原则已经从单纯限制司法的形式原则，演化为一种有着更深的价值内涵的法治精神。这种精神就是：罪刑法定原则的宗旨是为了在强大的国家面前保障公民的权利与自由，限制国家刑罚权的恣意发动。正如日本刑法学者泷川幸辰所指出的，"在社会内部存在种种对立的要素，存在着强者与弱者。罪刑法定主义的精神在于从强者压力下保护弱者，只要社会上存在着强者与弱者的对立，罪刑法定主义就是刑法铁的原则。"① 这就是罪刑法定原则的基本价值目标，任何与此价值目标相背离的做法都是违背罪刑法定原则的。虽然在刑法中，法的安定性具有重要的价值。但是，这并不代表我们就可以置正义于不顾，一味地坚持刑法的机械适用，使司法成为制定法的复写。须知，法的形式是为正义的目的服务的，强调法治、法的安定性本身的目的就是维护公民的自由与权利。当法律的机械适用将对公民个人自由造成侵害的时候，应当优先维护的不是法的安定性，而是公民的自由。如果法治的安定性价值侵害到其所欲保障的价值时，法定安定性应当让位于保障公民的自由。因此，罪刑法定并不等于刑法法定主义，更不意味刑事违法性判断只是一种法形式的逻辑推论。

（二）我国刑法第 3 条规定之检讨

1. 我国现行刑法第 3 条规定，"法律明文规定为犯罪行为的，依照法律定罪处刑；法律没有明文规定为犯罪行为的，不得定罪处刑。"理论上一般将其阐述为我国刑法规定的罪刑法定原则。由于我国刑法中这一罪刑法定原则的表述与通常意义上的罪刑法定原则表述不同，与其他国家的立法规定也有很大差异，因此，对于刑法的这一规定就存在如何理解的问题。有学者认为，刑法的这一规定体现了积极的罪刑法定与消极的罪刑法定的二元统一。规定的后一部分体现了罪刑法定的消极侧面，其意义在于限制国家刑罚权的发动，保障人权；而前一部分则是罪刑法定的积极侧面，强调依照刑法积极运用刑罚权惩罚犯罪、保护人民。持这一观点的学者认为，"积极的罪刑法定要求是法律明文规定为犯罪的，要依法追究其刑事责任，任何机关和个人，不得违反刑法的规定，任意出人于无罪，宽纵罪犯。积极的罪刑法定原则与消极的罪刑法定原则的统一，运用刑罚权惩罚犯罪、保护人权与约束刑罚权，防止滥用，保障人权的统一，这就是罪刑法定原则全面的准确的含义。"②

应当说，上述学者的论述准确地阐明了刑法第 3 条的立法本意，也真实地反映了立法者的意图。我国刑法第 3 条的规定确实具有强调严格依照刑法规定

① 李海东：《日本刑事法学者》，法律出版社、日本成文堂 1995 年联合版，第 152 页。
② 何秉松主编：《刑法教科书》，中国法制出版社 1997 年版，第 68 页。

惩罚犯罪、限制司法裁量的思想。在 1997 年刑法的多次修改稿中，关于罪刑法定原则的多次表述均是与通行的罪刑法定原则的表述相类似的，并没有"法律明文规定为犯罪行为的，依照法律定罪处刑"的规定。如刑法 1995 年的修改稿第 3 条规定："对于行为时法律没有明文规定为犯罪的，不得定罪处罚"；1996 年 6 月 24 日的修改稿中也是表述为"对于行为时法律没有规定为犯罪的，不得定罪处罚"。甚至直到 1997 年 8 月 8 日的修改稿中也是表述为"法律没有规定为犯罪的，不得定罪。定罪处罚应当以行为时的法律和本法第十条的规定为依据"。从刑法修订过程可以看出，刑法第 3 条有关罪刑法定原则的表述肯定不是立法者文字表述的失误，而是立法者刻意选择的结果。应当说，在具有浓厚的社会本位意识、缺乏高水平的职业法官和司法人员的我国，在罪刑法定原则的表述中加入上述强调依法惩罚犯罪的积极规定是立法向社会现实和文化妥协的无奈之举，也是现阶段法治状况的真实体现。不可否认，这一规定对于防止司法的恣意、保障刑法的严格适用有一定的积极意义。但是，不可忽视的是，刑法第 3 条规定的"罪刑法定"也有着很强的负面功能。这一规定不但未能准确反映罪刑法定原则的基本精神与宗旨，而且将积极的入罪要求放在消极的规定前面表述，强调依照刑法惩罚犯罪的优先性，体现了很强的工具主义色彩，使得我国刑法中"罪刑法定原则"的价值大打折扣。

2. 实际上，强调依法定罪处罚的形式法定主义思想在我国有着很深的传统。早在战国时期，法家所提倡的"法制思想"就有着浓厚的形式主义色彩。到了清末，沈家本刑法改革中所确立的罪刑法定原则也曾强调这种"入罪"、"出罪"均必须以成文法为依据的僵硬的罪刑法定原则。他还明确提出了"无律不可罚，有律亦不可不罚"的主张。不可否认，这种站在形式法治立场的主张在中国这样一个崇尚实质理性、对官员的权力缺乏制约传统的社会是有其合理性的。因为，形式合理性是刑事司法区别于其他行业的一个主要特征，如果在司法中掺杂进太多的道德、政治等法外因素的考量，法律的可预测性、社会控制功能就要大打折扣，法治对于人权保障的目标也就成为泡影。

但是，刑法的严格适用并不意味着刑法的机械适用，罪刑法定主义并不等于刑法法定主义，更不等于刑法教条主义。依照现代法治的精神，罪刑法定原则所着眼的并不是积极依法惩治犯罪，而是对国家刑罚权的限制、保障公民的权利和自由不受国家的不当干涉。在刑法中，法治就意味着国家刑罚权发动的正义性、合理性。为了保证刑罚权发动的正当性、合理性，这一权力就应当受到足够的限制和制约。立法的限制无疑是最重要的一环，但是绝不是这一限制的全部。单纯的立法形式有时不但不能对国家权力予以限制，反而会成为专制的粉饰与帮凶。在法律史上，形式的罪刑法定主义就曾被统治者利用以限制法官的权力，推行自己的独裁统治，而非限制统治者的权力、维护市民的权利。1787 年奥匈帝国皇帝约瑟夫二世颁布的"约瑟夫刑法典"就采纳了"罪刑法定原则"。但是，刑法典是藉由对刑事司法的严格限制来保护拥有立法权的君主权威。该法典采罪刑法定主义的目的并非在于保障市民免于恣意，而是巩固帝王的绝对权力，藉由严格将刑事司法约束在法典的法律文字上，使皇帝以立法方式表达出的意志获得贯彻。尽管在形式上"约瑟夫刑法典"颇符合罪刑法定的要求，但是其目的仍着眼于统治者的专制利益，只是强调以最大限度的精确规定来压抑法官造法的领域。此即意味着：君主欲实现其专制利益到达何种程度，他就创造精确的刑法规定到如何程度，最终的根源还是统治者的主观好恶，而非刑法必要性的考量。① 因此，徒有"罪刑法定"的立法形式，而没有保障市民自由的法治精神的罪刑法定原则显然不是现代法治追求的目标。罪刑法定原则并不以"法定性"为满足，而是致力于使市民免于刑罚权适用的恣意，不受不当的刑罚处罚。因为，刑罚本身是国家加诸在人民身上最严重、侵害最大的惩罚形式。刑法研究的一个主要目的就是探寻国家合理发动刑罚权的条件与界限。而"制定法律的过程的确是一个十分复杂的过程。有时发生意外之事，使判决或者法规产生并非预期的结果，而这些结果如果制定法律者具有远见卓识的话那也是可以预见的。一种很普遍的情形是，在大多数场合运用的很好的总则在极少见和预料不到的情况中产生了不公正。两千年来所有人类经验都证实，无论立法的准备工作多么小心周到，预料不到的副作用还是会发生"。② 因此，现代司法的一个重要功能就是通过法官的能动活动，将这些不可避免的副作用降至最小。司法必须在形式合理性和实质合理性之间谋求最大交换值，寻求一个恰当的均衡点。这是司法的终极智慧，也是法学所要提供给司法的最大价值。

3. 尽管在刑法领域，法律后果的严厉性更加强调刑法适用的安定性、可预测性，以促进刑罚适用的理性化、正当化。因而，强调形式理性的罪刑法定的形式侧面不应忽视，形式意义上的刑事违法性是和罪刑法定原则的形式侧面相契合的。但是，这并不意味着，为了追求形式合理性，司法就可以死守法律的教条，将维护正义的任务一股脑的交付给立法，而自己只是在形式合理性的安乐椅上推卸了自己作为法律人的责任。法的安定性固然是法治的基本要求之

---

① 郑逸哲：《刑法上有意义的行为保证罪刑法定原则不被架空》，载《自由·责任·法》，台湾元照出版有限公司 2005 年版，第 146 页。

② [英] P. S. 阿蒂亚：《法律与现代社会》，范悦等译，辽宁教育出版社、牛津出版社 1998 年版，第 227 页。

一，但是并非法治的唯一要求。当实定法的具体适用与正义明显相对时，我们必须首先检讨我们对法的认识是否存在错误，对之进一步加以正当的解释，甚至在必要的时候，实定法必须例外的"让步"，否则，正义将成为空谈。因此，罪刑法定原则的强调并不意味着在刑法适用中，司法可以脱离社会生活价值、忽视具体的正义追求，以形式的依法而制为满足。

我国刑法第 3 条前一部分关于罪刑法定原则积极侧面的规定无疑混淆了这两种不同的价值取向，使得罪刑法定原则本该具有的人权保障的深刻价值蕴涵被遮盖了。刑法第 3 条前部分的表述还使得刑法成为一个封闭的刚性体系，缺乏现代法律应有的开放性和弹性空间。这种绝对的法定主义将使得刑法有可能退回到文字法学、概念法学的旧牢笼，导致司法实践中的法律形式主义，使得刑法的正义价值被形式主义的泡沫所湮没。这显然是与现代法治追求人权保障的目标相抵牾的。由于过于强调形式法治的价值，导致我国当前实践中在对罪刑法定原则的理解上已经有一种只注重于罪刑法定的形式意义，将这一原则意识形态化、标签化的倾向，这种倾向和理论上刑法违法性的形式化互相影响，使得刑法有跌入形式主义泥潭的危险。

前文已经阐明，由于罪刑法定原则一开始就是基于尊重人权的意旨而确定下来的，所以必须从实质的人权保障的精神加以理解。这就要求超越形式的法律主义的要求而实现刑罚规范内容的正当。① 因此，现代意义的罪刑法定原则已不再将限制司法权、追求形式正义作为唯一的目标，它的宗旨是在强大的国家权力下保护公民的正当权利。如果仅仅将罪刑法定片面地理解为只是对司法的限制，只是追求形式的正义，那我们就无法避免恶法亦法的窘境，甚至是立法的恐怖。因为"一切权力，不论来自智识，还是来自世俗，不论属于政府还是属于人民、哲学家、大臣，不论是为了这种或为了那种事业，都包含一个天生的缺陷、弱点和弊病，因而应该加以限制"。② 社会历史发展的现实已经表明，对自由权利最大的威胁是权力的集中，无论这一权力是来自民众还是君主。立法权也是一种应当受到制约和控制的权力，即使是最民主的立法，也不可能满足社会中所有成员的利益要求，它体现的永远只是立法者判断形成的"共同利益"。而任何成员的个体利益在立法中是完全不予考虑的。在立法的形式背景下，具体个体的利益是被遮蔽的，它只有在具体的司法中被发现才得以体现，也即具体的司法对于每个个体利益的维护更具有现实意义。作为一项加于公民的最严厉的处罚，刑罚权更应当受到相互的制约而不是集中于一人，

---

① 马克昌等主编：《刑法学全书》，上海科学技术文献出版社 1993 年版，第 605 页。
② ［法］基佐：《欧洲文明史》，程洪逵等译，商务印书馆 1998 年版，第 232 页。

如果司法成为法律的口，那么所谓的司法只是立法权的一个延伸，所导致的可能就是立法的专制。

作为现代启蒙运动的产物，罪刑法定原则的诞生本身就是保障人民权利和自由的思想在法律上的要求和体现。与罪刑法定保障人权的精神相比，依法惩罚犯罪、保护社会是刑法的固有功能，可谓是天然的。正如有学者指出的，为统治者掌握的刑罚权具有天然的扩张性，没有刑法限制的处罚反而更为便利。因此，刑法的真正目的并不是为了惩罚犯罪，而是为了限制国家刑罚适用的恣意，遏制刑罚权的扩张。在我国，由于几千年的封建专制主义的影响，整体上缺乏一种对国家权力的怀疑和限制的政治文化，相反，更多的是一种对权力的崇拜和迷信。而法律文化中弥漫的则是一种以法为刑、以法为统治之器物的工具主义，缺少一种"保障公民权利"、"限制国家刑罚权"的法意识。由于长期的刑法工具主义、压迫主义的文化影响，刑法的社会保护功能意识已经深深嵌入我国的司法实践之中，而刑法文化中所缺乏的恰恰就是罪刑法定原则的那种依法保障人权、限制刑罚权发动的消极侧面。因此，在我国刑法上，对罪刑法定原则进行实质的、精神上的把握具有更为积极的意义。要建构起合理的刑事违法性理论，就必须纠正对罪刑法定原则的片面理解，准确把握罪刑法定原则的精神实质，站在规范的立场实质把握刑事违法性的概念。

第二节　刑事违法性理论的重构分析

一、刑事违法性另一视角的分析

与社会危害性一样，刑事违法性也是一定主体对于客体评价的一种体现，它是依据刑法规范作出的否定性评价。刑法是规定犯罪与刑罚的法规范，是立法者制定的用以认定犯罪的规范标准。刑法规范本身就是立法者价值活动的产物，只有当立法者形成对某种行为需要给予刑罚处罚的价值判断时，他才会将其作为一定的犯罪类型以犯罪构成的形式规定在刑法中。因此，刑事立法的过程并不是一个对事实的简单归纳，而是将社会生活与刑法的理念相对应的价值评价过程。刑事制定法不仅仅是形式的文字组合，而是包含了实质价值内涵的规范标准，表面上的刑法条文只是立法者价值评价的文字载体。因此，所谓的刑事违法，所违反的显然不是纸面的刑法条文，而是刑法条文中所蕴含的价值规范。由于立法者是运用语言文字来表述这样的价值评价的，当这种文字形成的法规范脱离立法者以后，它就成为一种客观的存在，其所包含的立法者的目的、蕴含的价值内涵就需要适用者透过刑法文字的适用解释来确定。而且，由于立法活动无可避免的局限性，即使在民主的社会中，也无法确保制定法真实地反映其所应当体现的利益需求。对于不断变化的社会生活而言，抽象的刑法文字要么是显得不足、要么就是多余。这些都需要司法者在适用中加以矫正、补充。因此，真正用以评价刑事违法性的规范并不是明明白白体现在刑法中的制定法条文，而是经过判断者的解释、理解而形成的价值规范。

传统观点一般将刑事违法性表述为违反刑法或是违反刑法规范。这似乎没有什么不妥。因为，刑事违法性当然必须是立足于刑法的规范评价，刑事违法性概念本身就是对刑法作为评价标准的强调。但是，刑事违法性是立足于刑法规范的价值评价，而不仅仅是一种事实的认知，简单地将刑事违法性表述为"违反了刑法"或是"违反了刑法规范"就忽视了刑法本身的价值属性，也掩盖了刑事违法性否定性评价的特征。刑法适用并不是简单地将行为事实与刑法规定相比对的认知，而是与事实相对应的不断往复的价值评价过程。因为"一切理证性的科学中的规则都是确定和无误的。但是，当我们应用他们的时候，我们那些易错的官能很容易违背这些规则，而限于错误之中。因此，我们在每一段推理中都必须形成一个新的判断，作为最初的判断或者信念的检查或审核；而且我们必须扩大视野去检视我们的知性曾经欺骗过我们的一切例子的经过，并把这些例子和知性的证据是正确而真实的那些例子进行比较"。① 因此，刑事违法性是一种依据刑法规范作出价值评价的结果。在此，我们需要走出传统理论的视角，转换一下思路来看待刑事违法性。

顾名思义，刑事违法性就是行为违反刑法的属性。按照哲学学者的论述，在哲学上，一切事物都可被分为两类：实体与属性。所谓实体也就是能够独立存在的东西，是单一的、个别的、感观能够感到的事物以及这些事物的总和。而属性，则是依赖的、从属的而不能独立存在的东西。显然，刑事违法性并不是具有独自性的实体范畴，而是属于依赖性、从属性的属性范畴。按照伦理学者的观点，一切属性可以经过两次划分而分为三类。第一次是依据是否与其他事物发生关系而产生的，将其分为固有属性与关系属性；第二次是依据是否具有依主体的需要而转移的性质再分为两类：价值属性和事实属性。② 固有属性是事物独自具有的属性，关系属性则是事物固有属性与他物发生关系时所产生的属性。无疑，刑事违法性是行为与刑法发生关系时才会产生的属性，因此应当属于关系属性的范畴而不是行为独自具有的固有属性。在关系属性中，事实

① ［英］休谟：《人性论》（上），关文运译，商务印书馆1982年版，第181页。
② 王海明：《伦理学方法》，商务印书馆2003年版，第266－270页。

关系属性是仅依赖于主体而与主体的需要、目的无关的属性，如颜色、气味等是物体与主体发生关系、依赖于主体而存在，但与主体的目的、需要无关的关系属性。而价值属性是依赖于主体的主观需要、目的而存在的关系属性，如好、善良、恶等，这些都是与主体的需要与价值相关联的。[①] 在这三者中，事物的固有属性是不需主体介入即可以体现的，而关系属性则需要主体的介入才能体现。而在关系属性中，事实关系属性的中介或是标准是主体的某种客观物，如眼睛、鼻子等；而价值关系属性的中介或是标准则是主体的目的与需要。[②]

　　按照上述的范畴分类，违法性显然是行为事实与法规范发生关系时表现出来的属性，刑事违法性就是行为与刑法发生关系时表现出的关系属性，而且这里体现的并不是与主体的目的、需求无关的事实关系属性。因为，刑法规范本身就是立法者主体意志的产物，其中蕴含了立法者的目的和需要。依据刑法规范作出判断的刑事违法性体现的不仅仅是与主体的目的、需要无关的事实关系属性，而是与主体的需要、目的相互作用时受到主体的否定性评价的价值体现，是刑法立场的无价值评价。如果仅仅只是从行为与刑法之间的表面联系来定义刑事违法性，那么实际上是将刑法规范作为一个事实的存在为标准来考察事实与其之间的关系，我们得到的只是不包含主体的需要、欲望、目的的事实关系属性，而不是具有否定性评价的价值属性。显然，这不是刑事违法行为真正的属性。我们必须将人的行为与法体现的价值标准（特定主体的主观的需要、目的）相联系考察它的效用性，才可以得出为刑法所不容许的价值属性。尽管这样的目的隐藏在刑法的条文之中，但是却无法通过形式的逻辑推理直接体现，而是需要刑法适用中的价值评价活动来加以发现。因此，刑事违法性依赖于刑法这一物体而存在，其体现的是与刑法发生关系时的关系属性，但这并非一种事实关系属性，而是与刑法规范背后的主体的目的、需要相背离的价值关系属性。

　　以上是从评价的对象即行为的属性角度来考察刑事违法性的。实际上，作为一种价值属性，刑事违法性是与特定主体的认识、评价相联系的，是通过主体的评价加以体现的。因此，从另外一个角度来看，刑事违法性这一属性是一定主体价值判断的产物，是主体基于刑法规范所作出的无价值判断。因为，从哲学上来看，价值本身就属于关系属性的范畴，是主体与客体的一种相互作

---

① 王海明：《伦理学方法》，商务印书馆 2003 年版，第 266－270 页。
② 王海明：《伦理学方法》，商务印书馆 2003 年版，第 313 页。

用、相互关系，是客体对于评价主体的需要、欲望、目的的效用性。① 与主体的需要相一致的，满足主体的需要的效用，对于该主体来说便叫作正价值；不能满足主体需要的，与主体的需要相违背的，对于该主体而言就是负价值。刑事违法性虽然是以刑法规范为标准的评价，但是这种评价是一定主体基于刑法规范所蕴含的主体的目的、需要从刑法的立场作出的否定性的负价值判断。因此，这一属性无可避免地包含了主体对于刑法需要与目的的理解。

在现代社会，法律是社会各阶层利益需求与意志相妥协的产物，是对行为进行"法"的立场评价的基本标准。但是，由于不同主体的需要、目的、价值立场的不同，针对同一部法规范，不同的主体可能会得出不同的理解。依照同一刑法规范，立法者、司法者、特定社会群体以及行为人个人对同样的行为可能都会形成不同的法律评价。因此，为了保证刑事违法性评价的统一性，只能有一个有效的主体作出具有法律意义的评价。尽管不同的社会群体和公民个人都可以依据刑法对一定行为作出自己的评价，但是在法律的视野中，代表国家进行有效法律评价的只能是国家的司法机关，具体的说，就是具体裁判案件的法官。毫无疑问，法官也是要依据立法者制定的刑法规范所体现的主体的需要、目的为标准来评价行为的刑事违法性，而不能任意地采取规范以外的标准来评价违法性。尽管这种价值属性直接反映出的是法官的价值评价，但是，这并不是法官的一种自我感觉的主观评价，而是法官依据刑法规范，从刑法的立场得出的应该如此的判断。也即法官并不是陈述判断者个人的价值如何，而是基于法律的观点来评价待判的行为与刑法规范的价值与目的的关系。在此评价中，最为关键的环节就是把握刑法中所体现的主体的需要与利益，也即刑法的价值标准。

作为立法的产物，刑法规范无疑是立法者的需要与利益的体现，或是立法者所代表的国家的利益与需要。但是，在现代社会，法不再仅仅是统治者个人意志的体现，而是社会公意的产物，法律所体现的既不是立法者，也不仅是国家的利益与需求，而应是立法主体所归属的市民社会的利益与需求。尽管这样的市民社会的需要与利益是在具体的刑法适用通过法官的评价体现出来的，但是法官对刑法规范的解释、评价本身也要受到这一目的与需要的限制，法官必须考虑社会的立场与需要做出价值判断，并对这一判断予以正当性的论证。因此，在刑事违法性中，真正起作用的是体现在刑法规范中的社会的需求与目的，法官的任务只是从刑法规范中准确地把握、发现这样的目的与需求。正如威尔哲尔所言："（违法性）无价值判断的主体，不是个体的人（甚至也不是

---

① 王海明：《伦理学方法》，商务印书馆 2003 年版，第 191 页。

法官）。法官的判断至多不过是通过法秩序确证不法评价。"①

二、刑事违法性的概念重构

我国刑法理论的通说将刑事违法性定义为"行为的刑事违法性，就是指行为违反刑法规范，也可以说，行为符合刑法规定犯罪构成"。② 也有学者认为，刑事违法性就是行为人的行为符合刑法有关犯罪的规定。还有学者认为，刑事违法性是行为具有违反刑法规范的禁令，符合刑法条文有关犯罪规定的属性，即行为的法定性。③ 实际上，这些都只是对刑事违法性的形式表述，并没有揭示刑事违法性的价值关系属性。

刑事违法性的判断就是司法机关以刑法为标准对社会现实中发生的行为进行的评价。其中形式上是否符合刑法规范的规定只是第一层面的抽象判断，在此基础上，还必须对某种行为是否具有刑法立场的无价值，是否需要给予刑法上否定性评价进行进一步的价值判断。因为，立法与司法都是针对现实生活的价值评价的过程。正如考夫曼教授所指出的，"立法是将法律理念与将来的生活事实相对应，司法（法律发现）则是将法律规范与生活事实相对应。这种对应需有一个在规范与现实之间调和的第三者，这个第三者，代表了法律理念或法律规范与生活事实合而为一，这个第三者就是意义，或者称为'事物本质'。"④ 在法律适用中，这个第三者实际上也就成为沟通立法与司法的桥梁，因为立法和司法都是针对同一事物本质展开的规范性评价。

和立法的过程一样，司法也是针对生活事实的价值评价活动。但是，司法中对生活事实的价值评价并不是不受限制的主观任意，而是必须受到实定法的约束。特别是在刑法上，第一次价值判断（立法判断）对于第二次判断有很强的制约作用，第二次的判断必须受到第一次判断形成的刑法规范的限制。由于司法的价值评价是依据立法的规定展开并受其制约的，因此在应然的状态这两次的价值判断应当是一致的。但是，由于在第一次价值判断中，立法者是依据想象中的抽象事实形成抽象的刑事违法类型，只是一种抽象的而非现实的、具体的评价，而第二次的判断则是将具体的生活事实与刑法规定相对应的具体的判断。因此，在实然的状态，二者并不完全一致。而且，第一次判断形成的

---

① 何秉松：《犯罪论体系研究（讨论稿）》（第 2 卷），山东大学刑事法律研究中心，第 41 页。
② 马克昌主编：《犯罪通论》，武汉大学出版社 1999 年版，第 26 页。
③ 青锋：《犯罪本质研究》，中国人民公安大学出版社 1994 年版，第 185 页。
④ ［德］亚图·考夫曼：《类推与事物的本质——兼论类型理论》，吴从周译，台湾汉林出版公司 1999 年版，第 103 页。

法规范是人类有限理性的产物，并不具有绝对的正当性，它还要受到社会生活的检验，而法律语言文字本身对生活事实描述的不周延性、模糊性本身决定了立法的规定只有通过司法正当的解释适用才能对社会生活起到实际的规制功能。因此，在刑法适用中，每一次的刑法解释实际上就是一个与生活事实相对应的价值判断过程。司法者在解释刑法时，面对具体的个案，永远不能放弃个人所感受到的正义的活生生的声音；这声音是永远不可能被排除的。不管法是多么努力的想把正义变为原则的制度，法也不可能缺少正义，相反，只有在正义里面，法才变得生机勃勃。① 在此意义上，立法者所作的价值判断尚需司法适用的进一步评价，司法的价值判断是源于立法者而又不拘泥于它的更深一层的价值判断。尤其是，对于具体的个案而言，由于第二次的价值判断是将具体的案件事实与法规范相对应的产物，它直接决定每个具体案件中所涉个体的命运。因而，司法的评价与判断反而显得更为重要，它才是决定刑事违法性的关键。

在现代法治国家中，立法和司法都是为了一个共同的目的——"正义"。在法律的帝国中，立法是将正义的要求规范化，而司法则是以衡平的方式加以实现。因此，刑事违法性的评价实际上也就是在立法正义的指引下合理解决、协调两者评价的矛盾，以实现具体的正义的活动。刑事违法性并不是司法者从立法的规定进行形式的逻辑推理而得出的事实判断，而是依据第一次价值判断形成的刑法规范文本，从行为是否确实违反刑法规范的价值、可否予以刑罚处罚来进行价值判断而作出的刑法上的无价值评价。

综合以上论述，笔者认为，刑事违法性实际上是法官依据刑法对于特定行为的否定性评价，并不是在法律和事实之间进行简单的包摄和配置而不含任何价值色彩的逻辑推理。因为，作为评价标准的法律本身就是一定价值评价的体现，立法的价值判断是通过刑法规范的文字体现出来的，对这一文字规定的理解本身就是探寻立法的含义、发现规范标准的价值活动。因为，立法只是立法者综合一群社会事实成为一个以概念方式加以表示的构成要件，并对此规定一个法律效果，这群社会事实在一个被认为是"重要"的观点下（如某一特定利益状态或对某一特定利益的侵害）被视为是相同的。然而，此种为了实现平等原则而在法定构成要件中等同视之的这些社会事实，实际上绝非真正相同的，这种相同落实到法律适用中就是一种价值上的等同。② 刑事违法性就是将

---

① 张明楷：《刑法分则解释原理》，中国人民大学出版社 2004 年版，序，第 2 页。
② ［德］亚图·考夫曼：《类推与事物的本质》，吴从周译，学林文化事业有限公司 1999 年版，第 97 页。

具体行为事实与刑法的规定价值标准相对应，依据这一规范标准对行为作出的价值评价。

据此，我们可以给刑事违法性下一个这样的定义：所谓刑事违法性是刑法立场上的无价值评价的体现，是人的行为与刑法所体现的目的与需要相背离的价值关系属性。它是刑法上的犯罪所体现出的本质属性，只有具有刑事违法性的行为才是犯罪，刑法上合价值或者未达到刑法上否定性价值评价的行为均不能认定为犯罪。

作为体现一定主体价值评价的关系属性，刑事违法性是指行为与刑法发生关系时所体现出的与刑法价值相背离、为刑法所不容许的属性。这种属性本身就应当具有实质的内涵，而不是没有实质内容的纯粹形式判断。在刑事违法性的研究中，对于行为事实的认定，即事实为何的问题，是事实确证的问题，这应当是诉讼法学、证据法学研究的内容，而并非刑法学研究的范畴。而第二性与第三性，即事实关系属性和价值关系属性则是刑法学研究的范畴。从某种意义而言，德日国家的构成要件符合性揭示的就是行为与构成要件相符合这种事实关系属性，而违法性揭示的正是行为与法秩序价值相背离这种价值关系属性。

三、刑事违法性在刑法中的定位

在现代刑法理论上，学者们一般将从刑法规范违反意义上理解的犯罪，即刑事违法理解为形式意义上的犯罪。正如我国台湾学者高仰止所言，"自犯罪之形式观察，所谓犯罪者，乃违反刑罚法规而赋予刑罚效果之反社会的行为。因其纯以刑法规范之抽象规定为判断犯罪行为之准据，故称之为犯罪之形式意义。此项标准亦可区别犯罪行为与其他不法行为之分界，至于何种反社会行为可为科处刑罚之犯罪行为，乃属实定法上之问题，此为罪刑法定主义的当然结论，故犯罪形式意义，也即犯罪之法律意义。"[①] 从罪刑法定的意义上而言，这一论断有着积极的意义，在法治社会，刑法规范应当是认定犯罪的唯一依据，没有违反刑法的行为无论如何不能评价为犯罪。

在我国，理论上一般也将犯罪的概念区分为形式定义和实质定义，将从社会危害性的实质角度来理解的犯罪表述为实质定义，而将从刑事违法的规范角度理解的犯罪表述为形式定义。在追寻刑事法治的进程中，学者们在刑法上一再倡导这种形式的犯罪概念，同时还将西方刑法理论中规范意义上的犯罪概念

① 高仰止：《刑法总则之理论与实用》，五南图书出版公司 1996 年版，第 137 页。

贴上"形式定义"的标签。刑事违法性上的形式化理解也是与这一认识相联系的。但是，这样的区分并不妥当，将刑法违反意义上的犯罪表述为形式的犯罪的最大问题在于：忽视了西方学者所讲的犯罪的法律概念并不是纯粹的形式上的，而是包含了实质的内容。因为，所谓的"犯罪是刑法所规定的可罚行为，即具构成要件的违法、有责的行为"[①] 的"形式概念"已经是一个负有实质内涵的定义了。

犯罪既是一种法律现象，也是一种社会现象，它并不是一个刑法上独有的概念。人们可以从刑法学、社会学、犯罪学的不同角度给它下定义。借用苏力教授的一个词，犯罪可以是一个"语境化"的概念，在不同的语境里有不同的含义。但是，刑法学作为一门规范性法学，其"犯罪"概念却不能"语境化"，而必须是稳定、统一的，必须具有明确的规范内涵和外延。为了解决传统犯罪概念中的矛盾，我国有学者站在立法和司法的立场提出刑法上犯罪概念的二元说——司法上的犯罪概念与立法上的犯罪概念。[②] 笔者认为，这样的划分并不贴切。在刑法上，规范意义的犯罪概念只能是一种法律概念——刑事违法性。所谓犯罪的立法概念实际上是前刑法的犯罪，其既可以是犯罪学，也可以是刑事政策学上的犯罪概念。这一内容在刑法上，一般是作为刑法上犯罪的本质，或是刑事违法性的本质来研究，而与刑法上的犯罪概念本身无关。在刑法学中，犯罪只应当是一个统一的概念，不应存在所谓的两分、形式与实质的犯罪概念，这不仅导致理论上的混论，还会造成犯罪概念本身之间的矛盾。而且，在罪刑法定的背景下，提出刑法上多重的犯罪概念本身就值得商榷。因为，所谓的实质意义上的犯罪或是立法上的犯罪概念，即"反社会行为或是具有社会危害性的行为"，并不是刑法意义上的犯罪。而刑法上所指的犯罪，就是违反刑法，具备刑事违法性的行为，它并不是一个形式的犯罪概念而是一个负有实质价值内涵的定义。因此，将刑事违法性解释为犯罪的形式概念并不十分贴切。正如我国学者所指出的，"将我国刑法学界所说的犯罪形式定义或者犯罪的法律定义，称为规范意义上的犯罪概念更为合适。原因就在于犯罪只能由刑法加以规定，因而犯罪总是法律的，法无明文规定不为罪，说犯罪是刑法所规定的应受刑罚处罚的行为，包含着相当的实质内容，而不单纯是'形式的'。"[③]

在刑法上，犯罪是刑法规定的应当予以刑罚处罚的行为，是包含价值评价

---

① ［日］木村龟二：《刑法学词典》，顾肖荣等译，上海翻译出版公司1991年版，第98页。

② 参见王世洲：《中国刑法理论中犯罪概念的双重结构与功能》，载《法学研究》1998年第5期。

③ 曲新久：《刑法的精神与范畴》（修订版），中国政法大学2003年版，第138页。

的"反规范"行为。尽管作为一种社会现象,在人类社会产生之初,就存在严重危害人类社会的"犯罪行为",但是那只是一种社会意义上的评价,而不是法律的评价。即使在国家产生之后的阶级社会,作为犯罪处罚的行为也不限于有国家法律明文规定的情形。在前现代社会,统治者所处罚的大量的"犯罪"行为并没有法律上的依据。那时,犯罪实质上就是指统治阶级认为的危害统治秩序应当予以"刑罚"处罚的危害行为,而与是否有法律规定没有必然联系。到了近代,随着罪刑法定原则在现代法治中的确立,刑法才成为评价行为是否构成犯罪的真正标准,依据刑法规定来评价犯罪是法治的基本要求,任何不具备刑事违法性的行为都不能评价为犯罪。但是,刑法的规定毕竟只是立法者对于现实社会生活中当罚行为的抽象化、类型化,在刑法规范背后隐藏的是现实社会的利益需要。形式的"法定性"只是现代刑法上犯罪的一个基本要求,如果仅仅将犯罪定义为违反形式的刑法规范层面,所得到的必然也只是一个循环论证的形式概念,即"刑法是规定犯罪与刑罚的规范,犯罪是违反刑法规范的行为"。正如韩忠谟教授所批判的,"研究刑法学者每以形式的抽象的犯罪概念简单易晓,因而引为满足,其意不外谓犯罪为刑法所处罚之行为,至论刑法,又谓为规定犯罪与科刑之法规,如此循环解释,终属浮光掠影,无多裨益,故欲明了犯罪之本质,非从理论上作进一步探讨不可。"[①] 为了给立法规定的犯罪以合理的解释,学者们将犯罪区分为形式概念、实质概念、立法上的犯罪概念、司法上的犯罪概念,意图对不同意义上的"犯罪"给以妥当的解释。这不但未能厘清不同犯罪概念之间的关系,反而导致理论上犯罪概念的混论。

在前面的论述中已经指出,刑事违法性并不是仅仅以实定刑法为依据的形式意义上的循环论证,而是含有实质价值内涵的规范性评价。在刑法学的意义上,这种刑法立场上的无价值的行为,也即具有刑事违法性的行为就是犯罪。这里的刑事违法并不是指形式上违反实定法规范的事实认知,而是具有实质价值内涵的刑法上的否定性价值评价。如此,既可以将(刑法学上的)犯罪限制在规范意义范围内,也可以给犯罪概念以实质性的内涵,不致陷入学者所批判的形式的循环论证。

实际上,与社会危害性一样,刑事违法性也是一定主体对特定行为的价值评价的体现。只不过,社会危害性是以一般的社会道德情感为标准的判断,是一种日常生活意义上的价值判断,并不具备刑法的规范属性。而刑事违法性则是依据刑法为标准的规范评价,具有规范性、统一性。在刑法学中,区别犯罪

---

① 韩忠谟:《刑法原理》,中国政法大学出版社 2002 年版,第 100 页。

行为与其他危害行为的最显著的标志就是刑事违法性,刑事违法性才是犯罪的基本特征,或是本质属性。就此而言,陈兴良教授关于"刑事违法性是犯罪的唯一特征"的阐述是相当正确的。正如有学者所指出的,"从刑法作为行为规范和裁判规范的特点来看,从贯彻罪刑法定原则的要求出发,从不道德行为、一般违法行为与犯罪行为的根本区别上考察,刑法意义上的犯罪的本质特征只能是刑法规范禁止性。"① "如果承认犯罪是一个法律概念,其基本属性只能是对刑法规范的违反,对作为法律概念的犯罪不能把超规范的社会危害性评价作为其本质属性,而只能严格规范学原理发掘其规范性的本质。"② 因此,刑事违法性并不只是犯罪的形式概念或是形式特征,而是犯罪的法律属性。作为一种规范现象(而非社会现象),刑法上的犯罪这一事实状态所体现的最本质的属性就是刑事违法性,在刑法上,犯罪是刑事违法的同义词,刑事违法性是刑法上犯罪的根本属性。

第三节 实质的刑事违法性之探寻

上文已经指出,刑事违法性是行为与刑法的目的与价值相背离的价值关系属性,是对行为的刑法立场的否定性评价。这样的否定性评价显然就不仅是行为与刑法规范相矛盾的形式概念,而是具有实质内涵的价值判断。因此,对刑事违法性的理解就应当摒弃那种三段论推理导向的形式违法观,建立一种蕴含法的价值评价内涵的实质违法观。在现代社会,实质的刑事违法观既是实质法治的要求在刑法上的体现,也是对刑法上形式理性偏一价值选择的扬弃。

一、实质的刑事违法性与实质法治观

尽管法治已经成为人类社会共同追寻的目标,但是对于法治的形式、价值目标却有着不同的认识。在理论上,主要是形式法治观与实质法治观的对立。形式的法治观主张法律应当是以国家制定法为核心的完整体系;在法律适用中注重法律的一般性、普遍性,强调司法者严格依法裁判,反对在法律中夹杂价值的考量;认为只要国家活动形式上符合法律,即视为达到法治国家的要求。而实质的法治观则认为,法治不仅要求国家受到法律的形式约束,而且要求法律本身具有社会的正当性,法律的实现蕴含着实质的价值目标;在法律的适用

① 丁祥雄:《关于犯罪本质特征的再思考》,载《广西政法管理干部学院学报》2002 年第 2 期。
② 梁根林:《二十世纪的中国刑法学——反思与展望》(中),载《中外法学》1999 年第 3 期。

中允许司法者致力于实现实体的、个案正义的自由裁量。①

主张形式法治观的学者往往认为，法治就是依法而治，实质的价值追求并不是法治的目标。纯粹法学的创始人凯尔森就曾指出，"法治原则并不保证政府统治下的个人的自由，因为它所针对的并不是政府和被统治者之间的关系，而是政府内部的某种关系；它的目的是使后者与前者一致。"② 弗里德曼也认为："法治简单的说是指公共秩序的存在。它的意思是通过法律指挥的各种工具和渠道而运行的有组织的政府。在这个意义上，所有现代社会，法西斯国家、社会主义国家和自由主义国家，都处在法治之下。"③ 英国分析实证主义法学家拉兹系统阐述了形式法治的概念。他在《法律的权威》一书中指出："如果法治意味着良法之治，那么探究它的实质就是旨在提出一个完整的社会哲学。但是倘若如此，这一词语就缺乏任何功用。若仅仅为了相信法治就在于善应当获胜，我们无须仰赖法治。法治是一个法律制度或者缺乏、或者不同程度拥有的一种政治理想，这是一种常见的情况。法治仅仅是一个法律制度可能拥有并据以评判该制度的德性之一。它不应与民主、正义、平等（法律上或者其他方面的）、各种人权、尊重个人或者人类尊严相混淆。一个建立在否认人权、普遍贫困、种族隔离、性别歧视、宗教迫害基础上的非民主的法律制度，可能大体上比任何一个开明的西方民主国家更符合法治的要求。这并非是说前者比后者更好。它是一个极端邪恶的法律制度，但是它在一个方面是出色的：遵循法治。"接着他明确地指出，"显然，这一法治概念是形式上的。它没有涉及法律是怎样制定的：由暴君、民主的多数人或任何其他方法。它也没有包括基本权利、平等或正义。"④ 对形式法治最极端的理解就是像拉斯基所宣称的，"希特勒德国，与英国或法国一样，在独裁权力是经由法律秩序而转交给元首的这个意义上讲，都是法治国。"⑤

这种形式主义的法治观受到了不少学者的批判。哈耶克就曾明确指出，形式主义的法治观使法治国成了所有国家的特性，甚至还成了专制国家的特性。因为，人们根本无力对法治处于支配地位的法律体系与不存在法治的法律体系进行界分。因此，每一种法律秩序，甚至包括权力机构拥有完全不受约束之权

---

①　高鸿钧：《现代法治的出路》，清华大学出版社 2003 年版，第 75－76 页。

②　Hans Kelsen, Foundations of Democracy, Part 2, in Ethics, vol. 46, No1, Octobor, 1955.

③　W. Fiedmann, Law and Social Change in Contemporary British, London：stevens, 1951, p. 281.

④　Joseph Raz, The Authority of Law：Essays on Law and Mority, Clarendon Press, 1979, p. 211.

⑤　［英］弗里德里希·冯·哈耶克：《法律、立法与自由》（第二、三卷），邓正来等译，中国大百科全书出版社 2000 年版，第 113 页。

力的那种法律秩序也是法治的一个实例。① 他指出"法治，作为对所有政府权力的一种限制，当然也是一种规则，但是一如我们所见，它却是一种超法律的规则（extra - legal rule）：它本身并不是一项法律规则，而只能作为一种支配性观念（亦即关于善法应当具有那些特性的观念）而存在"。进而，哈耶克提出了这样一个法治的概念，他说道："我们必须强调指出的是，由于法治意味着政府除非实施众所周知的规则以外不得对个人实施强制，所以它构成了对政府一切权力的限制，这当然也包括对立法机构的权力限制。法治是这样一种原则，它关注法律应当是什么，亦即关注具体法律所应当拥有的一般属性。我们之所以认为这一原则非常重要，乃是因为在今天，人们时常把政府的一切行动只须具有形式合法性的要求误作为法治。当然，法治也完全以形式合法性为前提，但仅此并不能涵括法治的全部意义：如果一项法律赋予政府以其按照其意志行事的无限权力，那么从这个意义上，政府的所有行动在形式上就都是合法的，但是这一定不是法治原则下的合法。"②

德国学者拉德布鲁赫在对二战时期纳粹借法的名义实施的恶行展开反思的同时，对形式主义的法治观提出了批判。他尖锐的指出，正是法律实证主义的盛行，才使得法律的卫士在专制政体卷土重来的时候变得毫无防范之力。因为法律的卫士只要接受了法律实证主义有关每一个国家都是法治国的定义，那么他们就别无选择，只能按照凯尔森等论者所主张的那种观点行事：从法律科学的角度来看，纳粹统治之下的法律也是法律，我们虽说可以对这种状况表示遗憾，但是我们不能因此而否认它是法律。③ 在二战以后，对于纳粹政权借助法律实施的恐怖行为引起的愤怒驱使人民反思：在一切制定法渊源以外，确实有一些正义原则或者社会道德原则构成更高层次的法律。这样一种对于"法律"的反思为一种实质的法治观奠定了基础。"法治国不仅是一个依法行政、法院全方位控制的国家，不仅是指一个有法律安全、有责任执法的国家；在实质意义上，法治国是一个尊重个人自由，以温和的保护和确定的国家权力为原则的共同体，其来自于人民的、规范国家行为的法律秩序应当受这些原则的约束，

---

① ［英］弗里德里希·冯·哈耶克：《法律、立法与自由》（第一卷），邓正来等译，中国大百科全书出版社 2000 年版，第 76 页。

② ［英］弗里德里希·冯·哈耶克：《自由秩序原理》，邓正来译，三联书店 1997 年版，第 260 - 261 页。

③ ［英］弗里德里希·冯·哈耶克：《法律、立法与自由》（第二、三卷），邓正来等译，中国大百科全书出版社 2000 年版，第 85 页。

应当致力于一个公正的、平等的人的关系的建立"。① 在追求自由、法治的进程中，不少学者都追随了这样一个实质正义的目标。20 世纪中后期西方兴起的自由主义学说、新自然法思想、现实主义法学等，都摒弃了纯粹形式的法治观，而强调蕴含自由、正义等目的和价值追求的实质法治观。例如哈耶克高度关注的是自由在法治中的价值，认为法治代表的就是自由，自由依赖于法治。"最能清楚地将一个自由国家的状态和一个在专制政府统治下的国家的状态区分开的，莫过于前者遵循着被称为法治的这一伟大原则。"② 德沃金则强调权利在法治中的价值，认为真正的法治"是一种按照准确的、公开的个人权利概念来治理的理念。它不像规则文本概念那样在法治与实体正义之间做区分，相反，它要求，作为法律理念的一部分，规则文本里的规则要统摄和实施道德权利。"③ 罗尔斯也强调自由在法治中的价值，他指出，"法治和自由显然具有紧密的联系……在理性人为自身所确定的最大的平等自由的协议中，法治原则具有坚实的基础。为了确实拥有并运用这些自由，一个组织良好的社会中的公民一般都要求维持法治。"④

在我国，对于法治理论上也存在实质法治与形式法治的争论，但是大部分学者主张以追求公正、人权为目标的实质法治。夏勇教授将法治区分为两种：一种是工具性的，另一种是实体性的。在批驳了法治的工具性理解之后，他提出一种将法治的核心价值归结为"人类尊严与自由"的实体性的法治概念。他说："对法治价值的实体性理解着眼于本身所包含的道德原则和法治所要达成的社会目标。依此，法治被看作一种培育自由、遏制权势的方法，看作人类作为负责任的道德主体或自由意志主体所从事的一种道德实践。"⑤ 另一位学者刘作翔教授更明确地认同了实质法治的价值追求。他说："法治是一种价值的体现。法治不仅要求一个社会遵从具有普遍性特征的法，而且还要求这种被普遍遵从的法必须是好法、良法、善法。亦即法治之法包含着民主、自由、人权、平等、公平正义等人类价值要素。"⑥ 尽管也有学者主张在我国当前的现实状况下应当采取一种形式的法治观，但是他们也并不否认实质法治观本身的

---

① 郑永流：《德国"法治国"思想和制度的起源与变迁》，载夏勇主编：《公法》（第 2 卷），法律出版社 2000 年版，第 71 – 72 页。

② ［英］弗里德里希·冯·哈耶克：《通往奴役之路》，王明毅等译，中国社会科学出版社 1997年版，第 73 页。

③ R. Dworkin, A Matter of principle, Harvard University Press, 1985, pp. 11 – 12.

④ ［美］约翰·罗尔斯：《正义论》，何怀宏译，中国社会科学出版社 2001 年版，第 225、230 页。

⑤ 夏勇：《法治是什么？——渊源、规训与价值》，载《中国社会科学》1999 年第 4 期。

⑥ 刘作翔：《迈向民主与法治的国度》，山东人民出版社 1999 年版，第 99 页。

积极意义。如梁治平先生就主张采纳形式意义的法治概念。但是，他也并不是拒斥实质法治的概念，更不是否认实质法治观所蕴含的价值。他明确指出，"不取实质化的法治概念和理论，并不意味着经由法治所实现的社会价值不重要，也不意味着我们无需或者不考虑这些价值……"①

揆诸历史，法治的概念从其诞生之日起就是一个蕴含着价值追求的实质概念，纯粹形式的法治观是值得怀疑和需要加以警惕的。最早提出法治概念的亚理士多德就明确指出："法治应包含两层含义：是已成立的法律获得普遍的服从，而大家所服从的法律又应该本身是制定的良好的法律。"② 亚氏这段话的前一段提出了法治的形式标准，强调的是法律形式的权威；后一段则明显含有实质的标准，其所言的良法显然是价值上的"善"，也就是正义的法、是能够保障正义的法律。可见，法治从一开始就不是不考虑法的价值追求的纯粹的形式概念。在法治的进程中，作为法治一部分的形式法治只是特定历史时期的理论产物，它对于现代法治的发展无疑起到了积极的推动作用。但是，法治的本质并不在于形式上的依法而制，而是通过法的形式更好地实现自由、正义的价值。尊重与保护公民的权利和自由是法治的基本要求，它要求任何公权力都必须受到适当的控制和制约。否则，形式上的"法治"实际上很容易为统治者利用成为侵犯国民权利的合法借口。在我国战国时期，法家所倡导的那种"一断于法"形式的法制只是统治者维护自己利益的口号和工具，秦襄公甚至曾以无法律规定为由拒绝救济灾民。在西方，曾高举形式法治国大旗的德国也未能阻止法西斯的上台，最终蜕变为法西斯暴力专政。而立足于社会现实的实质并不那么强调立法形式的英美国家却保持了文艺复兴所追寻的自由传统。在这当中，英国人对于法的实质理解是一个必不可少的原因。他们始终认为，"普通法并非是任何个人意志的产物，而毋宁是对一切权力的一种限制。"③

实际上，形式法治的追求只是一种理论的空想，即使就形式法治论者所主张的"形式正义"本身而言，也不可能完全是形式的。因为形式正义的基本要求乃是"相同情形相同处理"，而"何为相同的情形"本身就需作出价值上的思考。因为世界上没有绝对相同的事物，所有的相同毋宁都是价值上的等同处理。如今，法律已经走过了形式主义的初级阶段，法治的目标已不再是简单的依法而制的形式层面，而是在于保障公民自由和权利不受国家不当干涉的价

---

① 梁治平：《在边缘处思考》，法律出版社 2003 年版，第 107 页。

② 亚里士多德：《政治学》，吴寿彭译，商务印书馆 1965 年版，第 199 页。

③ ［英］弗里德里希·冯·哈耶克：《法律、立法与自由》（第一卷），邓正来等译，中国大百科全书出版社 2000 年版，第 131 页。

值层面。正如科因所指出的，"法治国的基本思想，主要体现在以限制权力为思想的'保护正义'的原则之中。'因为，根据历史经验，没有一种国家可以排除支配的因素，法治国的必要性正基于此。法治国是一种尝试，其企图借——应尊重所有人之——正义的要求，来限制现存不能取消的国家支配，凭此使尽可能取得同意。'法治国的建构就应遵循保护正义的原则。"①

在刑法中，实质的刑事违法性是与实质法治的精神相契合的。因为，法律适用的正当性根据并不在于法律概念的逻辑推理，也不源于纯粹国家暴力的支撑，而是源于人们的生活实践和实际需要。如果我们不想让生活的理性淹没在法律形式的虚妄中，我们就必须承认，法律的适用不是一种简单的、形式的依法而制，而是立足于现实的生活，在法的形式下探寻生活目的、实现正义的活动。因此，刑事违法性的问题不仅仅是一个法实证主义的形式问题，而是包含有很深道德伦理内涵的价值判断。正如小野清一郎所指出的，"刑法不仅仅是以实证主义来解释的，而是蕴涵着相当深奥的哲学、伦理学的问题……我们还必须通过这些（刑法的）实证规定，了解其法理的伦理意义。违法性论和道义责任论无非就是讨论构成要件的哲学性法理即伦理。"②

二、刑事违法性与形式理性

刑法后果的特殊性决定了保障刑法的安定性、可预测性是刑事法治的一个基本要求。就此而言，强调立法规定对于刑法适用的限制与制约有着极为重大的意义。因此，在我国刑法学界，不少学者从形式法治观出发，强调法律形式规定的重要性，主张在刑法中应当坚持形式理性价值的偏一追求。这其中，以陈兴良教授的观点最为鲜明。他以韦伯的形式理性、工具理性来论证了在刑法中坚持形式理性的正当性。他指出，"在刑法中（主要是刑事司法中），我们经常面临着这种实质合理性与形式合理性的冲突，传统的以社会危害性为中心的刑法观念是以实质合理性为取舍标准的，但罪刑法定所确立的刑事法治原则却要求将形式合理性置于优先地位。因此，形式理性是法治社会的公法文化的根本标志。"③ 在另一篇文章中，他直接提出，在罪刑法定的原则下，应当坚持以刑事违法性为标准的形式理性。在当前法治国家的建设中将形式合理性置

① ［德］卡尔·拉伦茨：《法学方法论》，陈爱娥译，商务印书馆2003年版，第59页。
② ［日］小野清一郎：《犯罪构成要件理论》，王泰译，中国人民公安大学出版社2004年版，第37页。
③ 陈兴良主编：《刑事法评论》（第4卷），中国政法大学出版社1999年版，主编絮语，第3页。

于首要的位置是刑事法治的要求、人权保障的需要，也是一般公正的要求。[①]
陈兴良教授的观点很明确，那就是，在现代法治中，以刑法作为犯罪评价依据
的刑事违法性是以形式理性为价值追求的。笔者认为，尽管刑事违法性与形式
理性的价值追求并不矛盾，但是过于强调刑法中的形式理性价值，乃至将刑法
中刑事违法性的标准等同于形式理性的偏一价值选择却是不妥当的。

形式理性是德国学者韦伯在研究、比较东西方文化时提出的一个概念。形
式理性是和实质理性相对而言的。所谓实质理性，又可以称为价值合理性，它
是指实践目标的设定在价值取向上的合理；而形式合理性又可称为手段合理
性，它并不强调目标设定的价值取向的合理，而是强调形式的合逻辑性、可预
测性以及可操作性。落实到法律领域，形式合理性与实质合理性的差异实际上
就是以法的形式还是实质的价值为目标的法治价值观的问题。

按照韦伯的看法，近代欧洲文明的一切成果都是理性主义的产物。只有在
合理的行为方式和思维方式的支配下，才会产生合理的法律、社会管理体系以
及合理的社会劳动组织——资本主义。他考察了东西方历史上看似纷繁复杂的
理性主义追求，把它们归结为两种截然对立的"理想类型"，即形式合理性和
价值合理性（实质合理性）。他认为，资本主义的现代社会秩序是纯粹形式
的，这种合理性所引导的行为的后果具有最大程度的可计算性，这种行动可以
达到任何一个不确定的、可能的实质目标；而实质合理性是一切前资本主义社
会秩序的本质特征，这种合理性依据的是被人们视为合理性尺度的目的、价值
或信仰。[②] 韦伯认为，形式理性只是基于手段和秩序的可计算性，是一种客观
合理性，而实质合理性则属于目的和后果的价值，是一种主观的合理性。在韦
伯看来，与实质合理性相比，形式合理性有较高的安定性和可计算性，是真正
的合理性。

以形式理性作为法治理想类型的韦伯思想有着两个预设的前提理论：一是
制定法主义，即认为国家制定法为法的唯一渊源，否认其他规范作为法律的渊
源；二是以法律完美无漏洞为前提的概念法学。概念法学认为，法律实体基本
上是由一些抽象的规则组成的首尾一贯的体系，而司法过程是将这些抽象的规
则适用于实际的案件进行逻辑的推理。这样的法律为使社会关系和社会行动的
可算计性成为可能，可预测性成为人们信仰和忠诚于法律的一个可见的标准。
由此而形成的法律秩序就是一种非人格化的秩序，韦伯将之称为"法理型统
治"。其显著特征在于，它的运行完全依照纯粹形式的法律制度，而作为其肇

① 陈兴良：《社会危害性理论——一个反思性检讨》，载《法学研究》2000 年第 1 期。
② 苏国勋：《理性化及其限制：韦伯思想引论》，上海人民出版社 1988 年版，第 228－229 页。

始的价值基础——自然法，却在近现代逐渐成为丧失具体意义的"高级法"背景了。①

实际上，韦伯的形式理性立场有其特殊的历史背景，也有其自身的局限性。韦伯是以 19 世纪末 20 世纪初的西方生活背景来论证他的理性理论的。他所强调的法律制度中的形式合理性实际上是和概念法学的精神相谐合的。例如韦伯认为，法规范理性化的终结是形式理性，即法规范是以构成要件要素为基础，经由抽象化、逻辑化之概念结构所组成之概念数学。亦即法规范理性化发展的终点，是系统化的法律条文，而法律之适用，是由一批经由语文及形式逻辑的专业培训的司法人员以专业化的执法加以实现。② 他还主张：（1）任何具体法律判决是把一条抽象的法规"应用"到一个具体的事实之上；（2）对于任何具体的事实的判决，都必须是运用法律逻辑的手段，从现行的抽象的法规得出来的；（3）现行的客观的法律是法规的一种"无漏洞的"系统的体现，或者本身就潜在地包含这种系统，或者它本身必须是被看作是针对法律应用的目的而设的这种系统；（4）法学"概念"上不能理性的建构者，在法律上也要当作无关的东西；（5）人们的共同性行动必须完全当作"应用"或"实行"法规来加以解释，或者反之，当作"违反"法规来解释，因为与法律系统的"无漏洞性"相符合的是："法律的井然有序"也是社会事件的一个基本范畴。③ 可以看出，韦伯所主张的形式——理性的法律基本上与概念法学没有什么区别。这种以制定法为唯一法律渊源力图建立完美无漏洞的法律体系的梦想，已经陷入哈耶克所批判的建构理性主义的窠臼。而且，韦伯采用二元对立的方法论，将形式理性与实质理性相对立的绝对划分，认为现代资本主义法律的基本特征和精神就是形式理性，而所有前资本主义社会秩序的本质特征是实质理性，这也是不妥当的。

韦伯的形式理性绝对性的观点在西方已经受到了理论批判和社会现实的挑战。德国学者哈贝马斯指出了韦伯的合理性理论的两点缺陷：其一，意志主义权力观，即认为只要统治者能够贯彻其意志并使被统治者服从其统治，就获得了合法性；其二，韦伯把法理型权威看作是人们对法律的形式上的承认，而这种合法性的信念实质上仅仅意味着"合法律性"（Legality），是一种纯粹形式的合理性，它并不能为法律解释的合法性提供一个判断的标准。哈氏认为，韦伯的错误在于混淆了合法性的规范意义和经验意义，合法律性要获得合法性的

---

① 苏国勋：《理性化及其限制：韦伯思想引论》，上海人民出版社 1988 年版，第 201 – 213 页。

② 高金桂：《利益衡量与刑法之犯罪判断》，台湾元照出版有限公司 2003 年版，第 10 页。

③ 林端：《韦伯论传统中国法律——韦伯法律社会学批判》，三民书局 2003 年版，第 11 – 12 页。

意义，有关善恶的价值判断将是不可缺少的。① 还有学者指出，韦伯所建构出来的，以概念法学为指标的、如机器般的、具高度可计算性的、无漏洞的、不受法律外因素影响的、不考虑涉案个人的"形式的——理性的"法律。事实上连西欧大陆法系也未曾真正出现过，连以严密著称的德国法也称不上是这种法律。因为法外因素的考量始终存在。②

在现实中，韦伯以形式理性作为资本主义形成和发展的重要因素的见解，在第一个发达的资本主义国家——英国——就受到了严峻的挑战。按照韦伯的见解，英国的陪审团制度，是参考具体的当事人的利益做成判决；治安法官制度，法官参考法律以外的情势处理纠纷，均展现了"卡地正义"（Kahdi justice），即实质理性风貌。这显然与其所主张的形式理性是截然相反的。为了对英国现象给予说明，韦伯又无奈的指出，非形式理性的法律对资本主义亦有其助益。这种完全相反的论证，体现了韦伯形式理性理论的局限性。实际上，从韦伯本人其他的相关论述也可以看出，他并没有完全拒斥实质的理性。韦伯实际上也明确意识到形式合理性与实质性合理性之间的紧张关系，并指出形式合理性可能潜含着实质的不合理。他承认，形式的法律体系是对经济力的拥有者是有利的，而且是不符合社会正义的。他说："形式正义担保利害当事人形式上的法律权利最大的自由，但由于经济力的不平等分配，且形式法律体系给予该不平等的经济力分配以合法性。因而，当事人法律上的自由往往产生与宗教伦理或政治上考量的实质要求相反的结果。"③ 对于形式理性可能造成的僵化与实质的不合理，韦伯则寄希望于全能的"克里斯玛"定期出场予以强力的干预。这样的一种无奈选择实际上已经完全背离了形式理性的基本立场。

正是由于韦伯的形式合理性有着自身的局限性，以之来论证刑法上的形式理性的绝对性是不妥当的。特别是，韦伯的形式理性有着很强的概念法学的背景。这样一种以国家制定法为唯一渊源的观点倡导的是官方的法、专家的法律的绝对性，而极力鄙视、否认社会法、民间法的存在及其在法治中的价值。这无疑会形成国家对社会生活的全面入侵与宰制，有漠视社会和公民个体价值的危险，与其所追求的保障自由的立场是相背离的。因为，形式理性法律的高度发展将使法律更加技术化与专业化，而使一般人民更不易接近，在法律适用中，这样的法律理念就使得社会的话语力量被完全剥夺。这样一种以纯粹官方的、精英的法律形式为追求，并使法律的运作高度形式理性化的法治，无疑就

---

① 陈聪富：《韦伯论形式理性之法律》，载 http：//www. lifelaw. com. tw/law/lawbasic.
② 林端：《韦伯论传统中国法律——韦伯法律社会学批判》，三民书局 2003 年版，第 42 页。
③ 陈聪富：《韦伯论形式理性之法律》，载 http：//www. lifelaw. com. tw/law/lawbasic.

会有导致个人屈就法律专制之下，而丧失个人权利与自由的危险。正如我国学者所批判的，"法律的形式理性化同样可能吞噬任何个人自由的空间，将个人自由完全笼罩在国家的巨细靡遗的法律世界中，法律的形式理性化不过是用一种逻辑上的形式理性重构了治安国（警察国）万能管理的梦想……要一劳永逸的、面面俱到的规定其臣民的所有生活关系——没有自由的理性化，最终将人们带入新的奴役的铁笼。之后魏玛德国的历史和对纳粹兴起的无力抗拒，都无不验证了这一点。"①

在刑法领域，刑罚手段的严厉性使得对于国家刑罚权的限制更为重要，这就决定刑事法治的基本理念就是限制国家刑罚权、保障公民权利不受国家刑罚权的不当侵害。以形式合理性为偏一价值追求的绝对立场脱离了刑事法治的真谛，忽视了对于国家立法权的制约和刑法适用的正义追求。这不但使得刑法失去了自我批判与反省能力，而且有可能形成立法的恐怖。一味地要求法官在法律适用中遵循成文法的字义，而不去审视法律的目的，那只能导致一种以词害义的法律机械主义，而掩盖了在法的形式下造成的实质不公正。

毋庸置疑，陈兴良教授强调以刑事违法性作为评价行为是否构成犯罪的唯一标准，并意图通过对形式理性的强调来限制司法的恣意性，以凸显刑事违法性在现代刑法中的重要价值，这是相当合理的。但是，这里的刑事违法性不应当等同于追求形式理性的形式的违法性，而是具有相当实质评价内涵的实质的刑事违法性。以刑事违法性作为规范刑法中犯罪的本质属性并不意味着一定是坚持形式理性的偏一价值的形式法治。其实，从陈兴良教授的其他有关论述中也可以反映出，他也并没有坚守形式合理性的绝对化。虽然他认为刑事法治应当建立在形式合理性基础之上，在形式合理性和实质合理性存在冲突的情况下，应当选择形式合理性而非实质合理性。但他同时认为，应当通过形式合理性来追求与实现实质合理性，并认为法治国刑法文化的品格包含形式理性与实体正义。② 而所谓的通过形式理性实现实质合理性和实体主义的追求已经不再是价值偏一的形式理性，而是一种将实质融入形式之中的价值理性。

因此，对刑事违法性的强调并不意味着刑法上形式理性的绝对化。作为一种刑法立场的无价值判断，刑事违法性是行为事实与刑法发生关系时所体现的价值属性，是事实与价值、实质与形式的统一，是一个实质的规范概念。

---

① 李猛：《除魔的世界与禁欲的守护神》，载李猛主编：《韦伯：法律与价值》，上海人民出版社2001年版，第76页。

② 陈兴良：《法治国的刑法文化——21世纪刑法学研究展望》，载《人民检察》1999年第11期。

应当承认，在刑法中坚持形式意义上的刑事违法性，通过法定的犯罪构成要件对违法性评价加以制约，可以保障刑法的安定性和可预测性，防止刑事司法的恣意。但是，司法的过程并不是简单地依据刑法的规定进行形式的逻辑推理。正如张明楷教授所言："当今世界，再也没有人认为适用刑法是一个简单的三段论逻辑推理过程。首先，作为定罪的大前提，不再被认为是封闭的定义，而是开放的类型。因为任何一种解释结论的正义性，都只是相对特定的时空、特定的生活事实而言，生活事实的变化总是要求新的解释结论……活生生的正义并不是只能从规范中发现，而是需要从活生生的社会生活中发现；成文法的含义不只是隐藏在法条文字中，而是具体的生活事实中。"[①] 仅具有形式意义的刑事违法性，只是对罪刑法定原则形式侧面的确立和进一步强调，并不具有实质的意义。在刑法中，一味地强调违法评价的形式意义反而会导致法律教条主义、机械主义，使刑法失去应有的价值追求。

我国传统刑法理论将所谓犯罪特征的刑事违法论拘泥于形式的侧面，实际上强调的只是犯罪构成的法定性，并没有体现出对行为的否定性价值评价的属性。而为了矫正形式违法的不足，在刑事违法性之外引入社会危害性这一实质的标准，不仅使刑事违法性本身失去了在刑法理论中的价值，而且导致社会危害性与刑事违法性二者的矛盾。实际上，刑事违法性与社会危害性并不是一种形式与实质的二元对立，这样的区分立场本身就陷入事先设定的误区。在刑法适用中，社会危害性本身就应当是刑事违法性评价时价值考量的内涵，我们不能拒斥社会危害性在刑法中的功能，但也不能以社会危害性来取代或是主宰刑事违法性，而是应当在法律的框架下考量社会危害性的内涵，对其进行法的评价，在具体犯罪构成的解释中，注入法的、正义的价值内涵。

需要指出的是，我国有学者为了对社会危害性说赋予规范的色彩，对社会危害性进行加以改造，提出以应受刑罚处罚程度的社会危害性作为犯罪的本质属性。[②] 笔者认为，这一表述如果是从刑法的立场来评价，那么，它就是刑事违法性的内涵问题，从本质上而言，这已经和刑事违法性没有什么区别了。因为，应受刑罚处罚的社会危害性在刑法规范上的表现就是刑事违法性，离开法律规定的应受处罚性并不具有规范的标准。就如我国学者所指出的，"如果说违法性是指违反刑法，更确切的说是触犯刑律，那么它就必然是应受惩罚的行为。"[③] 但是，如果这一概念脱离刑法的规定，是从立法者的立场阐明规定犯

---

① 张明楷：《刑事立法的发展方向》，载《中国法学》2006 年第 4 期。

② 张明楷：《刑法学》（第 2 版），法律出版社 2003 年版，第 96 页。

③ 何秉松主编：《刑法教科书》，中国法制出版社 1997 年版，第 146 页。

罪的标准，那么它就同样面临着如何确定"应受刑罚处罚"的标准问题，这样的概念与"严重的社会危害性"并没有区别。因为，应受刑罚处罚的社会危害性的缺陷仍在于缺乏规范性，尽管它以应受刑罚处罚性来限制社会危害性的范围，但是这一表述仍是游离于刑法规范之外的模糊概念。[①]

因此，在我国刑法中，我们应当把社会危害性所包含的实质内容加以规范化，纳入到刑事违法性当中，使刑事违法性成为评价犯罪的实质的规范标准。正如何秉松教授所指出的："只要承认罪刑法定原则，就必须承认犯罪概念的法律属性即依法应受惩罚性是犯罪的本质特征。行为的社会危害性虽然是客观存在的，但它并不能自在自为的成为犯罪，只有经过国家的价值判断并在法律上确认它应受惩罚才能构成犯罪。"[②] 这样的刑事违法性既体现了犯罪构成的法定性，以限制司法的恣意，同时其自身又含有规范评价的实质价值内涵，能够承担起对特定行为价值判断的功能。这样，将社会危害性的价值判断内涵纳入到刑事违法性的评价中，可以把社会危害性与刑事违法性的冲突消解在刑事违法性内部，转为刑事违法性内部的矛盾冲突。将一切与犯罪认定有关的价值评价都纳入到刑法的立场来进行判断，既可以有效保障犯罪评价的规范性，同时又满足了犯罪作为一种价值评价的实质需要。

[①] 实际上，这一问题是和刑法与刑罚的关系相联系的，上述学者主张犯罪的本质是"应受刑罚处罚的社会危害性"，并将其作为刑法的立法标准，实际上这是将刑罚视为刑法前的非法律概念。笔者认为，在规范意义上，刑罚是刑法规定的制裁后果，只有刑法中规定的惩罚手段才能称之为刑罚。这样的"应受刑罚处罚"无疑是内在于刑法，为刑事违法性所包含的价值标准。

[②] 何秉松主编：《刑法教科书》，中国法制出版社 1997 年版，第 145 页。

第四章　刑事违法性的结构分析

作为刑法上的否定性价值评价的体现，刑事违法性是与刑法的性质、价值紧密相连的。刑法在国家法秩序中的特殊地位决定了刑事违法具有不同于一般意义上的违法的特殊性，在逻辑上和价值上都体现出特殊的构造。本章试从逻辑结构到价值内涵对刑事违法性的构造进行分析。

第一节　刑事违法性与违法性的关系

一、刑法的特殊性分析

刑法是以"刑罚"这一最为严厉的制裁手段来调整社会的法规范，与它的调整手段的严厉性相关联，刑法体现出与一般法规范不同的特殊性。与一般的法律不同，刑法不是以特定的社会关系这样的调整对象与其他部门法相区别，而是以"刑罚"这种特定的调整手段与其他部门法相区别的。正如有学者所指出的，"刑法与一般部门法不是平行并列的关系，而是一种普遍实施与最后保障的关系。"[①]

对于刑法的特殊性，学者之间有着不同的认识。有学者认为是刑法的补充性，有的认为是刑法的谦抑性，有的则认为应是最后手段性。日本学者平野龙一将刑法的特性总结为以下三点：（1）刑法的补充性。即使是有关市民安全的事项，只有在其他手段如习惯、道德的制裁即地域社会的非正式的控制或民事的规制不充分时，才能发动刑法。（2）刑法的不完整性。如果像上面认为的刑法具有补充性的性质，那么发动刑法的情况自然是不完整的。（3）刑法的宽容性，或者说是自由尊重性。即使市民社会的安全受到侵害，其他的控制手段没有充分发挥效果时，刑法也没有必要无遗漏的处罚。在现代社会，人不

---

① 张明楷：《刑法在法律体系中的地位》，载《法学研究》1994 年第 6 期。

或多或少地侵犯他人就不能生存下去。因此，个人在某种程度上必须容忍他人的侵犯。如果对所有的侵犯行为都禁止，反过来就容易阻碍个人的活动。[①]

对于刑法的特殊性，尽管不同学者的表述不同，但核心内涵都是一致的。即都是强调，作为以一种"必要的恶"——刑罚为制裁后果的法规范，刑法的适用不能过于扩张，只有在必要的情况下方可发动。因此，刑法的特殊性就在于其在一国规范体系中的补充性、辅助性，在介入社会生活上的谦抑性。因为，作为社会规范整体的一部分，刑法是国家用以调整国内社会关系、维护社会秩序的最后手段，是社会秩序的最后一道防线，它所针对的必然是严重违反其他规范而为法秩序整体所不能容忍的行为。在规范体系上，刑法必然位于其他法规范的背后，处于补充法的地位。在调整手段上，与以补偿、恢复等手段直接保护公民权利的民法不同，刑法是以限制、剥夺公民自由，甚至是剥夺生命的手段来间接保护公民个人权利的。而且，这样的侵害是国家以法律的名义对公民合法实施的，在国家刑罚面前，公民个人没有任何反抗的能力。因此，这就要求刑法在介入社会生活上体现出足够的谦抑性，只有在其他社会手段不充分或是其他社会统治手段不适宜调整，有代之以刑罚的必要时，才可以动用刑法。

刑法调整手段的特殊性决定了在一国的规范体系中，刑法是社会秩序的最后一道防线。这一特性不仅要求在立法过程中遵循过滤原则，即对某类社会关系是否运用刑法进行调整，必须通过其他规范调整的过滤，最终确定必须由刑法来调整的领域。而且要求在刑法适用中要考虑到刑罚的必要性与有效性，秉持谦抑与宽容的精神谨慎地适用。特别是，在刑法领域中，直接产生对抗的不是平等的个体，而是一方为掌握公权力的国家，另一方是被追究的公民个人。作为一方主体的国家基于维持国家、社会秩序的自卫本能，经常具有滥用刑罚权的危险，这使得刑法具有一种天然的扩张性。因此，现代意义上的刑法已经不再是为了处罚公民而设的法律、不再是惩罚犯罪的工具，而是保障公民自由不受国家刑罚权的任意侵害，限制国家刑罚权的恣意适用的限权法。在现代社会，刑法应当是保障公民自由的大宪章。

二、刑事违法性与违法性的关系

（一）刑法上的违法与违法性的关系

在现代社会，一国的法律是以宪法为中心建立起来的法秩序整体，这一整

[①]　张明楷：《刑法的基础观念》，中国检察出版社 1995 年版，第 143－144 页。

体法秩序就是由各个法律领域的法规范所构建的社会生活秩序的基准。违法是对这种国家法秩序中规范标准的违反。由于不同法律的规制目的、调整手段不同，不同法规范意义上的违法实质上包含着不同的价值内涵。作为以刑罚这一制裁手段调整社会的法规范，刑法上的违法也具有不同于其他违法行为的评价色彩和价值内涵。因此，在刑法研究中就存在如何把握刑事违法与违法的关系，刑法中的违法性是要在所有法领域中统一进行理解（违法的统一性），还是要根据刑法规范的特点个别地加以理解的问题。

在德日刑法理论中，虽然通说的观点认为违法性的评价是法秩序整体立场的评价。但是，对于刑法中的违法性到底是"统一的违法"，还是刑法意义上的"特殊的违法"，在理论上有不同的见解。有学者认为，立法者基于保护同一生活体的个人而制定各种法规范，此种法规范所形成的不可抗拒的生活秩序即为法秩序（或称为法规范）。各种法规范皆为维持生活秩序而设，因此，其间互不捍格而具有"法秩序一致性"的原则。基于这一原则，刑法与其他法律之间并无矛盾存在，所不同的只是不法程度的差异而已，也即违法行为在整个法秩序中依违法程度的轻重而分别属于民事不法、行政不法或刑事不法。① 还有学者认为，由于刑法的目的与其他法律有很大的区别，刑事违法不同于一般的违法行为，因此，倡导"违法性区别说"。如德国学者京特就认为，应当将刑事违法性与违法性的概念相区分，应当在行为构成与违法性之间插进一种特殊的刑事违法性的进一步评价阶段。据此，他把传统的正当化根据分为两组，一组作为排除"排除刑事不法"的根据，应当仅仅表示为放弃一种刑法意义上的不批准举止行为；另一组作为正当化的根据。② 还有学者也持相同的观点，他们认为刑事违法与其他违法行为有着本质上的不同。例如与行政违法相比，刑事违法是具有特定法益侵害的行为；而行政违法则是对于国家行政作用秩序的违反。刑事犯牵涉的是个人权益及文化的损害，而行政犯则牵涉特别性的社会损害。因此，刑事犯是有关"正义价值"的行为，行政犯则是一种有关福利价值的行为。德国联邦法院的判例也曾明确地采纳违法性质区别说的观点，认为"刑法上的违法，是属于一种特别伦理价值的判断；而行政法上的违法，则是属于单纯不服从行政命令的事项"。③

在日本，关于刑事违法与违法的关系问题，理论上存在着违法的统一性与

---

① 余振华：《刑法违法性理论》，台湾元照出版有限公司2001年版，第10页。
② ［德］克劳斯·罗克辛：《德国刑法总论》，王世洲译，法律出版社2005年版，第389页。
③ 何子伦：《台湾地区刑事犯与行政犯分界之研究》，中国政法大学2005年博士学位论文，第42－43页。

相对性的争论。违法一元论者认为，违法性判断是在法秩序整体上的一元性判断；违法多元论者则从正面认可违法的相对性，认为刑法上的违法性以是否值得处罚的判断为前提，与民法等其他法律中的违法性不同。①

违法一元论以各个法领域的规范之间不能具有冲突的法秩序统一思想为立论基础，认为不能出现在某一法律领域中不被禁止的行为在别的法领域被禁止的情形。木村龟二教授就是违法一元论的典型代表。他认为，违法的统一性或者说是单一性理论，指的是作为犯罪成立要件之一的违法性的评价，应当从法全体或者说是全体法秩序的角度来进行理解。刑法上评价为违法的行为，在其他法领域也应当统一地被理解为违法，刑法以外的法领域被评价为违法的行为，在刑法上当然应该被统一地理解为违法。② 因此，作为法的无价值性评价的违法性不具有刑法上的特殊意义，应从法的一般意义上来把握其本质。木村教授虽然承认法领域中存在法效果的差别，但他同时指出，这种差别是与违法性无关的犯罪类型的问题，是刑法政策的问题，而违法性（阻却）领域中，是全法秩序完全共通的，具有构成要件该当性的行为，只有在全部法领域上被认为是正当的，始可阻却违法。也即在其他法领域属于违法的行为，在刑法上不得予以正当化。③ 而违法多元论则认为，存在着必须对各个法领域的违法性存否分别加以检讨的场合，如民法领域中，应从损害赔偿责任是否发生的角度来探讨民法上违法性的存在与否。在刑法领域中，则应从作为科处刑罚前提的违法性的角度来探讨刑法上的违法性存在与否。法秩序在某种意义上应当具有统一性。但是，规范之间的矛盾只要在所必要的范围内消除就够了，没有必要将其绝对排除。只有在程度上适合于刑罚之质和量的违法性，始可具有刑法上的违法性。④

从上述分析可以看出，违法一元论从法秩序的统一性出发，主张违法性的绝对性与统一性，反对刑法上对违法性进行具体的、独立的评价，否定刑法上的违法性。违法相对性论则从不同法规范的目的角度出发，强调各个法领域目的的不同及法的效果的多样性，认为刑法上的违法性是具有应予刑罚处罚的法效果的违法性。

现在，强调绝对违法一元论的学者已不多见，大部分持违法一元论的学者在主张违法性在法秩序的整体当中是统一的同时，也认为违法性的形式有各种

① ［日］曾根威彦：《刑法学基础》，黎宏译，法律出版社 2005 年版，第 213 - 214 页。

② 刘为波：《可罚的违法性论》，载陈兴良主编：《刑事法评论》（第 10 卷），中国政法大学出版社 2002 年版，第 88 页。

③ ［日］前田雅英：《刑法总论讲义》，东京大学出版会 1988 年版，第 124 页。

④ ［日］曾根威彦：《刑法学基础》，黎宏译，法律出版社 2005 年版，第 214 页。

各样的类别和轻重，这样的违法一元论被称为缓和的违法一元论。如佐伯千仭教授承认违法性在根本上是基于法秩序全体的统一的概念，但他同时指出"其表现形式上存在种类、轻重之别"。团藤重光也指出，违法性应当基于全体法秩序来考察，但必须对基于违法性程度上不同的法领域目的上的相对性予以承认。而违法多元论实际上也未从根本上摒弃违法一元论的思想，而是坚持违法统一性前提下的违法相对性。认为"作为国家意志的违法还是合法的判断，在整体法秩序之下，应当尽量没有冲突。"① 这样，两种违法论出现了相互接近、相互妥协的结局。

笔者认为，就违法性与刑事违法性的关系而言，违法相对论的观点有其合理性。虽然一国的法秩序应该是一个统一的体系。但是，在法秩序内部，根据不同的调整手段、规制目的也形成各自相对独立的刑法、民法、行政法等法领域。刑法的特殊性决定了只有逸出其他法规范的调整范围，其违法性严重到需要以刑罚作为处罚手段的行为才能评价为刑事违法。因此，在同一社会下的行为，不应当出现为民法或是行政法所允许而在刑法上是应受刑罚处罚的刑事违法行为的情形。刑法上的违法行为，必然具备应当受到法秩序否定评价的价值内涵，这是刑法补充性、谦抑性的要求。因此，刑法上的违法性具有自身的特殊性，刑事违法性是一个与违法性既相联系又存有区别的概念。

（二）刑事违法性与可罚的违法性

在德日国家的刑法理论中，为了突出刑法中违法性的特殊性，在违法性概念之外，学者们提出了可罚的违法性的概念。所谓可罚的违法性是指具备科处刑罚程度的质和量的违法性，也即在质和量上都达到值得用刑罚加以处罚程度的违法性。

可罚的违法性概念源于德国刑法中有关违法相对性的讨论。黑格尔就曾主张刑法上的违法性与刑法以外的法领域违法的区别，坚持刑法上违法性的特殊性与独自性。但是，在德国，可罚的违法性理论并没有受到刑法理论的广泛重视。相反，这一理论传到日本以后，形成巨大的影响，并占据了通说的地位。在日本，最早倡导可罚的违法性理论的是宫本英休，以后又得到佐伯千仭和藤木英雄等学者的有力推动，成为刑法上相当有影响的理论。

这一理论提出的契机，是发生在日本的所谓"一厘事件"。在该案中，行为人为一种植烟草者，在他制作的烟叶中，没有将七分左右的烟叶缴纳政府，因而被原审法院判决有罪。大审院在审理后认为，"法对于各个犯罪，皆已预

---

① 〔日〕曾根威彦：《刑法学基础》，黎宏译，法律出版社 2005 年版，第 214 页。

定一定程度之违法性，在形式上，一定行为纵令适合某一罚条之构成要件，如其违法性极为微弱而未达到法所预定之程度时，则亦不成立犯罪。"① 因此，大审院撤销了原审对被告的有罪判决，而改判为无罪。宫本英脩高度评价了大审院对"一厘事件"的判决理由之后，提出了"被害法益极其轻微的情况可以阻却可罚的类型事由的理论"。而且，他还提出了刑法的"谦抑主义"作为刑法的根本思想，以此为可罚的违法性提供理论支持。立基于刑法的谦抑思想，宫本英脩指出，刑法不是斗争的手段而是协调社会生活，刑罚的目的在于预防犯罪。为了达到这一目的，就必须在犯罪论中对刑罚的效果予以充分考虑，刑罚无效或是无须刑罚调控的场合，均应当阻却犯罪的成立。他指出，"某一行为要成为犯罪，首先要在法律上一般规范性的评价为违法，其次需要在刑法进一步判断为可罚的。"② 根据这样的理论基础，宫本教授建立起了行为—违法性—可罚性的犯罪论体系。在这一体系中，违法性是一般法规范上的违法判断，而可罚性则是对前者的实质性判断和限缩，是一种刑法立场的价值判断。由于宫本英脩是主观违法论者，因而，他所主张的犯罪论中的违法性判断与可罚性判断都包含责任的内容。就此而言，宫本教授所指的可罚的违法性实际上是一种犯罪成立意义上的违法，而不仅仅是犯罪成立的一个要件。正如木村龟二教授指出的，宫本英脩这里所指的违法性实际上是犯罪的形式定义，而可罚性是对形式概念加以限缩的实质概念，对于刑法上的违法行为，是否需要科处刑罚，需采取谨慎的态度，从而赋予了可罚性对于犯罪成立的独立的限制机能。③

藤木英雄继受了宫本的可罚的违法性思想，只不过他是从构成要件阻却的角度来认识可罚的违法性的，认为可罚性是考察构成要件该当性时考虑的内容。他指出，"在形式、外观上呈现出刑法法规的构成要件的该当性的行为，可以根据欠缺构成要件所预想的可罚的程度的实质违法性而否定其构成要件该当性。某行为，未达到可罚程度的程度轻微的实质违法性，阻却的不是违法性，而是对构成要件该当性的否定。"④ 佐伯千仞也主张可罚的违法性理论，他认为，"所谓可罚的违法性是指，行为的违法性，需以刑法这一强力的对策

---

① 林山田：《评可罚的违法性理论》，载《刑事法论丛》（二），台大法律系、兴丰印刷厂有限公司，第5页。

② 刘为波：《可罚的违法性论》，载陈兴良主编：《刑事法评论》（第10卷），中国政法大学出版社2002年版，第71页。

③ ［日］木村龟二：《刑法的基本问题》，有斐阁1979年版，第184–188页。

④ 刘为波：《可罚的违法性论——兼论我国犯罪概念的但书规定》，载陈兴良主编：《刑事法评论》（第10卷），中国政法大学出版社2002年版，第80页。

为必要，而且，需具有与此相对应的质与量。"① 关于质的问题，佐伯千仞指出，像近亲奸、通奸等行为虽然违法但不被处罚不能理解为违法性轻微，应当理解为其质不适于刑罚；关于量的问题，"各种犯罪，均已预定着一定的严重的违法性，行为即使该当于犯罪类型（符合构成要件），其违法性极其轻微，而未能达到法所预定的程度时，犯罪不能成立。"② 大塚仁教授也明确认同可罚的违法性的概念。他指出，在刑法上论及违法性时，最终是为了处罚该行为，即使在其他法领域被认为是违法的行为，为了对它科以刑罚的处罚，无疑有进一步筛选的必要，因为民事的制裁、行政的制裁与刑罚明显是异质的，在科以刑罚的时候就需要更慎重地对待。所谓可罚的违法性，不外乎是这种刑法意义上的刑法的违法性。③

尽管可罚的违法性理论在日本得到了广泛的承认，但是也有学者对可罚的违法性理论持否定的态度，并对之展开了批判。主要的批判意见集中在以下三点：（1）（刑法上的）违法性原则上都是应予处罚的违法性，可罚的违法性的概念实际上是不必要的，这一概念只能徒增混乱。如小野清一郎教授就指出，"犯罪，归根到底是具有可罚性的行为，这种行为基于立法规定而获得可罚性，而在此之前，它以当罚性形式存在于国民的道义意识之中。"正是以此为基础，小野提出犯罪构成要件是"可罚的违法有责行为的法律定型"，而违法性只不过是对这种概念性的、类型化的违法类型的具体化、实质化。因而他指出，"违法性原本就意味着可罚的违法性，在违法性之前加上可罚的这一限定词，难免给人叠床架屋之感。"前田雅英也指出，"违法性不过是判定是否属于处罚行为的一个要件，是否值得处罚的违法性只是刑法解释论所关心的事情。"④（2）可罚的违法性理论有导致犯罪论体系的混乱，导致刑罚适用主观化、恣意化的危险。例如在可罚的违法性的体系定位上，藤木英雄主张构成要件阻却一元论思想，佐伯千仞则主张构成要件阻却与违法阻却的二元思想，而大冢仁则认为可罚的违法性应当是超法规的违法阻却事由。这样一种争论对传统的犯罪论体系造成了冲击。有学者就指出，藤木教授所主张的在构成要件中考虑可罚的违法性问题，势必导致传统犯罪论体系的变更。而在违法性中广泛地考虑可罚的违法性问题可能损害构成要件的违法推定机能，在认定了构成要

---

① 刘为波：《可罚的违法性论——兼论我国犯罪概念的但书规定》，载陈兴良主编：《刑事法评论》（第10卷），中国政法大学出版社2002年版，第82页。

② ［日］木村龟二：《刑法的基本问题》，有斐阁1979年版，第197页。

③ ［日］大塚仁：《犯罪论的基本问题》，冯军译，中国政法大学出版社1993年版，第127页。

④ 刘为波：《可罚的违法性论》，载陈兴良主编：《刑事法评论》（第10卷），中国政法大学出版社2002年版，第87－88页。

件符合性后还在违法性论中相当广泛地以不存在可罚的违法性为由否定犯罪的成立，刑法的适用就很容易被认定者的感觉所左右。[①]（3）可罚的违法性的判断基准不明确。在德日刑法理论中，过去的可罚的违法性是一个被害法益轻微的问题，再后来，被害法益与冲突法益衡量上轻微的情形也纳入到可罚的违法性的考察范围。现在，又有学者提出了目的的正当性与手段的相当性的标准。这使得可罚的违法性几乎涵盖了所有与犯罪评价有关的情形，这样的标准确实不能说是明确的。

　　笔者认为，在刑法上受到否定评价的违法行为当然是应当受到刑罚处罚程度的违法行为，刑法上的违法就包含着应当科处刑罚这一效果的要求。能否构成刑法上的违法性，应当与刑罚这种特殊的法律效果相联系来加以考察，应当考虑刑罚对于行为的必要性与相适应性，只有具备科处刑罚程度的质和量的违法性方属刑法上的违法性，从而形成一个通过可罚性来限制犯罪成立的谦抑模式。[②]在此意义上，可罚的违法性的意义不能回避。就是反对可罚的违法性概念的学者也没有否认犯罪评价中的可罚性问题。学者的主要争议在于：这样的可罚性的评价应当在犯罪论体系的哪个阶段进行。反对可罚的违法性的学者主要认为，在违法性中夹杂可罚性的评价会导致刑法适用的恣意，广泛地采用可罚的违法性概念会使构成要件丧失罪刑法定的规制机能。而实际上，由于法定的构成要件本身就是可罚的违法类型，刑法上的违法性无疑应当具有可罚性的实质内涵。尽管"违法性观念并不是刑法上所特有的，而应该在全部法领域作共通的理解。某行为是否违法根本上应从国家的全体法秩序的观点来考察，而不应仅仅视为刑罚法规范围内的问题。但是在刑法上，该当于构成要件的具有违法性的行为所阻却的违法性是具体上应值得处罚的违法性。另外，刑法上应当考虑的违法性的程度是应值得处罚的程度。从全体法秩序的观点被认为是违法的，尚需在量上具有一定程度以上的重要性，在质上与刑罚制裁相适应"。[③]德日刑法中的违法性判断是站在刑法立场而对行为的否定性判断，其所谓的实质违法性也就必然要考虑到刑法立场的可罚性问题。因此，所谓的可罚的违法性实际上就是刑法立场的违法性的问题，可罚的违法性实际上就是刑法上的违法性问题。正如前田雅英所指出的，"刑法上的违法性是判断行为是

---

　　①　［日］大塚仁：《犯罪论的基本问题》，冯军译，中国政法大学出版社1993年版，第128－129页。

　　②　刘为波：《可罚的违法性论》，载陈兴良主编：《刑事法评论》（第10卷），中国政法大学出版社2002年版，第95页。

　　③　刘为波：《可罚的违法性论》，载陈兴良主编：《刑事法评论》（第10卷），中国政法大学出版社2002年版，第83－84页。

否值得处罚的违法性，所以具有了刑法上的违法性，也就具有了值得处罚的违法性，没有必要再使用可罚的违法性的概念。"① 不少主张可罚的违法性的学者实际上也就是将这种可罚的违法性理解为刑法上的违法性。如日本学者野村稔认为，刑法上的违法行为包含着应当科处刑罚这一法的效果的要求，这种从刑法制裁的角度来理解的违法性，即为可罚的违法性。② 我国台湾学者陈子平就直接将刑法上的违法性定义为"乃具有值得处罚程度之违法性，亦即作为犯罪而应科处刑罚之违法性，在量的方面，必须具有一定的程度以上（值得处罚），在质的方面，必须符合刑罚之制裁者始可。"③ 因此，刑法上的违法性本身就含有应当受到刑罚处罚的价值属性，这是其与其他法领域的违法性最为本质的差别。在采用刑事违法性概念的情况下，可罚的违法性概念确实没有独立存在的必要。

第二节　刑事违法性的逻辑结构

一、法规范的逻辑结构与违法

　　法律规范的逻辑结构是指法规范在逻辑意义上是由哪些要素组成以及这些要素之间的关系。在法理学界，对于法律规范的结构有着不同认识，主要有三要素说和两要素说两种不同的观点。两要素说认为，法律规范是由行为模式和法律后果组成。三要素说则认为，法律规范由假定、处理和制裁三要素组成，或是由假定、行为模式、法律后果三部分组成。假定是指"法律规范适用的条件"；行为模式"规定了人们具体行为的方式或范式，是法律规定的核心内容"；而法律后果则是"法律评价人们的行为模式所产生的后果"。④ 实际上，这两种观点并不存在实质性的分歧。规定法律适用的条件以及其所导致的法律后果的法定行为模式与制裁后果是法律规范的核心，一个完整的法规范应当包含行为模式和法律后果这两个要素。法律规范就是规定如果一个行为符合法定构成要件，应当导致相应的法律效果的规则。正如考夫曼所认为的，"一个完整的或独立的法律规范，由构成要件、法律效果，以及把法律效果归于构成要

---

① 张明楷：《刑法的基本立场》，中国法制出版社 2002 年版，第 112 页。
② ［日］野村稔：《刑法总论》，全理其、何力译，法律出版社 2001 年版，第 152 页。
③ 陈子平：《刑法总论》（上册），台湾元照出版有限公司 2005 年版，第 220 页。
④ 刘金国等主编：《法理学教科书》，中国政法大学出版社 1999 年版，第 50 页。

件（效力规定）所组成。法律规范并非是在讲是什么或者不是什么的陈述语句（例如杀人者已被处罚或者不被处罚），而是在讲应该是什么或者不是什么的效力规定或者评价规范（例如杀人者应该被处罚）。简单的说，就是 T（构成要件）——（包含）R（法律效果），或者说每个 T 案例都应该适用 R。"①

　　从法规范的逻辑结构可以看出，违法实际上是符合法规范的构成要件而导致法定的法律后果的行为。因此，"不法行为并不是'法律的违反'，而是法律规范存在的特定形态，法律规范的效力丝毫没有受到不法行为的侵害。从法学的观点来看，也不是'违反法律'或法律的一种'否定'，对法学家来说，不法行为是一个由法律所决定的条件。"② 违法是行为与法律所规定的行为模式及法律后果相符合而受到否定性的评价，其实并不是对法规范的违反，而是对法规范的符合。就此而言，违法性也是一种合规范性。正如我国学者所言，"合规范性与不法是同类的规范性陈述，只不过不法是引发惩罚性法律效果的特殊合规范性。"③ 因此，将违法定义为是违反法规范的通常说法实际上并不贴切。由于一个完整的法律规范包含有行为模式要件和法律后果两部分，因此，真正规范意义上的违法应是指符合法定的行为模式并能够产生法定法律效果的状态。在规范的逻辑领域，实际上存在的是符合规范的行为模式（合规范性），并且引发相应的规范后果的行为，并不是违反规范的行为。因为，法规范的陈述不是一种"是什么的"事实陈述而是"应当如何"的规范陈述。规范所指的是一系列的应当关系，它将某些事件或行为与特定的法律后果联系起来，这才使得法规范具有实效性。就其本质而言，作为"应当"的范畴，规范是不能被违反的，我们所指称的违法实际上就是符合法的行为模式而产生相应的惩罚性的法律后果行为。凯尔森就曾明确指出，"规范就其本性而言，是不能被违反的，当所谓的不法发生时，应产生不法的效果，说规范被某种行为所违反，这是一个比喻性的描述。我们是因为行为引起惩罚性结果，才将其称为不法行为，即制裁——不法行为。这种认识与一般人的观念正好相反，他们认为，正是由于某一行为是不法行为，才会引发惩罚性的后果，即违法——制裁。"④ 按照凯尔森的解释，所谓的不法行为实际上就是能够引起"制裁"

①　[德] 考夫曼：《法律哲学》，刘幸义等译，法律出版社 2004 年版，第 153 页。

②　[奥] 汉斯·凯尔森：《法与国家的一般理论》，沈宗灵译，中国大百科全书出版社 1996 年版，第 58 页。

③　陈景辉：《合规范性：规范基础上的合法观念——兼论违法、不法与合法的关系》，载《政法论坛》2006 年第 2 期。

④　[奥] 汉斯·凯尔森：《法与国家的一般理论》，沈宗灵译，中国大百科全书出版社 1996 年版，第 50 页。

之法律效果的符合行为模式的行为，一定的行为之所以是不法行为，就是因为法律规范对这一作为条件的行为赋予制裁这个法律后果。他认为，在规范理论之下，到底哪种行为是不法行为，应当视其所引起的结果是惩罚性的还是非惩罚性的，如果引起的是惩罚性的规范结果，那么这种行为就是不法行为。[①]

需要强调的是，法规范中行为模式与法律后果的联系只是立法者的拟制，是人类理性的产物，它不同于自然规则。在自然规则中，自然规律的后果在条件成就时是必然出现的，与人的主观意志没有任何关系。而在法律规范中，行为模式与法律后果的联系词表现为"应当"而非"必然是"。对于法规范而言，即使当事人的行为符合了行为模式的要素，但是并不表示法律效果必然出现，这里有一个对于符合行为模式的具体事实的价值判断过程，也就是将法定的法律后果与行为本身相对应的价值评价。因此，在逻辑上，规范意义上的违法性就包含了行为模式符合性的形式判断以及应当产生相应制裁后果的价值评价内涵。

二、刑法规范的逻辑结构与刑事违法性

作为法规范的一种，刑法规范也有着和其他法规范相类似的逻辑结构。一般认为，刑法规范是由构成要件，即制裁条件和刑罚制裁后果组成。我国台湾学者高仰止就认为，"刑法规范为法律规范之一种，惟刑法规范与其他规范不同，即其基本形态，乃阐明符合一定构成要件之行为，应赋予刑罚制裁者也。"[②] 有德国学者也指出，"刑法规范是由保障权利和规定义务的构成要件和法律后果组成。"[③] 从刑法规范的结构可以看出，刑法规范也是由行为模式与刑罚后果这两部分组成的。因而，在逻辑上，违反刑法规范的行为所表现出的是与法定行为模式相符合、应当导致法定的刑罚后果的状态。刑事违法性所体现的就不仅是具体的行为与法定的行为模式合置的"合规范"判断，还体现出应当产生刑法规定的相应的刑罚后果的价值评价。在规范意义上，刑罚的后果是区分刑事违法与其他违法的重要标志。凯尔森就直接指出，如果行为具有刑事制裁的后果，它便是一个刑事不法行为。[④] 因此，刑事违法性不仅仅是与法定的构成要件形式上相符合，而且是能够产生应当予以刑罚处罚这一后果的

---

① 陈景辉：《合法性规范：规范性基础上的合法观念——兼论违法、不法与合法的关系》，载《政法论坛（中国政法大学学报）》2006 年第 2 期。

② 高仰止：《刑法总则之理论与适用》，台湾五南图书出版公司 1986 年版，第 23 页。

③ ［德］弗兰茨·冯·李斯特：《德国刑法教科书》，徐久生译，法律出版社 2000 年版，第 64 页。

④ ［奥］汉斯·凯尔森：《法与国家的一般理论》，沈宗灵译，中国大百科全书出版社 1996 年版，第 56 页。

评价在内的实质判断。如我国刑法第 253 条规定的"邮政工作人员私自开拆或者隐匿、毁弃邮件、电报的，处二年以下有期徒刑或者拘役"。该条文所包含的规范所体现出的就是邮政工作人员私自开拆或者隐匿、毁弃邮件、电报这一行为模式与法定的刑罚后果，只有将这二者整体理解才是一个完整的刑法规范。并不是所有符合行为模式的行为都是刑事违法，只有能够产生相应刑罚后果的开拆或者隐匿、毁弃邮件、电报的行为才是违反这一规范的刑事违法行为。因此，所谓的刑事违法行为或违反刑法规范的行为实际上是指符合法定的行为模式（即构成要件）而应当受到刑罚处罚的行为。任何不符合法定构成要件或是不能导致相应法律制裁后果的行为均不能视为违反刑法规范的行为。

从刑法规范的逻辑结构也可以看出，刑事违法性应当是能够产生刑罚后果的价值评价的体现。从形式上看，刑事违法是符合刑法规范的行为模式的行为，具有"合法性"的性质，从实质上看，则体现出违背了法规范的目的应当受到刑罚处罚这样一种否定性的评价。就此而言，我国传统理论所指的刑事违法性，实际上并非指的刑法规范受到了违反这样一种否定性的评价，而只是符合刑法规定的行为模式，或是符合刑法的罪刑条件这样一种犯罪构成的法定性。

在我国，对于刑事违法性与应受处罚性的关系，理论上有着不同的观点。早期的通说观点认为，应受刑罚处罚性是和社会危害性与刑事违法性相并列的犯罪的一个基本特征，行为的社会危害性和刑事违法性是应受刑罚处罚性的基础，应受刑罚处罚性是危害社会、违反刑法行为的法律后果。[①] 随着理论研究的深入，这一观点逐渐受到了学者的质疑。有学者明确否认应受刑罚处罚性作为一个独立的特征而存在。认为应受刑罚处罚性是行为的社会危害性和刑事违法性的法律后果，如果将应受刑罚惩罚性作为犯罪的基本特征，那么在逻辑上就犯了循环定义的错误。[②] 还有学者指出，"应受刑罚处罚性"同"法律后果"是有严格区别的，危害行为本身应当受到何种处罚就成为行为评价的标准，立法者以刑罚的制裁手段去评价危害行为，才从危害行为中分离出法律上的犯罪概念……刑事违法性就是指行为依法应受刑罚惩罚。[③] 陈兴良教授也认为"从应受处罚性这一特征的作用来说，它并不是社会危害性和刑事违法性消极的法律后果，而是对犯罪具有重要意义的特征。"[④] 他指出，"应受惩罚性

① 高铭暄主编：《中国刑法学》，中国人民大学出版社 1989 年版，第 72 页。
② 马克昌主编：《犯罪通论》，武汉大学出版社 1991 年版，第 14－15 页。
③ 冯亚东：《理性主义与刑法模式》，中国政法大学出版社 1999 年版，第 160 页。
④ 陈兴良：《刑法适用总论》（上），法律出版社 1999 年版，第 97 页。

并不是刑事违法性和法益侵害性的消极的法律后果,它对于犯罪的立法规定与司法认定具有重要意义。在立法上,应受惩罚性对于立法机关将何种行为规定为犯罪具有制约作用。某种行为,只有当立法机关认为需要动用刑罚加以制裁的时候,才会在刑法上将其规定为犯罪,给予这种行为否定的法律评价。在司法上,应受惩罚性对于司法机关划分罪与非罪的界限也具有指导意义。"① 可以看出,陈兴良教授是主张将应受处罚性作为犯罪的特征的,并指出了应受处罚性在犯罪评价中的指导意义。但是他反对将应受处罚性作为社会危害性或是刑事违法性的法律后果,至于如何定位应受处罚性与二者的关系,则没有加以进一步的阐述。

笔者认为,由于一个完整的刑法规范是由行为模式与法律后果两部分组成的。那么,在规范意义上,刑事违法就必然是与法律后果相联系的。作为法律后果评价的应受刑罚处罚性应当是刑事违法性的一个基本要素,是为刑事违法性所包含的对行为的评价的一部分。在价值层面,刑事违法性是刑法立场否定性评价的体现,这样的否定性评价是通过刑罚这种严厉的处罚形式表现出来的。因此,应受刑罚处罚性是应当在刑事违法性中加以考虑的要素。我国传统理论将刑事违法性与应受刑罚处罚性相并列作为犯罪的一个特征来认识是不妥当的。应受刑罚处罚性是一种立足于刑法规定基础上的判断,它不应脱离刑事违法性而独立存在,立法者对刑罚这一法定后果的规定实际上表明了立法者对法定的事实构成所涉及的生活事实进行的法律评价。这一评价就是,立法者认为,他所规定的某种法定的构成要件或是特定的事实类型的行为是需要刑罚予以惩罚的。正是立法所规定的不同的法律制裁后果将刑法上的违法行为与其他违法行为相区分开来。德国学者麦克尔就指出,"在民事不法与可罚不法产生对立之情形时,不应直接思考违法行为内部之分类,因为许多对于法益之侵害(例如故意侵害财产)不仅系民事不法,也属于需受刑罚处罚之不法行为。因此,遇到民事不法与可罚不法产生对立之情形时,首先应注意的是不法的法律效果,也就是违法行为所承担的法责任的差异。质言之,依据民事法原则追究责任者系属民事不法,而依据刑法原则追究责任者则属于可罚不法。前者在于恢复因违法行为所侵害权利的外部状态,而后者则系观念上之保持或恢复受违法行为侵害或威胁之客观化共同意志与国民间之正常关系。"② 在此,麦克尔明确地将可罚性的法律后果视为刑事违法的内涵以区分其他不法。意大利刑法学者也认为,"就犯罪的法律特征而言,犯罪是按照法律规定应受刑罚处罚的

---

① 陈兴良:《规范刑法学》,中国政法大学出版社 2003 年版,第 53 页。
② 余振华:《刑事违法性理论》,台湾元照出版有限公司 2001 年版,第 12 – 13 页。

事实。这里的'按法律规定'意味着犯罪是一种法律事实。所谓'应受处罚',说明犯罪是属于法律事实中的违法事实。"① 在与我国有着相同理论背景的俄罗斯,有学者也明确指出,应受惩罚性是刑事违法性特征的组成部分,不应作为犯罪的一个特征。②

实际上,早在上世纪,我国就有学者对将刑事违法性与应受处罚性相分离的观点提出了批评。何秉松教授曾指出,"如果说违法性是指违反刑法,更确切的说是触犯刑律,那么它就必然是应受惩罚的行为,应受惩罚性就包含其中了,没有必要把它单独列为一个特征。"③ 笔者认为,这一论述是很有见地的。作为法定的后果,应受刑罚处罚性不应当是与刑事违法性相并列的一个犯罪特征,它是刑事违法性本身的内涵,是考察是否具有刑事违法性的实质价值依据。在德日刑法中,可罚性一直是刑法中违法性应当考虑的内涵,除了在前文中所提到的可罚的违法性,在当前犯罪论的发展中,更有学者提出以应罚性与需罚性来建构犯罪行为的评价标准。在德国,从 20 世纪 50 年代起,应罚性与需罚性就被认为是确定犯罪与刑罚的两大要件,而应罚性一直是犯罪成立与否的判断依据。刑法学者雅克布斯指出,刑罚清楚地并且高度地使被用刑罚后果所归属的行为承受了一种可能性,一种必须普遍地把这种行为作为不值一提的无价值的举动。④ 这就更加明确地指出将应受刑罚处罚的后果评价纳入到刑法中无价值评价的范围。

综上所述可见,刑法规范的结构决定了刑事违法性本身包含了应当受到刑罚处罚这种实质的价值评价。刑事违法是"符合"刑法规范规定行为模式,能够导致法定刑罚后果的行为。刑事违法性在逻辑上表现出符合法定构成(法定性)、依法应当受到刑罚处罚(应罚性)的结构特征。其中法定构成要件是实定法要素,也是最基本的要素,而依法应受处罚性则是认定刑事违法性时必须考虑的价值要素。

第三节　刑事违法性的价值构造

前文已经阐明,刑事违法性不仅是一种在逻辑上与法定犯罪构成模式相符

---

① 陈忠林:《意大利刑法纲要》,中国人民大学出版社 1999 年版,第 70 页。

② [俄]库兹涅佐娃等著:《俄罗斯刑法教程》,黄道秀译,中国法制出版社 2002 年版,第 212 页。

③ 何秉松主编:《刑法教科书》,中国法制出版社 1997 年版,第 146 页。

④ 冯军:《刑法的规范化诠释》,载《法商研究》2005 年第 6 期。

合，而且是在价值上应当受到刑罚处罚的否定性评价的体现。这种刑法立场的否定性评价决定了刑事违法性在价值上体现出与其他违法性相区别的特殊构造。

一、刑事违法性中"法"的理解

在法学史上，对于"法"的不同理解与认识一直是法学研究的核心。从自然法学派到实证法学派以至自由法学、批判法学都对法律提出了不同的见解。可以说，正是不同法学流派有关法律为何的争论推动了包括刑法在内的整个法学研究和法律实践的发展。因为关于何为法律的争论并不只是知识论上的游戏，而是有着深远的现实意义。在德国，现代法治的发展是与人们对法律的认识相联系的。①

刑事违法性是对刑法的违反，是以刑法为标准来对人的行为的法律评价。这是个看似简单，却实则令人困惑的表述。因为如何理解这里所指的"刑法标准"并不仅仅只是一个文字游戏，而是牵涉到刑事违法性的价值内涵的基础性问题。

有学者认为，"根据罪刑法定原则，只有刑法才能成为定罪量刑的依据。"②既然罪刑法定是刑法的基本原则，依据刑事实定法来认定犯罪是罪刑法定原则的基本体现，立法者制定的成文刑法应当是刑事违法性判断的唯一标准。那么，刑事违法性所违反的"法"就应是指的国家制定的刑法规范。从依法定罪的意义而言，这样的观点无疑是可以成立的。在刑事违法性评价中，司法应当受到立法的限制，制定法规范所描述的犯罪构成是刑事违法性判断的基础标准和界限。只有符合法定的犯罪构成的行为才可能是刑事违法的行为，司法者不得逸出法定犯罪类型创设新的犯罪构成。以刑法制定法作为刑事违法性评价的标准体现了立法对司法权的制约，对于保障刑法的安定性、防止司法的恣意无疑有着积极的意义。

但是，刑事违法性是刑法立场的否定性评价，是一种法规范上的价值判断，这种无价值判断并不仅仅是依照实定法的条文通过三段论的逻辑推理而得出的形式结论，而是与刑法发生关系时体现出的价值属性，是包含价值内涵的刑法上的无价值评价。立法者是通过一定的价值判断而将社会上应当评价为犯罪予以刑罚惩罚的行为在刑法中规定下来。这种立法规定体现了国家对这种行为的否定评价，国家希望通过用成文的法律条文将这样的价值评价规定下来，

---

① [德] 卡尔·拉伦茨：《法学方法论》，陈爱娥译，商务印书馆 2003 年版，第 84 页。
② 陈兴良：《刑法适用总论》（上），法律出版社 1999 年版，第 26 页。

用以指导国民的行为和司法的适用。因此，这里所说的违反刑法并不是违反立法者制定的形式的刑法条文，而是刑法条文所负载的价值规范，刑法条文只是这一价值的文字载体。

立法者制定的法规范所反映的并不仅仅是立法者本人或其代表的国家的意志与需要，而是其所依存的社会的意志与需求，立法机关仅仅是这个社会的代言人。立法者不但不应当在立法中强行植入自己的价值观，而且，立法所体现的价值观必须能够还原为社会的价值与需要。这样的立法才是理性、正义的，才能够持久延续。因为"一项法令的真正制定者，不是立法者个人，而是特定的社会群体，立法者不过是这个群体忠诚的或不够忠诚的代言人而已。"①在刑法上，立法者的价值评价不能脱离特定社会主流的价值观，立法者制定的法规范本身就应是社会的利益与需求的体现。因此，刑事违法性中所违反的"法"的目的就不仅是立法者的利益与需求，而是立法所体现的社会的利益与需求。这种利益与需求不只是通过国家的制定法加以体现的，而且还通过其他规范形式予以体现。因此，为了保证刑事违法性评价的正当性，在刑事违法性中考察实定法以外的规范价值是一种必要的选择。

实际上，在实证主义法学和概念法学理论衰微以后，已经不再有学者主张法律仅仅是由国家的实定法组成的封闭体系，也不再认为制定法是涵盖所有社会生活的完整无漏洞的体系，通过制定法的精确复写就可以为所有的法律问题找到答案。而是主张，法律是一个包含制定法在内的规范体系，制定法只是作为"法"的一部分在法律世界中发挥其功能。国家法只有在反映社会的共同意志与普遍利益的基础上才能有效发挥对社会生活的规制功能。如今，法律是一个包含制定法在内的开放的规范体系的观点得到了广泛的认同。德国学者考夫曼就指出，"法绝非与制定法等同，因为法所具有的具体的、内容上的丰富并无法被捕捉到制定法的概念中。因此，也没有任何封闭的、'公理式的'法律体系，而只是一种开放的'集合论点式'的体系。法律是由法的理念（或一般原则或基本规范），经由法律规范（或制定法、习惯），而达到具体的法律（或法律判决）。"②他认为，法律秩序存在一种"阶层构造"：第一阶层由抽象的—普遍的、超实证的及超历史的法律原则所构成；第二阶层为具体的—普遍的、形式的—实证的、非超历史的，但对一个或多或少长久的时期（制定法时期）有效的法律规则；第三阶层为具体的、实质的—实证的、历史性

---

① 冯亚东：《理性主义与刑法模式》，中国政法大学出版社1999年版，第32页。

② ［德］考夫曼：《法律哲学》，刘幸义等译，法律出版社2004年版，第219页。

的法律。或者简言之：法律原则（法律理念）—法律规范—法律判决。① 法律的开放性、阶层性决定了所谓的违法不仅是对国家制定法的违反，而且违反了制定法背后的法律原则、社会生活规范。正如日本学者西原春夫所指出的，"法（Rechtt）以及法规范（Rechtsnorm）应同已采取制定法这一形式的法规（Gesetz）有区别。如：违法时的法是 Recht，而不是 Gesetz。因为 Gesetz 只是规定'实施……行为者，处以……刑罚'，现实的犯罪行为不是违反了 Gesetz，还不如说是符合了他。现实的犯罪行为违反了隐藏于 Gesetz 内部的 Rechtsnorm，即违反了'必须……以及严禁……'之类的命令与禁止，因此违法时的法意指作为 Rechtsnorm 的 Recht（规范）。"② 实际上，在德国，学者们在谈到违法性是指违反法规范时，往往所指的就是违反 Rechtsnorm（规范），而非 Gesetz（制定法规范）。③ 我国也有学者指出，"如果我们承认罪刑法定，那么上述讨论将告诉我们，必须重新界定罪刑法定之法的范围，把法律原则、政策和刑法典看成是法的三个组成要素……法官依据正义、公平和人道精神对在具体案件中可能导致荒谬结论的具体规则加以修正，并不违背罪刑法定原则之精神，与在个案中实现法律之基本精神正相契合。"④

笔者认为，刑法规范本身就是一定价值判断的产物，这种价值判断是通过语言文字表现出来的，实定刑法的条文只是"规范文本"。我们无法直接从实定刑法规范的条文中获得刑事违法性的价值判断，还需要针对具体的案件事实，透过刑法条文的表面文字，深入到刑法的目的进行价值评价才能获得具体的作为裁判标准的具体"法"。因此，我们真正用以判断刑事违法性的并不是字面上的刑法制定法，而是刑法适用中经由司法者的价值活动对刑法规范加以解释所形成的具体的裁判规范。法定的刑法规范只是对刑事违法性的判断标准起到限制与指引的作用，其最主要的价值并不是为刑事违法性判断提供唯一的和最终的标准，而是为这样的判断设定一个基本的范围与框架。正如考夫曼所言，实定法规范的第一目标并不是明确传达法律规范的内容，而是对司法权的限制。因为，任何一个法律适用的过程都绝不是简单的逻辑三段论推理，而是依据刑法规范对具体案件事实的评价，法官对制定法的解释是无从避免，也是不能避免的。表面看来，每一个法官都是依据实定法来作出裁判的，而实际

---

① ［德］考夫曼：《法律哲学》，刘幸义等译，法律出版社 2004 年版，第 123 页。

② ［日］西原春夫：《刑法的根基与哲学》，顾肖荣等译，法律出版社 2004 年版，第 32 页。

③ ［德］汉斯·海因里希·耶塞克、托马斯·魏根特：《德国刑法教科书》，徐久生译，中国法制出版社 2001 年版，第 287 页。

④ 吴丙新：《刑事司法的实体法渊源——罪刑法定原则的刑法解释学分析》，载《当代法学》2004 年第 1 期。

上，司法过程并不是简单的实定法的涵摄，而是一个蕴含价值的评价活动。这是因为，制定法本身就是价值活动的产物，人的理性的局限性、语言文字的模糊性决定了制定法规范选择并不具有绝对的完整性和正当性。制定法条文的规范意义尚需司法适用解释的补充，需要在司法过程中结合具体的生活事实进一步加以选择、评价。这种选择、评价的基础当然不是法官个人的主观喜好，而是一国的法秩序和社会规范蕴含的价值。现代法治对法官的基本要求、法官最大的贡献也就在于通过制定法而不拘泥于制定法形成裁判案件的规范标准以实现具体正义。因为"确立的实在法制度必然是不完整的、支离破碎的，且到处是模糊不清的含义。有些观念、原则和标准同正式的法律渊源资料相比，可能也不太明确，但它们不管怎样还是给法院裁决提供了某种程度的规范性指导，而只有诉诸这些观念、原则和标准，才能克服实在法制度的缺陷。如果没有这些非正式的渊源，那么在固定的实在法令的范围以外，除了法官个人的独断专行以外，就什么也不存在了"。①

因此，在刑法适用中，用以评价刑事违法性的并不是立法者制定的刑法，而是法官依据刑事实定法通过考量整体的法体系价值加以解释形成的裁判规范。将刑事违法性中所违反的"法"理解为依据刑法规范结合具体生活事实在考量法律原则、社会道德等其他规范价值基础上而形成的价值规范，有着极为重要的现实意义。这既可以保持刑事违法评价的规范性，又可以把一国的整体法秩序价值、社会规范价值纳入其中，避免国家实定法与社会生活的短路相接，使得刑事违法性评价具有一种面向社会的开放性。这样既可以提高社会公众在法律评价中的话语力量，便于形成一种制约国家权力的对抗力量，又提高了刑事违法性评价的可检验性、可接受性。

二、刑事违法性的价值构造分析

每个国家都有一套规制社会生活的规则体系，这种所有"法规范"所构成的规则体系就是一国的法秩序。刑法只是整个法体系中的一环，作为以刑罚这一最为严厉的手段调整社会关系的法规范，刑法调整手段的严厉性、特殊性决定了刑法在本质上处于辅助性、补充性的地位。也即在其他规范尚可对行为加以规制的情况下，不得以刑法的方式介入。刑法在法体系中的补充性、辅助性决定了刑事违法应当是所有违法中最为严重的情形。作为蕴含应予刑罚处罚这种最为严厉的法律制裁的否定性评价，刑法中的违法性就不仅是对刑法规范

---

① ［美］博登海默：《法理学：法哲学及法律方法》，邓正来译，中国政法大学出版社 1999 年版，第 425 页。

的违反，还具有与法规范的整体价值相背离的价值性质。在德日刑法学中，学者们普遍认为，违法性评价是一种超越刑事实定法在法秩序整体立场的价值判断，刑法中所考量的违法性不仅仅是对刑事实定法禁止的违反，还是与一国整体法秩序价值的背离。

（一）对于法秩序的结构的不同观点

在法学界，对于法律秩序的结构，理论上有不同的观点。一种观点认为，一国的法律体系是由国家的制定法构成的规则整体；另一种观点则认为，法律并不限于国家的制定法，而是包含成文法和"未被写下来"的法律原则的完整体系。在理论上，一般将前一种观点称为规则体系模式，而将后者称为规则/原则体系模式。

规则体系论者认为，法秩序是一个完全由法规范所组成的封闭体系。这一体系有以下特点：（1）法体系仅包含规则；（2）规则的效力，只需透过形式的标准——由立法机关制定通过——即可确定；（3）在缺乏明确的规则可以作为裁判依据的时候，法官的裁判乃是一种自由裁量。[①] 基于以上观点，规则体系论者将法律体系限制在国家制定法的范围内，主张法体系是一个封闭的、自足的系统，认为法律体系只能由国家制定的成文的法律规则组成，并不包含法伦理、法理念以及法律原则这些并非出自立法者理性建构的规范内涵。

规则模式将法律体系局限在国家制定法范围的目的是为了保持法的自主性、安定性和法律的可预测性。但是，这在坚持法律的纯粹性与自足性的同时，却切断了法与社会的互动与交流，使得法体系成为僵化、机械的封闭体系。这样的法律体系由于缺乏规范应有的弹性空间，对社会生活的调整能力也就明显大大减弱了。为了适应法律对于社会生活调整的需要，规则模式论者不得不提出，当法律适用中具体个案缺乏明确可依循的规则的时候，法官的裁判就是一种如立法者一般自创规则的自由裁量。如此，司法者可以随时越出实定法体系去自由裁量，法体系就完全失去了对司法的规制功能。这不仅不利于法律的稳定性，而且违背了论者保障法律安定性的初衷，使得法官在规则外的价值判断成为不受限制的主观任意。

与规则模式论不同，规则/原则模式论者则主张，由于任何法规范都无法彻底、完全地规范所有可能的案件，法体系必定留有开放的领域。因此，法体系是一种包括规范与原则的开放体系。规则/原则模式的观点具有以下特点：（1）法体系不仅包含了制定法规则，且必定包含了隐藏的法律原则；（2）法

---

① 颜厥安：《规范、论证与行动》，台湾元照出版有限公司1993年版，第178－179页。

规范的效力，无法仅透过形式的标准来确定，而必须通过引进法体系所包含的价值加以衡量、评价；（3）在法律规则模糊或缺乏明确的规则可供做裁判依据的时候，法官的裁判必须参酌衡量各个法原则及道德原则，并力求其价值之最高实现。因此，法体系对道德规范、正义理念等具有开放性。① 在这样的法律体系中，为了解决开放领域的具体案件，法官可以进行超越实定法的自由裁量。但是，这样的自由裁量仍是在法体系内进行的，法官必须援引法律原则作为自由裁量的参酌点并加以正当性的论证。这样不但可以在保持法律的稳当性的同时维持法律对于社会生活的调控功能，而且可以通过对法官引用的法律原则的有效评价来对法官的自由裁量加以检验和制约。

美国学者德沃金就是规则/原则体系论的典型代表。他认为，法律不限于制定法的法律规则，而是由法律规则和法律原则组成的完整体系。在著作中，他明确指出，"我们注意到，我们对于法律的尊重——与我们对于其他集合规则的尊敬，如对于足球规则的尊敬相比——用把法律只看作是规则的一个集合体的观点是不能充分解释的。我们只有承认法律既包括法律规则也包括法律原则，才能解释我们对于法律的特别尊敬……法律原则允许我们把法律思想和道德思想联系起来，它们允许我们保证我们的法律发展与道德发展携手共进。"② 他认为，在具体的法律适用中，法官不仅仅是依据制定法的法律规则而且必须考虑法律原则才能作出妥当的裁决。显然，德沃金这里所指的法律原则并非立法者在制定法中表述的原则，而是隐藏在社会生活中，需要由法官加以阐释的道德原则。他指出，法律原则的发现依赖于对法的"诠释"，因为"原则"只是一个抽象、广泛的规定，"原则"并非被明白地写在成文法之中，而是以一种习惯法的方式存在，甚至是隐藏在生活的海洋中。这其中，最主要的一项原则就是保护公民正当的权利与自由。因为，公民个人具有一些不依赖实定法所确立的规则而存在的权利。在所有承认理性的政治道德社会里，权利是使法律成为法律的东西。③ 保护这种权利既是法律原则的要求，也是法官的职责所在。德国学者阿立克西也指出，法律体系必然含有原则。法问题的解决，无法完全避免原则间的衡量；原则间的衡量，则无法避免将引进一般之道德原则。因此，对阿立克西而言，法体系是含有规则和原则两种规范形式，并随时向道

---

① 颜厥安：《规范、论证与行动》，台湾元照出版有限公司1993年版，第178－179页。

② ［美］德沃金：《认真对待权利》，信春鹰、吴玉章译，中国大百科全书出版社1998年版，中文版序言，第18、20页。

③ ［美］德沃金：《认真对待权利》，信春鹰、吴玉章译，中国大百科全书出版社1998年版，中文版序言，第22页。

德（价值）原则开放之规范体系。[①]

当前，那种认为法律体系是纯粹由实定法规则组成的"规则模式"的观点已渐渐被否定。学者们普遍认为，法律不仅仅是形式的实定法整体，而是包括法律原则在内的开放的价值体系。同样，作为法秩序一部分的刑法也不可能是完全封闭的体系，而是面向社会相对开放的体系。这样一种开放的法秩序构造决定了刑事违法性不仅是国家实定法立场的否定性评价，而且是一种在法律原则指引下的社会规范立场的否定评价。

（二）市民社会与政治国家二元结构

按照马克思主义的观点，当生产力发展到一定阶段以后，社会就分裂为市民社会与政治国家两个领域。在此基础上的现代社会已不再是政治国家的一元化结构，而是由市民社会与国家构成的二元结构。在这二者当中，市民社会是国家的前提与基础，国家是为了市民社会的利益而存在的。马克思还对黑格尔的政治国家高于市民社会的观点提出了批判，认为市民社会才是政治国家的全部活动和全部历史的真正发源地和舞台。家庭与市民社会是国家的前提，是真正的活动者。[②] 除了马克思外，西方许多著名的学者也都阐述了现代社会市民社会与政治国家的二元结构，并强调市民社会对于政治国家的制约功能，反对国家肆意介入市民社会的领域。这样的一种社会结构理论成为现代政治与法律研究的一个重要理论前提。

现代社会政治国家与市民社会的二元结构特征决定了任何国家的法秩序都包含有两层结构，即国家规范秩序与社会规范秩序。国家的制定法规范无疑是国家规范秩序的体现，而在社会规范的层面还存在道德、习俗等多种行为规范，它们同样也对社会生活起到规制与调整的功能。现代社会政治国家与市民社会的关系决定了社会规范与国家规范不是相互对立，而是相互补充、相互制约的。社会规范的合法性需要得到国家的承认，而国家规范的正当性则需要得到社会的支持、检验与批判。市民社会要求国家能够有效地实施保障市民社会的多元性及其必要自由的法律，同时也要求限定国家（政府）的行为范围，要求国家权力受到法律的约束。为了实现市民社会对政治国家的制约，市民社会本身就孕育了一套独特的规范体系，它们维系着国家与市民社会的关系，并为国家行动的范围与权力设定界限。这就意味着，现代社会的司法活动并不是机械地执行国家法规范的过程，而是在一种多层多样的规范中进行选择、组合

[①] 颜厥安：《法与实践理性》，中国政法大学出版社 2003 年版，第 64 页。

[②] 中共中央马克思恩格斯列宁斯大林著作编译局编译：《马克思恩格斯全集》（第 1 卷），人民出版社 1964 年版，第 440 页。

以调整、协调国家与社会之间的关系，维护社会秩序的制度体系。这套制度在刑法上的表现就是，通过市民社会的要求来限制国家刑罚的调整范围，既有效地惩罚破坏市民社会秩序的犯罪行为，同时将刑法在社会生活领域中的触角从无所不及收回到仅限于为市民社会不容而需要国家介入的范围。也即除了维护市民社会的利益外，国家不得以任何名义随意侵入市民社会领域。

市民社会与政治国家分离的二元观对于认识刑事违法性的价值构造有着积极的意义。因为，现代社会的历史就是市民社会从政治国家的宰制与压迫中解放的历史，市民社会才是人类真正的舞台，政治国家是为市民社会利益服务的，它必然要受到市民社会的制约。作为国家意志产物的国家制定法应当体现市民社会的需求与利益，而不是将自己的目的与需要强加给社会。现代国家刑罚权的根据就在于市民权利的保全，国家的目的是维护全体市民相互的自由。因此，作为国家法秩序重要组成的刑法规范是维护整体的规范秩序的最后一道法律防线，它无疑是建立在特定的社会规范基础之上的，国家制定的刑法（刑罚）规范体现的应当是市民社会的需求与利益。刑事违法行为表面上体现的是对国家刑法规范的违反，而实质上是对市民社会规范要求的违背。这类社会规范的要求除了由国家立法机关以制定法的形式加以确认外，还体现在社会历史文化、社会习俗、道德观念等社会规范中。因此，刑事违法性在价值上就会体现出为社会文化价值、社会道德观念所不容许的性质。

（三）社会规范的违反对刑事违法的意义

在刑法中，强调社会规范违反对刑事违法的意义的观点久已存在。早在20世纪初，就有学者将行为人所违反的规范和法官据以评价犯人的刑罚规范相区分。德国刑法学者宾丁认为，"刑法中的犯罪并非行为人的行为符合刑法中规定的应被科处刑罚的行为规定而成立，而是由于行为人违反了刑法制定之前便已存在并成为刑法前提的规范——命令及禁止。因此，刑法学的出发点不应当是'刑罚规范'而应当是作为其前提而存在的'规范'。"[1] 他主张，犯罪并不是违反制裁法即刑罚法规的行为，相反是符合刑罚法规前句所规定的构成要件的行为。因此，犯罪所违反的不是刑法法规本身，而是违反了作为刑罚法规前提的一定的行为法，即规定禁止或者命令一定行为的规范。在宾丁看来，刑法规范并不具有行为规范的功能，刑法规范只是规定以有违反一定的规范的行为为理由而发动或不发动刑罚权及刑罚义务的法律。而行为人所违反的行为规范则存在于刑法规范之外。"犯人与其说是由于其行为违反了刑法规范

---

[1]　马克昌主编：《西方刑法学说史略》，中国检察出版社1996年版，第208－209页。

而受处罚，倒不如说是由于与刑罚法规前句中的规定相一致才受到处罚。因此，犯罪人所犯之法在概念上、原则上甚至时间上，必须在规定判决方法的法律（即刑罚规范）之前便已存在。犯人违反刑罚规范的见解，是因为将此二者混为一谈之故。其实犯人的行为，是对广义的法，即一定的法规（ein Rechtssatz）的可罚性的违反，而不是对预告刑的规范即刑法规范的违反。"① 可见，在宾丁看来，行为人违反的并非是规定刑罚的刑法规范，而是刑法制定以前便已存在并成为刑法前提的行为规范。这样，刑法中违法评价的出发点就不应当是刑罚规范，而是作为其前提而存在的"行为规范"。尽管宾丁同时也认为，作为刑法前提的行为规范是包含在刑法各本条之中的，违反刑法规范也就违反了作为刑法规范前提的行为规范。这样，就将行为规范限定在实定法规定的范围内，没有体现出国家整体法秩序的价值评价。但是，宾丁开创的将行为人违反的规范与规定犯罪与刑罚的刑法规范相区分的观念对刑法中违法性理论的研究产生了深远的影响。继宾丁之后，M. E. 麦耶也将刑法规范与行为人所违反的规范相区分，并从社会文化规范中寻找刑事违法性的根据。他指出，刑法规范只是对于国家机关具有意义，而一般国民对其则完全不知。他认为，支配人们日常生活的是"文化规范"，即宗教、道德、风俗、习惯、买卖规则、职业规则等决定人们行为的命令及禁止。法规范对公民的作用是直接体现为保障的功能，而不是体现为行为规范。② 再以后，威尔哲尔从行为无价值的违法性本质出发，倡导从社会容许性的角度来认识违法性，并提出了社会相当性理论作为违法性评价的核心标准。认为刑法上的违法行为必然是违反社会相当性的行为，如果某些符合构成要件的行为是特定社会道德伦理规范所容许的，则不能评价为违法。这就进一步阐述了实定法以外的规范价值对于刑事违法性的评价意义。

综上所述，作为刑法立场的否定性评价，刑法的特殊性、法秩序整体的结构特征决定了刑事违法性本身就含有社会谴责的无价值内涵。这种谴责和惩罚的正当性显然并不是源于刑法是国家意志的体现，而是来源于市民社会的共同价值评价。因此，刑事违法性本身就蕴含着违反市民社会规范、为市民社会所不容许的价值属性。

---

① 马克昌主编：《西方刑法学说史略》，中国检察出版社 1996 年版，第 208 页。
② 马克昌主编：《西方刑法学说史略》，中国检察出版社 1996 年版，第 229－230 页。

三、市民社会规范在刑事违法性中的价值体现

（一）否定性的正义标准对刑法评价的意义

刑事违法性的评价是与刑罚后果相联系的，而刑罚是国家对于国民个人权利与自由的合法剥夺，是国家加之予公民个体的"国家恶"。因此，所有刑罚的适用都必须经过合理性与正当性的论证。刑事违法性的评价也必须考虑刑罚惩罚的必要性与合理性的问题。这种必要性与合理性不仅是站在国家立场的考虑，还是基于社会正义、社会基本伦理规范的考量。因为，任何被评价为刑事违法的行为不仅仅是形式上对国家法的违反，而且还具有超出社会规范容许的范围，在社会道德伦理意义上应当给予最严厉谴责的属性。犯罪是一种触犯某种强烈的、鲜明的集体情感的行为，在任何社会里，个体与集体类型之间总是或多或少地有些分歧，于是某些分歧就难免带有犯罪性质，使分歧带上这种性质的，不是分歧本身具有重要性，而是公众意识赋予此分歧以犯罪性。① 因此，社会评价才是刑法中犯罪的价值基础，刑事违法性的评价必须体现社会正义的要求，任何以抽象的社会利益、大多数人的利益为名义对公民个人加以刑罚处罚都是不正义的。正如罗尔斯所言，"正义否认为了一些人分享更大的利益而剥夺另外一些人的自由是正当的，不承认所多享有的较大利益能绰绰有余地补偿加于少数人的牺牲。所以在一个正义的社会里，平等的公民自由是确定不移的，由正义所保障的权利决不受制于政治的交易和社会利益的权衡。"②

毫无疑问，刑事违法性的评价必须体现法正义的要求，但是正如博登海默所说的，正义有一张普洛特斯的脸。我们根本无法确切地给正义下一个定义，甚至我们都不能明确知道何为正义。因此，我们无法依据社会价值规范来积极认定在何种情况下处罚某种行为是正义的，我们也无法通过社会正义理念来积极地评价刑事违法性。但是，我们很容易在这一问题上达成共识，也即消极的认识以刑罚处罚某种行为是不妥当的、不正义的。这种意义上的正义观强调的是以消极的思维模式，即从反面认识何种情形是不正义的，来不断接近正义。这一标准实际上就是英国学者哈耶克所言的"否定性的正义标准"。他明确指出："显然易见，我们并不拥有评断正义的肯定性标准，但是我们确实拥有一些能够认识何者是不正义的否定性标准。"③

---

① ［法］E. 迪尔凯姆：《社会学方法的准则》，狄玉明译，商务印书馆1995年版，第86页。

② ［美］约翰·罗尔斯：《正义论》，何怀宏译，中国社会科学出版社1988年版，第3－4页。

③ ［英］弗里德里希·冯·哈耶克：《法律、立法与自由》（第二、三卷），邓正来等译，中国大百科全书出版社2000年版，第65页。

哈耶克从英国普通法对于自由保障的价值出发，阐述了作为自生自发的秩序的一部分——内部规则——对于法治和自由的重要意义。在论著中，哈耶克批判了那种源于古希腊先哲的"自然的"、"人为的"二分的谬误观及立基于其上的建构唯理主义。这种建构的唯理主义的观点经由"自然与人为"的二分观而在实质上型构了"自然与社会"的二元论，进而形成所有的社会秩序都是人为建构的产物，不愿意容忍或尊重无法视作理性设计产物的任何社会力量的"一元论的社会观"，最终确立起以理性设计的立法为唯一法律的"社会秩序规则一元观"。①

在批判上述社会秩序规则一元观的基础上，哈耶克提出了"社会秩序规则二元观"。他认为所有的现代社会秩序都是二元的，一种是社会自生自发的秩序，另一种则是理性建构的或者人造的秩序。基于上述理论基础，哈耶克将支配社会生活的规则区分为内部规则和外部规则。所谓内部规则就是指那些并非人类理性建构，而是社会在长期的文化进化中自发形成的规则；而外部规则乃是指那种由立法者建构的只适用于特定之人或服务于统治者目的的规则。据此，哈耶克指出，社会的法律不是仅有立法者建构的法律人的法构成的，而是由内部规则（哈耶克称之为私法）与外部规则（哈耶克称之为公法）共同组成的规则系统。在这二者中，内部规则占据着主导地位，并对外部规则起着制约作用。这种自生自发的内部规则被哈耶克定义为社会正当规则。他写道："我们选用了'正当行为规则'一语来描述那些有助于型构自生自发秩序的目的独立的规则，而与目的依附的组织规则构成对照……这类正当规则几乎都是否定性的（即他们禁止而非命令一些特定的行为），这类否定性的正当规则并不积极界定何为正义，而是明确告知何种行为是不正义的，包括立法者的行为在内的所有人类行动都应当受到这种正当行为规则的制约。"② 哈耶克的这一否定性正义标准是与拉德布鲁赫的"不法的法律"概念相谐合的，其主旨均在于以"消极标准"、"可证伪性"的思考模式将正义这一模糊而又不可或缺的要素引入法律之中。因为，相较于何谓正义，无疑，我们更容易在何谓不正义上达成共识。尽管我们无法积极地界定何为正义，但是，我们无疑知道或是可以感知何为不正义。

在哈耶克看来，任何一项理性建构的事业都不具备不言自明的正当性，它

---

① ［英］弗里德里希·冯·哈耶克：《法律、立法与自由》（第一卷），邓正来等译，中国大百科全书出版社 2000 年版，序言，第 19 - 22 页。

② ［英］弗里德里希·冯·哈耶克：《法律、立法与自由》（第二卷），邓正来等译，中国大百科全书出版社 2000 年版，第 49、55 页。

必须接受"否定性正义"标准的检验。他指出，"今天，这样一个事实很可能已经得到了人们的普遍承认，即没有一部法典是没有漏洞的。我们从此一洞见中所能推出的结论，似乎不只是法官必须经由诉诸未阐明原则来填补这些漏洞，而且也包括，即使在那些业经阐明的规则似乎给出了明确无误的答案的时候，只要它们与一般的正义感相冲突，那么法官就应当可以在他能够发现某种不成文的规则的情况下自由地修正他的结论，前提是这种不成文的规则不仅能够为他的这种修正提供正当性理由，而且一经阐明就很可能得到人们的普遍认可。"① 因此，在一个自由的社会、一个法治的社会，作为立法者理性建构的制定法必须要受到社会自发的行为规则的制约。这种行为规则、一种否定性正义标准是人们在实践生活中形成的非目的性的、抽象的规则，实际上就是奠基于市民社会生活的规范良知，它是任何理性的建构所无法替代也无法遮蔽的。

在刑法中，哈耶克所提出的这种"否定性正义标准"的思考模式有着积极的意义。因为，尽管我们无法确证对某一行为人是否应当予以刑罚处罚的评价，但我们可以从社会生活经验感知，将某一行为认定为犯罪是明显不正当的，从而谨慎地适用刑法。应当说，这一理论对于刑事立法活动更加具有现实的意义，它可以通过社会正当行为规范来限制国家对国民生活秩序的过度侵入，从而对刑事立法加以指导、检讨。但是，这并不代表在刑事违法性的判断中，这类正当规则根本不起任何作用。刑法的补充性、谦抑性决定了刑事违法性本身就蕴含着违反市民社会基本规范的价值，立法者只是将这种价值以国家的名义明确下来。在刑事制定法的适用中，作为一种在特定社会中自发形成的，为市民社会成员所接受的道德、伦理观或者是一种正义感，一种抽象的、否定性的规范，对于保证刑事违法性评价的正当性、合理性及可接受性有着积极的意义。正如蔡墩铭教授所言："刑法于制定之初，虽已顾虑到社会之一般秩序，并依其需要而规律构成要件，但此不意味着刑法对构成要件予以周详之规定，毋庸置疑。故在认定行为是否符合构成要件时，仍应基于社会伦理之立场，妥为解释。"② 毫无疑问，社会规范价值对于法定构成要件的解释起着积极的指导意义，它可以依据市民社会的价值标准对法定构成要件予以合理的解释。而以社会规范为基础对现行法律进行解释，则便于法院适当地逐渐翻新地适用法律，从而达到在很大程度上实现法安全和正义。③

① ［英］弗里德里希·冯·哈耶克：《法律、立法与自由》（第1卷），邓正来等译，中国大百科全书出版社2000年版，第183页。

② 蔡墩铭：《现代刑法思潮与刑事立法》，东亚法律丛书1976年版，第26页。

③ ［德］汉斯·海因里希·耶塞克、托马斯·魏根特：《德国刑法教科书》（总论），徐久生译，中国法制出版社2001年版，第53页。

除此之外，刑事违法性中市民规范标准还直接体现在对刑事违法性的评价中。这样的一种否定性的市民社会标准体现在刑事违法性中，就是刑事违法性的阻却判断。在对法定的阻却事由加以解释的同时，它还可以成为超法规的刑事违法阻却事由的坚实理论基础。这样一种以市民社会规范为基础的超法规的刑事违法阻却事由的适用是对刑事立法有限理性的矫正，是保证刑法适用正当性、可接受性的需要。

（二）否定性正义在刑法评价中的体现——超法规阻却事由

任何规则都无可避免的存有例外，立法者制定的实定法规则更是如此。立法者理性的局限性和社会生活的多样性、流变性决定了实定法规范不可避免地存在缺陷和漏洞。在法律适用中，这样的漏洞与缺陷是通过例外规定来加以弥补和矫正的。所以，现代法治国家都不禁止对规则创造例外。刑法是规定犯罪与刑罚的法规范，其中法定的犯罪构成是对犯罪行为模式的描述，是认定犯罪的法律依据。为了保证刑事违法性评价的正当性、合理性，避免处罚不当罚的行为，刑法中除对于法定的构成要件的规定之外，还有阻却刑事违法性事由的例外规定。按照德国学者麦霍菲尔的观点，刑法规范包含应为规范与允许规范两部分。构成要件是一种消极的应为规范，它并没有明确规定行为人应为什么或不应为什么，而只是规定了对行为的制裁后果，通过消极责任的形式决定行为人的行为。所有的应当规范并不是绝对的，都被相反的允许规范所限制。①

在德日国家的犯罪论体系中，违法性、责任的评价实际上都是一般规则之外的例外判断，学者们所建构的违法性理论与责任理论就是为这种例外判断提供正当性的理论支持。德日刑法理论中的违法阻却事由是指，对于符合法规范规定的构成要件的行为从法秩序整体的立场来进行判断而不具有违法性的情形。由于德日国家刑法理论的通说认为构成要件是违法类型，行为具备构成要件符合性就可以推定违法。因此，违法性的评价主要就是判断违法阻却事由是否存在的评价，是与构成要件符合性相并列的一种消极判断，也就是一种法规范整体立场的出罪评价。正如大塚仁教授所认为的"违法性被阻却，无非是缺乏可罚的违法性，换言之，就是不存在实质的违法性"②。与德日国家不同，我国刑法理论中不存在独立的违法阻却事由和责任阻却事由，而是从法秩序的容许性和行为人的可责难性两个方面对行为进行整体的评价，对于表面上看来

① 王安异：《刑法中的行为无价值与结果无价值》，中国人民公安大学出版社 2005 年版，第 127 - 128 页。

② ［日］大塚仁：《犯罪论的基本问题》，冯军译，中国人民大学出版社 2005 年版，第 137 页。

符合刑法规范规定的"犯罪"行为可以通过刑事违法性的实质价值判断将其排除在犯罪之外。因此，我国刑法中的刑事违法阻却事由实际上包含了德日刑法中违法阻却与责任阻却两方面的内容。在刑法理论中，学者们一般将表面上具备刑法规定的某一犯罪构成要件而实质上没有社会危害性的行为表述为排除社会危害性的行为或是犯罪阻却事由，也有学者称之为正当化事由。

为了保持刑法的体系化、刑法适用的安定性，各国刑法一般都以类型化的形式将各种不同的犯罪阻却事由用立法的形式确定下来。但是，由于人类认识的有限性、社会生活的多样性，立法者不可能将所有的犯罪阻却事由都加以规定，也即立法对于犯罪阻却事由的规定必然是不完整的。因此，事实上必然存在形式上符合法定犯罪构成、不具备法定的犯罪阻却事由，但是却不具有刑事违法性实质的行为。为了保障刑事违法性评价的正当性，限制国家刑罚权的不当行使以保护公民的权利，在实定法以外寻找依据将这类行为排除出刑事违法评价就是一种必要的选择。在理论上，学者们一般将这种刑法明文规定以外的犯罪阻却事由称为超法规的犯罪阻却事由。

对于是否承认超法规犯罪阻却事由的存在，在刑法理论上有不同的见解。有学者反对超法规犯罪阻却事由的存在价值。认为所谓的超法规的犯罪阻却事由，缺乏实际的可操作标准，在实践中有可能被朝着相反的方向利用。有学者直接指出，"既然是涉及违法性的判断，就不应该以法律外的理由阻却这一判断，超法规的违法阻却在理论上是不成立的。"[1] 还有学者认为，所谓超法规的违法阻却事由，其实在其他部门法或者宪法中都已经进行了规定。所谓超法规，无非是指超刑罚规范，而不是超整体法规范。该论者还认为，虽然刑法规范不具有完全的自足性，但在整个法律规范体系中进行违法性的法律评价，大体还是可行的。违法性的判断作为一种客观的判断，其违法性在整个法律秩序中的意义决定于这种判断的性质：某种事实在"客观上"是合法还是违法，在有的情况下不可能记载在刑法领域内，只有将该事实放在整个法律秩序中，才有可能得出其客观方面是否合法的结论。[2]

笔者认为，超法规的犯罪阻却事由的运用对于避免刑法适用的形式化与僵硬化，最大限度地实现个别正义有着积极的意义，应当承认超法规犯罪阻却事由的存在。

在现代法治社会，出于限制国家刑罚权的目的，对于犯罪的认定，只能严

---

① 许道敏：《犯罪构成理论重构》，载《中国法学》2001 年第 5 期。

② 童伟华：《犯罪客体研究——违法性的中国语境分析》，武汉大学出版社 2005 年版，第 118 - 119 页。

格限定在实定刑法规定的范围内，超出刑法规定的犯罪构成来认定犯罪是被严格禁止的。但是，在犯罪阻却的判断中，为保障国民的权利，从国民共通的伦理道德和道义情感出发，将不值得动用刑罚处罚的行为排除在刑事违法性评价之外，这不但不违背现代法治的精神，还是刑法的宽容性与谦抑性的具体体现。

与民法不同，刑法是用刑罚这一严厉的手段来调整社会生活的，其适用的结果涉及公民自由和权利的剥夺。为了防止对国民生活的过度介入，导致刑罚不必要的扩张，刑法的结构应当是内敛的、封闭的。但是，这种封闭与内敛是针对国家刑罚权的发动而言的。从另一个侧面看，即对于限制刑罚权的发动而言，它又是开放的、充满弹性的。与民法相反，它是一种反方向的开放性。这种开放性主要体现在犯罪成立的消极要件中，具体来说，就是作为限制刑罚权发动的犯罪阻却事由是面向社会开放的。正如德国学者所言，"由于对合法化事由来源的领域不加限制，所以，若想对能够考虑到的全部合法化事由无一遗漏地加以列举，这无论在法律上还是理论上均是不可能的。而且，对国家立法者而言，即使想将所有的合法化事由都通过立法加以规定也是根本不可能的。必须考虑到社会外部的状况和价值观的可变性，会导致新的合法化事由不断产生，而过去存在的合法化事由被否定或扩大。"[1] 在社会不断发展之中，人们对于行为的评价也在不断地发生着变化。因此，刑法中合法化事由的范围从未堵死，而是跟随社会生活的发展呈现一种开放的结构。李斯特就主张，如果从构成要件适当性中得出违法性的结论是显得矛盾的，那么必须尝试借助于成文法以外的评价来证明行为的合法性。这里考虑到行为的实体内容也许是会有裨益的。从行为的实体内容进行认定时，必须以国家的规定产生于经验的生活目的为依据。如果一个行为表明是实现国家产生的共同目的的适当方法，那么虽然行为符合构成要件的适当性，但也不是违法的。[2] 在刑法中，实定法所规定的犯罪阻却事由并不是限制犯罪阻却事由的范围，只是这类事由典型情况的列举。犯罪阻却事由的开放性对于维护刑法的稳当性，保证刑法适用的正当性、可接受性有着重要的意义。英国法官斯坦芬（Stephen）曾明确指出，法官创设新罪的权力应当明确地予以取消，但制定专一的正当化或免责的事由的定义则是错误的。他说："没有任何情形会比明确地规定何种情形存在辩护事由冒在法典与公众的道义情感之间产生冲突的危险，尽管这种危险的范围难以估

---

① ［德］汉斯·海因里希·耶塞克、托马斯·魏根特：《德国刑法教科书》（总论），徐久生译，中国法制出版社 2001 年版，第 393 页。

② ［德］弗兰茨·冯·李斯特：《德国刑法教科书》，徐久生译，法律出版社 2000 年版，第 214 页。

计。一旦发生这种冲突，将会给法典带来极大的损害，甚至导致邪恶。如果辩护理由法定化、一般化，武断的立法将代替正义的良知。"①

不可否认，刑法中违法性的判断表现为行为在价值上与整体法秩序价值的对立，刑事违法性蕴含了法秩序整体否定性评价的价值属性。但是正如在前文关于法律体系的模式中所论述的，这里的整体法秩序并不是国家制定法的整体，而是应当包括德沃金所主张的法律原则或是哈耶克所言的"内部规则"的社会规范在内的整体法秩序。对包括刑法规范在内的国家法规范的违反只是表象，在实质上则是对法规范背后的社会规范的违反。因此，我们必须从社会的容许性出发来实质地考量犯罪的阻却事由，对于不违背特定历史阶段人们所认同的社会规则的行为，我们必须放弃对这一行为刑事违法的评价。因为，刑罚是对公民最严厉的惩罚、对国民自由最大的限制，按照法治国的原则，对于自由权利的限制，除必须直接或间接以形式上合法的法律为依据以外，在实质上必须符合比例原则（又称超量禁止原则）。在刑事违法性的评价中，应当将那些从社会伦理的立场来看不应当或是不值得以刑罚干涉的行为排除出去。因为人类社会用以调整社会秩序的规范不仅仅是刑法规范，刑法只是社会规范秩序的最后防线，而不是调整社会的主要规范。刑法的补充性、辅助性决定了刑法发动的谦抑性、宽容性。正如平野龙一所指出的，即使有关市民安全的事项，也只有在其他手段如习惯的、道德的制裁即地域社会的非正式的控制手段或民事的规则不充分时才能发动刑法。市民生活一旦受到侵害，便提出"要处罚"的要求，容易直接诉诸刑事立法或者强化刑罚的手段。这在某种意义上是合理的。但是，这种侵害有的是极为例外的，有的则并非如此，而是可以通过发展其他手段与方略加以防止。即使市民的安全受到侵害，其他控制手段没有发挥效果，刑法也没有必要无遗漏地处罚。在现代社会，个人如果不或多或少地侵害他人就不能生存下去，因此，个人在某种程度上都必须忍耐他人的侵犯。如果对所有侵犯都禁止，反而容易阻碍个人的自由活动。② 因此，在国家实定法之外寻找行为正当化和可宽恕的事由不仅不违背现代法治的精神，而且是实质法治的一个重要体现。因为，立法者制定的实定法并不是立法者个人意志或需要的体现，而是对现实社会的价值与需要的发现或确认。立法并不是单纯根据事实加以经验总结的获得，而是与价值相关联的、理性的、"充满价值"的利益活动，它要受到社会主流价值观的约束与批判。国家整体的法秩序、社会通行的正义观念、特定时期的伦理道德观都对实定法起到补充、矫正

---

① 宗建文：《刑法适用机制》，法律出版社 2001 年版，第 76 页。

② 张明楷：《法益初论》，中国政法大学出版社 2000 年版，第 202 页。

的功能。这样，作为法秩序立场否定评价的刑事违法性中就体现出两种主体的需要与评价：一种是以国家的需要与目的进行价值判断的国家标准；另一种是以实定法背后的社会的需要进行价值判断的社会（市民）标准。作为立法者意志体现的刑法文本所体现的只是立法者及其所代表的官方的意志。我们在给予刑事制定法、刑法的法定解释这些官方知识以相当尊重的同时，也应当给予潜藏在社会生活中的风俗习惯、社会通行的价值观以必要的关注与重视。在我国西南的少数民族地区，制造、买卖、携带土枪的行为极为普遍。按照刑法的规定，这显然是非法制造、买卖枪支的犯罪行为。但是，在实践中，这类行为并没有被司法机关认定为犯罪。① 这并不是民间法对于国家法的简单否定，而是以社会通行的社会规范为依据的超法规的犯罪阻却事由的价值判断。此外，还有一些因为民族习俗导致的违反刑法规范的行为，如一些与社会习惯、风俗相关的刑法上的抢婚、重婚、奸淫幼女等行为，如果认定为刑事违法行为，则可能无法为当地的文化所接受。特别是，为了维护特定的经济秩序，刑法规定了大量的经济犯罪类型，如非法经营犯罪、金融犯罪、证券犯罪等。这类犯罪行为的评价基础——其所维护国家经济秩序——只是国家一定时期的特定选择，并不具有绝对的正当性，往往会随着时空的变化而变化。在刑法适用中，只有考虑到特定时空的社会生活事实才能对行为作出正确的评价，而如果一味地在国家的立场对刑法规范加以机械的适用，很可能就会导致对国民自由和生活秩序的侵害。在这类案件中，以自生自发的社会规则为基础的超法规的犯罪阻却事由的适用可以起到了对国家法的调节和补充作用，避免了二者在刑法中的直接冲突。

当然，由于超法规犯罪阻却事由的判断标准是在法规范以外由司法者自由考量的，没有明确的标准，确实有可能导致适用上的恣意。但是，以此来否认超法规的犯罪阻却事由的存在是不妥当的。实际上，法律评价中所依据的价值标准，并不是"法秩序"以外的任意的社会价值规范，而是内涵于整体法秩序之中，由法官在具体适用中在法律立场加以考量、发现的社会规范。虽然超法规的犯罪阻却事由是由法官独立进行的价值判断，但这并不意味着一定是随意的，或是由法官个人因素主导的。在司法中，法官必然受到一种社会力量的影响，这足以使得法官个人的因素受到必要限制。开放的司法中的正当程序所形成的社会力量赋予判决以社会证明的要求，这使得法官无法任意而为。如此，即使我们说判决中渗透了法官个人的价值观，那它也必然具有为社会其他人所广泛持有、认同的一般性。它要求法官对以社会伦理规范为依据的超法规

---

① 参见梁治平：《在边缘处思考》，法律出版社 2003 年版，第 59 页。

犯罪阻却事由的适用作出合理、充分的说明，并被要求向社会证成其判决的公正性（形式与实质两方面）、合理性，以接受社会的检验。正如卡多佐法官所言："法院的标准必须是一种客观的标准。在这些问题上，真正作数的并不是那些我认为是正确的东西，而是那些我有理由认为其他有正常智力和良心的人都可能会合乎情理地认为是正确的东西。'尽管法院一定要行使自己的判断，但这决不意味着每个为法官认定是过分的、不符合明显的立法目的的立法或是基于法官不能赞同的某些道德观念之上的立法都是无效的'。"①

由于立法的局限性，在司法实践中，确实存在很多缺乏法定的阻却事由但又显然不应当评价为刑事违法的行为。将这一类行为排除在刑事违法性评价之外是符合刑事法治的精神的。但是，由于长期受到法律工具主义意识的影响，在我国司法实践中有着很强的"入罪化"的价值取向，这导致司法中刑事违法阻却事由的萎缩，在法定阻却事由以外，司法者不愿也不敢适用超法规的阻却判断。因此，在刑事违法性中强调市民社会规范的出罪功能对于扭转司法的这一倾向有着积极的意义，而为这一市民规范评价在实践中的运用提供积极的理论支持和检验标准无疑是刑法研究的职责所在。

实际上，作为以法律为准绳作出的价值评价，违法性的认识是与对法的认识密切相联系的。在法学上有关何为"法律"的争论已经延续了几百年，至今似乎仍未达成共识。因此，有学者指出，"与其去追究'何者是法律'（以及伴之而来的'何者不是法律'）的问题，不如从各种社会文化实际排除纠纷的规范体系去加以考察，一旦发现具有这种功能的机制，它就具有'法律'的意义。"② 这种功能性意义上的"法"观念，将为我们对刑事违法性的认识打开一个新的视角。

刑法后果的严重性、刑法的补充性、谦抑性决定了刑事违法性并不仅仅是一种孤立的"国家法"上的否定性评价，而且还是需要放在具体关联的社会文化背景下加以理解的社会否定评价。在现代社会中，任何权力都应当受到必要的限制，立法者所制定的法规范必然要受到"法"的制约，它必须反映市民社会的基本目的与要求，并受到它的检验。代表官方立场与视角的制定法与代表民间立场的社会生活规范并不是对立的，而是相互补充、相互制约，以有效维护社会秩序、最大限度保护公民个人的自由与权利。同样，刑法的适用也不是简单地对制定法的精确复写，而是依据实定法来具体实现正义的价值活动，在这一过程中，也必须要以社会的需要和目的为导向进行价值评价。司法

---

① ［美］本杰明·卡多佐：《司法过程的性质》，苏力译，商务印书馆 1998 年版，第 54 页。

② 林端：《韦伯论传统中国法律——韦伯法律社会学批判》，三民书局 2003 年版，第 90 页。

不仅仅受到立法的制约和对立法负责，更要对具体的社会生活事实负责。因为社会是所有法律和法律活动的真正基础，要使得你的法律、你的裁判得到民众的支持，你就必须证明，这是他们的法律，是他们的价值与需求的反映。

因此，我们必须走出实质与形式、官方法与民间法二元对立的思考方式，而应当在限制国家权力、保障人权的法治宗旨下功能性地审视二者的关系。刑事违法性中社会规范价值的引入就意味着并不是局限在立法的形式规定、局限于官方的立场评价行为的刑事违法性，而是将这种评价往社会脉络延伸，这一延伸使得刑事违法性的判断具有更高的公共性与正当性。因为，法治并不仅仅以理性、民主的立法为满足，尚需藉由司法机关让利益及价值冲突的各方都能充分地表达意见，以强化法律决定的正当性。刑事违法性中市民社会规范标准的摄入无疑可以提升一般民众之中的经验知识的地位，使之成为与国家的官方知识有效抗衡的力量，避免在刑法中形成国家官方知识的话语霸权，使得刑法适用的可预测机制、个别化机制得到强化。实践中，刑事违法性中社会规范评价、社会容许性的考量还可以成为司法实践中刑事和解的坚实理论基础，以便将某些不应予以刑罚处罚的行为排除在刑事违法性评价之外，更好地实现司法解决纠纷、保障和谐的目的。

第五章 刑事违法性的本质分析

如前所述，刑事违法性不仅仅是形式上与刑法规范的背离，而且蕴含了刑法上否定性评价的价值内涵。这样一种价值内涵，并不是源于司法者的主观评价，也不是立法者通过刑法规范加诸的，而是法规范背后生活事实的体现。因为，刑法不是犯罪产生的原因，它只是对现实生活中的危害行为在立法上的确认，对人类社会生活秩序的侵害才是刑事违法性的本质。立法者建构刑事违法类型、司法者进行刑事违法性评价，所依赖的就是这一本质。在刑法上，刑事违法性本质的研究就是对这种社会生活的侵害所进行的规范化诠释，它不仅使得刑事立法更为科学、合理，也有利于保证刑法适用中刑事违法性评价的正当性。

在德日国家，违法性是犯罪论的核心，违法性的本质研究是和犯罪本质紧密相关的。因此，对德日国家违法性本质理论的分析对于刑事违法性本质的认识无疑有着积极的借鉴意义。本章在评析、借鉴德日刑法学者有关违法性本质理论的基础上，结合国内学者的不同观点对刑事违法性的本质展开分析。

第一节 德日国家违法性本质理论简述

在德日刑法理论中，学者们站在不同立场对违法性展开研究，形成了违法性上的理论争鸣。其中，以行为无价值论与结果无价值论的理论对立最为瞩目。按照德日刑法学者的论述，所谓行为无价值论，是以规范违反说，即认为违法性的本质在于违反法秩序的观念为基础，以"行为"为中心，考虑违法性问题的见解；结果无价值论则是以法益侵害说即认为违法性的本质在于侵害或者威胁法益的观念为基础，以结果为中心，考虑违法性问题的理论。① 行为无价值论与结果无价值论的对立源于德国学者威尔哲尔"人的不法观"的提

---

① ［日］曾根威彦：《刑法学基础》，黎宏译，法律出版社 2005 年版，译者序"行为无价值论与结果无价值论的现状和展望"，第 1 - 2 页。

出。针对传统的以结果侵害为中心来理解不法的客观不法理论，威尔哲尔主张"人对法律的接受方面来理解不法"。他认为，不法并非是引起法益侵害的因果事实，而是具有目的性的价值关系。刑法的价值评判对象就是目的行为，其价值内容体现于"目的性"中的对禁止和命令的态度。行为人基于反规范的目的拒不接受命令或禁止的表现，即为不法行为。所以不法是一种行为无价值。① 而与之相对，他将传统不法理论所主张的"不法是法益的侵害"的违法论贴上结果无价值的标签。

行为无价值论与结果无价值论的对立体现在多个方面，而对违法性本质的不同理解则是二者对立的基础。行为无价值论认为违法是着眼于行为本身的反规范性而作出的否定性价值判断，只有违反法规范的行为才是违法行为。因此，违法性的本质在于对规范的违反，即违反规范的命令或者禁止。而结果无价值论则认为违法是对行为惹起的法益侵害或者侵害危险的结果而作出的否定性价值判断。因此，违法性的本质就在于对法益的侵害或者威胁。②

一、行为无价值论的违法性本质观简述

在德日刑法理论中，行为无价值理论经历了一个从一元的行为无价值论到兼容结果无价值的二元行为无价值论的发展过程。

（一）一元行为无价值论

早期的行为无价值论将刑法的目的理解为维持特定社会的伦理，认为刑法是为了让国民能够遵照一定的基准来行动，刑法所制裁的乃是违反这一基准而实施的行为。只有行为无价值决定违法性，结果是偶然的产物，仅仅是客观的处罚条件而已。③ 因而主张违法性的本质在于行为人的行为对社会伦理规范的违反，行为的侵害结果与之无关。

首倡行为无价值的威尔哲尔就将违法的本质理解为行为偏离社会生活秩序的无价值状态。他指出，"刑法法条的实体内容不是纯粹的法益保护，而是遵守法的观念价值（Gesinnungswert）；其中法益保护从本质来看只是一种条件。"在违反观念价值的诸要素中，既包括了主观要素，如"目的确定"（Zielsetzung）和行为人的态度（Einstellung），又包括了客观的行为人要件。这种价

---

① 王安异：《刑法中的行为无价值与结果无价值研究》，中国人民公安大学出版社 2005 年版，第 3 - 4 页。

② 王安异：《刑法中的行为无价值与结果无价值研究》，中国人民公安大学出版社 2005 年版，第 56 页；[日] 曾根威彦：《刑法学基础》，黎宏译，法律出版社 2005 年版，第 87 页。

③ [日] 曾根威彦：《刑法学基础》，黎宏译，法律出版社 2005 年版，第 88 页。

值关系在构成要件符合性阶段尚不能确定，只有进入更深层次的违法性阶段才可以判定"该行为严重偏离了社会生活秩序，具有刑法上的无价值……刑法法条的实质内容不是纯粹的法益保护，而是遵守法的观念价值……法定构成要件并不是描述一些价值中立或是价值自由的存在，而是决定和禁止这些具有社会意义地破坏社会秩序的人的共同生活的行为方式"，目的行为背离了这一价值目标，因而是无价值的。① 据此，他认为，"并不是与行为人的内容相分离的法益侵害就可以说明违法，行为只有作为一定的行为人的行为时才是违法。行为人设定何种目标，采取什么样的客观行为，行为人以什么心情实施行为，在这种场合行为人负有什么义务，所有这些与可能发生的法益侵害一起，决定行为的违法。违法性是与一定的行为人有关的行为的否定，违法就是与行为人有关的人的违法……法益侵害只不过是人的违法行为的部分要素，仅用法益侵害决不能说明行为的不法。法益侵害只有在人的违法行为中才具有刑法上的意义。"②

德国波恩学派的学者也认为，"不法的对象只能是行为，而谈到行为则只能以目的关系为基础。不法中不只表明了行为结构，构成要件的不法还表明了被构成要件类型化的作为前提的行为结构，如杀人目的、偷窃目的等。这样行为与其构成要件的目的就属于不法。"③ 因此，不法就是违反了应为规范（Sollen）。"单纯的实现法益对象的侵害，而同时没有反价值的行为，并同时称之为不法，这是可能的，但是在刑法上并无意义。因为这种不法与（决定）规范没有直接联系，不能从法律命令的未完成中推导出被决定的行为（即行为的价值内容）。"④

真正的人的不法理论紧紧围绕"人"的特征对行为的目的、行为的危害性、不法的要素等展开探讨。他们比威尔哲尔、波恩学派的行为无价值论更加重视人在违法中的地位与作用，并从人的社会关系上解释违法性的本质。他们认为，"人"应当是自由地采用共同价值态度的人格体，是一个自由、理智的存在。具有自由的行为态度，并明白应为的要求，具有理智评价的能力。"自由与理智必然发生联系：与理智无关的决意自由是无方向、无价值的恣意；而无自由的理智，则只有认识而无能力按照认识实施行为，则使人的要素变的没

---

① 王安异：《刑法中的行为无价值与结果无价值研究》，中国人民公安大学出版社 2005 年版，第 31 页。

② ［日］大塚仁：《犯罪论的基本问题》，中国政法大学出版社 1993 年版，第 132 页。

③ 王安异：《刑法中的行为无价值与结果无价值研究》，中国人民公安大学出版社 2005 年版。

④ 王安异：《刑法中的行为无价值与结果无价值研究》，中国人民公安大学出版社 2005 年版，第 34 页。

有意义。有了自由和理智，作为规范接受者的人就能认识到'应为'的义务和自己行为的正确性，并按照其认识实施行为。"① 据此，真正的"人"的不法理论认为，人的要素是不法的前提，不法就是对个人之间内部关系的破坏。个人之间为实现共存而基于某种内部联系建立起社会共同体，作为一个整体他们具有"共同的超个人的价值"，其中最核心的部分是信任关系。法律的作用就在于"保护社会伦理的行为价值"、加强社会联系，所以"刑法最深层的任务有积极社会伦理特征。"相应的，刑事不法就在于对这种"内在关系"的破坏，只要"违反共同体的意念，即不信任就足够了，这种损害是对以道德为基础的损害，无须考虑对法益的损害或威胁，更无须出现结果，结果不过是行为的象征"②。基于上述理论，真正的人的不法理论直接指出，违法表现为行为人的行为对联系法共同体成员信任的破坏，违法性的本质就是对社会伦理关系的侵害。

在日本，小野清一郎和团藤重光教授都是行为无价值论的支持者。小野清一郎认为法是国家与公共秩序的伦理，所以他把违法性的本质归结为对国家的条理或文化规范的违反。认为"违法性的实质是违反国家法秩序的精神、目的，对这种精神、目的的具体规范性要求的悖反"③。团藤重光则改变了德国行为无价值论者以行为人的主观性即"目的性"作为考察的出发点，而采用行为主体的"人格性"作为行为无价值论的出发点。他指出，"如果仅将行为作为考察要素的话，就不能考察到与人格有关的要素，在这一点上，所谓违法判断就是把行为者人格与行为相联系。"他认为，刑法的任务是维护上升为国家意志的社会伦理规范，违反这种国家伦理的行为就是不法。"所谓违法不单单是形式上，而且从实质上违反全部法律秩序，这种从本质上违反的全部法律秩序，不外乎是对成为法律基础的社会伦理规范的违反。"④

早期的行为无价值论完全否认侵害结果对于违法的意义，主张违法的本质只在于行为本身的社会伦理违反性。这样的违法观就有导致国家打着维护社会伦理的名义推行国家价值观，使刑法沦为维护社会道德伦理的工具的危险。这显然不利于对国家刑罚权的制约和国民自由的保护。因此，后期的行为无价值理论扬弃了早期行为无价值论的观点，而是将行为无价值与结果无价值结合起

---

① 王安异：《刑法中的行为无价值与结果无价值研究》，中国人民公安大学出版社 2005 年版，第 38 页。

② 王安异：《刑法中的行为无价值与结果无价值研究》，中国人民公安大学出版社 2005 年版，第 39 页。

③ 张明楷：《刑法的基本立场》，中国法制出版社 2002 年版，第 154 页。

④ 马克昌主编：《近代西方刑法学说史略》，中国检察出版社 1996 年版，第 350 页。

来评价违法，主张违法的本质在于规范违反与法益侵害两方面的二元的行为无价值论。

（二）二元行为无价值论

二元的行为无价值论认为，不法的内容不仅由法益损害或威胁的结果所决定，行为无价值与结果无价值都是刑事不法的实质根据，违法的本质在于违反社会伦理规范的法益侵害。

德国的社会不法理论就是一种典型的二元行为无价值论。他们认为，在考虑不法的时候，不能将人理解为自然的人或个体的人，而应当理解为法共同成员和社会共同成员的人。行为人实施行为的时候，影响社会的根本不是个体的主观态度，而是其存在于客观世界中的客观地位。[1] 社会的不法理论认为，法秩序具有双重性，其中"法益保护"是目的，而规范"特定行为"是手段。"行为规范在整体上对个人勾勒出一个特定的行为框架，在这一框架中……行为人可以合法地活动，而无须畏惧公开其行为会招致非难。这一行为框架的设定具有特定利益保护的目的……在进行不法评判时，如果只以行为无价值为依据，就没有考虑到利益冲突的问题；而若只以结果无价值为依据，则因为没有考虑到刑法规范所设定的行为框架而使不法根据变成了纯粹的利益冲突。最终，社会的不法理论指出，当刑法关注制裁损害者时，无价值评判关注的是规范的违反，即为行为无价值；反之，当刑法关注被保护者的利益时，无价值关注的是法益侵害，即结果无价值，二者体现了不法的二重性。"[2]

在日本，二元的行为无价值论也是相当有力的学说。他们一般把违法的本质理解为违反国家、社会的伦理规范对法益的侵害或威胁。大冢仁教授就主张，"违法性的实体首先在于对法益的侵害、威胁。脱离这种意义上的结果无价值，仅仅以单纯的行为无价值为问题是不应允许的。相反，想仅用结果的无价值来确定违法性的内容的结果无价值论，则过于拘泥于想把违法性的观念极力客观化的意图，有宽缓对事态的直率认识之嫌。"所以"只有通过一并考虑结果无价值和行为无价值才能正确地评价违法性。"[3] 大谷实教授也从强调法规范的呼吁功能、预防机能出发主张二元的行为无价值论。他指出，"应当作为犯罪加以谴责的行为，不仅仅是具有侵害或者威胁法益的特点，还必须是在

---

① 王安异：《刑法中的行为无价值与结果无价值研究》，中国人民公安大学出版社 2005 年版，第 44 页。

② 王安异：《刑法中的行为无价值与结果无价值研究》，中国人民公安大学出版社 2005 年版，第 45 - 46 页。

③ ［日］大塚仁：《刑法概说》，冯军译，中国人民大学出版社 2003 年版，第 312 - 313 页。

道义上所不允许的行为。只有将这种违反社会伦理规范的侵害法益行为作为犯罪，才可以使刑罚具有感召力，通过规范的预防机能，发挥保护法益的效果。"① 川端博教授则从行为人主观面的法律意义出发，主张违法性本质的二元论。他指出，"在确定不法的内容之际，不应完全忽视行为人的主观面：即人的行为之不法，在考虑行为人之主观后，方能具有人的行为之意义。法律秩序并非注意人之物理的外在身体动静，该外在身体动静，因为系由行为人主观主导，故能明白了解对法益侵害之关系。易言之，行为人之主观，并非本身具有法律意义，始终是与法益侵害之关系上取得法律之意义。行为人之主观，可影响结果无价值。因此，违法性之本质论，采二元行为无价值论，系最符合实体之见解。"②

综而言之，二元的行为无价值论主张将行为无价值与结果无价值结合起来评价违法，认为行为无价值与结果无价值是违法性判断的两个基石，法益侵害是违法判断的一个重要要素。但是，刑法对法益的保护，必须限定在社会相当性的范围内，即历史形成的、法律给予保护的伦理秩序范围，行为人的行为从中脱逸的，就具有违法性。正如藤木英雄所指出的，违法性的实质是与社会相当性的程度有脱逸从而侵害法益的行为。③ 因此，违法性的本质就是违反了社会伦理规范对法益的侵害或者侵害的危险。

二、结果无价值论的违法性本质观简述

结果无价值论继承了传统客观不法理论的法益侵害理论，坚持以结果的侵害性为中心来考察违法。由于结果无价值论所理解的结果就是指对法益的侵害或者危险。因此，结果无价值论认为，违法性的本质在于行为对法益侵害或侵害的危险。④ 结果无价值论坚持法益侵害说的依据是：（1）刑法的根本目的在于保护法律所保护的利益；（2）从刑法谦抑的原则出发，只可以把在客观上侵害或者威胁法益的行为认定为违法；（3）在价值多元化的现代社会，将是

---

① ［日］曾根威彦：《刑法学基础》，黎宏译，法律出版社 2005 年版，译者序"行为无价值论与结果无价值论的现状和展望"，第 6 页。

② ［日］川端博：《刑法总论 25 讲》，余振华译，中国政法大学出版社 2003 年版，第 160 页。

③ ［日］藤木英雄：《刑法讲义总论》，弘文堂 1975 年版，第 78 页。

④ 与行为无价值论相对的早期结果无价值论所主张的法益侵害应当是物质的、现实的法益，而不是抽象化、精神化的法益。如果将法益予以精神化的理解，那么社会规范伦理本身也可以看作是法益。如此，行为无价值论与结果无价值论的对立便失去了意义。当前，德日国家不少学者所主张的法益概念实际上是一种精神化的法益，已经脱离了结果无价值论初的含义。这也是法益侵害说最大的理论困境。对此将在下文中一并阐述。

否违反某种社会伦理规范作为判断行为是否违法的基准，会混淆刑法和伦理道德的调整范围，有悖于罪刑法定；（4）行为人的主观对法益的侵害没有影响，将主观考虑作为责任问题，能够将违法性判断和责任判断区分开来，明确其分工，具有合理性。①

法益的概念源于德国学者毕尔巴姆提出的财（GUT）的概念。毕尔巴姆对费尔巴哈提出的权利侵害说的犯罪本质观进行了考察，在继承了权利侵害说从实质上限制犯罪范围从而确保法的安定性与市民自由倾向的同时，他批判了作为实质的犯罪概念的权利侵害说的缺陷，并代之以新的实质的犯罪概念。在1834年发表的《论与犯罪概念相关的权利侵害的必要性》一文中，毕尔巴姆提出，"犯罪本质上是侵犯了法律所保护的财，从事物本性来看，应作为犯罪或者以理性国家的要求应受处罚的根据是对于财的侵害或威胁。"② 他还指出，侵害是最自然的观念，它是指人或者事物、特别是我们认为属于我们的东西被他人的行为夺走或者减少，即侵害是与我们的财相关的概念。而权利是不可侵害的，即使我们丧失了什么，作为我们权利对象的物被夺走或者减少，我们的权利本身并没有被夺走或者减少。所以，"权利侵害"、"权利危险"的用语本身就是不合适的。③ 据此，毕尔巴姆认为，犯罪的本质是侵害或者威胁了应当由国家保护的财。他说："从事物的本性来看应当作为犯罪的、或者根据理性国家应当处罚的是对于财的侵害或者危险，这种财是由国家权力对所有人都同样保证的，这种侵害或者危险是应当归责于人的意志的。"④ 尽管毕尔巴姆没有给财下定义，但是他认为，"一定的财"是自然赋予人的或者是作为人类社会的发展以及市民结合的结果而产生的东西，对前者的侵害属于"自然的犯罪"，对后者的侵害属于"社会的犯罪"。由此可以看出，毕尔巴姆所认为的"对财的侵害"实际上是指对特定社会个人和市民利益的侵害。这样一种"财"的侵害的概念就为后来的法益侵害概念奠定了基础。

继毕尔巴姆以后，李斯特明确提出了"法益"的概念。他指出，"法都是为了人而存在的。人的利益，换言之，个人的及全体的利益，都应当通过法的规定得到保护和促进。我们将法所保护的这种利益叫做法益。"⑤ 李斯特还将法益侵害说引入到违法性实质的研究中，认为违法的实质是对法益的侵害，即

---

① ［日］曾根威彦：《刑法学基础》，黎宏译，法律出版社2005年版，译者序"行为无价值论与结果无价值论的现状与展望"，第2页。

② 张明楷：《法益初论》，中国政法大学出版社2000年版，第17页。

③ 张明楷：《法益初论》，中国政法大学出版社2000年版，第18页。

④ 张明楷：《法益初论》，中国政法大学出版社2000年版，第19页。

⑤ 张明楷：《法益初论》，中国政法大学出版社2000年版，第36页。

"侵害了法律所保护的利益"。由此，掀开了法益侵害说的理论篇章。在德国，法益侵害一直是犯罪论研究的核心问题，学者们围绕着法益概念展开研究，形成了丰富的法益理论。但是由于后来对于法益的抽象化理解，使得法益侵害说逐渐脱离了历史上结果无价值论所主张的法益侵害的本意。

在日本，泷川幸辰、平野龙一、前田雅英等学者都是法益侵害说的支持者。泷川幸辰继承了李斯特的观点，认为"犯罪是一种不法行为，不法行为是形式上对法律禁止性命令的违反，其实质是对法益的侵害"①。平野龙一批判了团藤重光在违法性判断中重视道义、伦理秩序的观点，认为在现行宪法下采用结果无价值论是基本妥当的。他指出，"在把行为无价值与结果无价值对立的时候，行为无价值是指没有引起结果无价值的东西。换句话说，虽然违反社会伦理，但是没有伴随法益侵害。这样的行为无价值能否成为刑法上的违法性，也即能否成为犯罪成立的一个要件的违法性的基础，是很有问题的……法律是保障持不同价值观的人在一起生存，无论是将维持国家道义还是维持社会伦理视为刑法的任务，都是对刑法的过高要求。"② 前田雅英也指出，"国民的利益受到侵害是违法性的根本点。因此，违法应当定义为导致法益侵害或一定程度威胁的行为，法益，就是应当由刑法加以保护的利益。"③ 曾根威彦教授也主张法益侵害说。他认为，"法益侵害说的长处在于，通过将侵害或者威胁法益这种客观事态作为违法评价的基础，为违法判断提供客观内容和事实基础。另外，法益以及侵害、危险的概念，仅仅以事实为基础，和违反道义（社会伦理）的概念相比较，其内容在理论上比较容易分析检验。从刑法的首要的任务在于保护法益的立场来看，法益侵害说值得支持。"④

综合而言，结果无价值论的基本观点是：通过将侵害或威胁法益这种客观事态作为违法评判的基础，可以为违法判断提供客观内容和事实基础，与注重"违反社会道义伦理"的行为无价值论相比，其内容更符合刑法人权保障的宗旨，有利于限制刑法的处罚范围。因此，他们极力主张违法性本质的法益侵害说，并对规范违反说提出了批判。

---

① 马克昌主编：《近代西方刑法学说史略》，中国检察出版社 1996 年版，第 290 页。
② ［日］平野龙一：《刑法机能的考察》，有斐阁 1975 年版，第 17 页。
③ ［日］前田雅英：《刑法总论讲义》，东京大学出版会 2002 年版，第 54 页。
④ ［日］曾根威彦：《刑法学基础》，黎宏译，法律出版社 2005 年版，第 94 页。

三、两种违法性本质观的评析

（一）法益侵害说评析

结果无价值论坚持法益侵害说的基本初衷是：立足于保护国民自由和权利的立场，强调违法性判断的客观性、可检验性，意图通过以利益侵害为违法评价核心的法益侵害说实现违法性评价的客观化、现实化，以限制国家刑罚权的行使。因为，如果承认现实的法益侵害结果是违法性评价的核心内容，那么违法性的无价值判断就是对法益侵害结果所进行的一种可检验的客观评判。这显然有利于检讨违法性评价的正当性，防止司法的恣意，从而对国家刑罚权的行使给予必要的限制。但是，由于法益侵害说本身的缺陷，这样的违法本质观不仅未能承担起对违法性本质的解释功能，而且其意图实现违法性评价客观化以限制国家刑罚权发动的初衷实际上也不可能实现。

1. 法益概念的模糊性，使得"法益侵害"的违法评价并不能对国家刑罚权形成有效制约

主张法益侵害说的学者一般将法益界定为"法所保护的利益"。但是，由于利益是一个极具主观性、相对性的概念，对利益的范围、界限并不明确。以法益侵害作为违法性本质的法益侵害说首先面临的问题就是：如何明确这种法所保护的利益？我国台湾学者黄荣坚就指出，"因为既然人没有不具有利益取向的行为，所谓利益保护与纯粹道德或纯粹意识形态的维护，其界限是划不清楚的……就阻却犯罪的事由而言，不保护行为人的相当利益（不管是什么利益）是没有道理的。因为人的感觉触觉是没有设限的，基于人类平等原则，在利益冲突的情况下，世界上（包括所谓坏人）的任何利益（包括杀人的利益）先天上都没有被排斥在保护范围之外。"[1] 尽管黄荣坚的上述观点还值得商榷，但是利益的相对性、主观性则是强调以对法所保护的利益的侵害作为违法性本质的结果无价值论所必须面对的一道难题。而且，"法所保护的利益"的概念很容易形成法益是立法者加以选择的利益的观点。如此，"法益之有无经过国家权力之选择，于涉及价值对立冲突之场合，如对一个合乎社会伦理要求的行动，因为侵害法益而受罚，个人为了避免受罚而只好否认该社会伦理之有效性。如此，在保护法益的外表下，其实包藏着以国家之价值观压抑社会价值观之事实，强调刑法应保护法益而不过问社会伦理，反而造成国家

---

[1]　黄荣坚：《基础刑法学》，台湾元照出版有限公司 2003 年版，第 15 页。

价值凌驾社会伦理之吊诡。"① 如此，反而容易使国家以保护法益为名推行国家的价值观。

应当承认，上述学者的这一说法绝非危言耸听。因为，法益侵害说实际上是一种以利益为导向的功利主义思考，如果不能妥当地界定法所保护的利益范围，就无法保证国家权力不借助保护利益的名义恣意膨胀，最终导致与法益侵害说追求目标的悖反。倡导法益概念的李斯特就曾明确提出"国家权力的界限以及法益的范围均由凌驾于个人意志之上的国家意志来决定"②。这种所谓的法所保护的利益也就变成了法所体现的国家意志。以这种法益侵害的观念来解释违法性的本质，就会形成刑法上的国家主义、专制主义。否定社会力量对于违法性评价的制约机制，会造成以追求多数人的最大利益为由而忽视、牺牲少数人的权益，甚至有借助国家权力打着保护国家利益、社会利益的旗号侵犯国民个人权利而保护某些特殊群体利益的危险。因为"以'有益'作为法律的导向和标准，将使得支配者的私人利益被视为公共利益处理。此种情况将使法律变得虚伪，而统治者自认为已能符合国民利益，并使法治国家一变而为极权国家"③。以这样一种理论来解释作为刑法评价基石的违法性本质会导致刑法理论失去对现实法秩序的批判能力，使得刑法的正义价值淹没在功利的考量之中。

2. 法益概念的抽象化、精神化理解导致与法益侵害说初衷的背离

早期的结果无价值论者从因果论的立场出发，强调现实的、物质的侵害结果对于违法本质的决定意义，以维持法益的客观性、现实性。但是，这样的法益概念显然缺乏对刑法上所有违法行为的解释力。为了对某些不具备实体法益侵害或危险的犯罪行为作出解释，后期结果无价值论者往往将法益概念精神化、抽象化处理，以保持法益概念的理论张力。如德国学者 Lampe（拉姆帕）认为，法益以文化价值为基础，文化价值以个别的需要为基础，如果个别需要在社会中占据优势，就具有了文化价值，如果认为对这种文化的存在性有必要进行法律保护时，它就上升为法益。他直接指出，法益是以文化为基础的，人们对文化价值存在的信任，如果认为有法律保护的必要时，将形成法益。④ 日本学者植松正也认为，法益是"法所保护的利益，它存在于规范背后的精神领域"；中野次郎认为，法益是"应当由法秩序所保护的社会生活上的利益或

---

① 余振华：《刑法违法性理论》，台湾元照出版有限公司 2001 年版，第 37 页。
② ［德］李斯特、施密特：《德国刑法教科书》，徐久生译，法律出版社 2000 年版，第 4 页。
③ 谢芮智编：《公法上之理念与现实》，台湾文星书局 1982 年版，第 37 页。
④ 高金桂：《利益衡量与刑法之犯罪判断》，台湾元照出版有限公司 2003 年版，第 82 - 83 页。

者具有价值的东西"①。梅兹格更直接地指出，法益不是指行为客体那样的外界具体现象，而是一种思维上的形象，是作为最简洁的形式的、受保护的财所内涵的客观价值，或对构成要件所包含的内容在思维中进行的总结，法益具体说明了它对作为直接承受者的个人及法共同体本身所具有的价值。因此，不能否定法益概念的精神化。② 他甚至认为"法益的范围绝不受限制，因为我们自始至终都是在法益之下理解这种'状态'，即客观法所保护的利益依附其存在，也即是'刑法所维护'而为法所承认的'客观价值'"，"缺乏其精神化，法益概念根本上是无用的。"③

确实，如梅兹格所言，如果不将法益概念加以精神化的理解，法益侵害就无法对现实中所有的犯罪行为作出解释，也就丧失了作为违法性本质的意味。意大利学者就指出，"并不是所有的犯罪都是对法益的侵害：在很多情况下，刑法规范的任务都只是维护某些领域或某种社会关系'形式上的秩序'，因为只有这样才能符合特定的政治目的。"④ 因此，法益概念的精神化几乎是不可避免的。正如有学者所指出的，人们不能直截了当地拒绝承认把单纯的感受或者一般的价值观念当成法益，并在此基础上建立起缺乏法益内容状态的确定的道德观。刑法典对单纯的侵犯孝敬的情感（指德国刑法第 168 条）或者激起公愤（德国刑法第 183a 条）的惩罚，直至现在仍然没有产生争议。尽管在这里，损害仅仅存在于感情世界与举止是否得当的领域内。⑤ 因此，在德国，主张法益侵害说的学者基本上就是采纳这种抽象化的法益概念。如李斯特虽然主张法益侵害说，但是他又主张在考察法益侵害时必须要考虑"规制共同生活的法秩序目的"。适用于具体行为时，必须考虑是否为了正当目的而采取了正当手段，结局还是要追溯到社会的一般观念或文化观念进行最后判断。⑥

将法益概念精神化的理解就使得法益侵害的界限更加模糊，难以通过客观、明确的法益侵害来判断违法，以限定刑罚处罚的范围。这实际上已背离了结果无价值论者的初衷。"因为法益概念的精神化可能导致将宗教的、伦理的价值观本身也作为法益进行保护，从而导致刑法干预国民生活的一切领域，扩

---

① 张明楷：《法益初论》，中国政法大学出版社 2000 年版，第 136 页。
② 张明楷：《法益初论》，中国政法大学出版社 2000 年版，第 107 页。
③ 王安异：《合目的论与我国刑法解释》，载《武大刑事法评论》（第 2 卷），中国人民公安大学出版社 2005 年版，第 130 页。
④ ［意］帕多瓦尼：《意大利刑法原理》，陈忠林译，法律出版社 1998 年版，第 78 页。
⑤ ［德］克劳斯·罗克辛：《德国刑法总论》，王世洲译，法律出版社 2005 年版，第 14 页。
⑥ 张明楷：《法益初论》，中国政法大学出版社 2000 年版，第 75 页。

大刑法的处罚范围"。① 将法益精神化、抽象化的结果就是：在法益侵害的内容中不仅包括客观的"法益"侵害，还包含观念要素（如法的妥当性）、行为人主观的要素（如人的意志活动）等，这与行为无价值论所主张的规范违反实际上不存在本质的差别。但是，如果不将法益概念精神化理解，则其就失去了对违法性本质的解释力，特别像刑法中存在的风俗犯、秩序犯、不能犯等，很难通过法益侵害来解释。所以，法益侵害说本身就陷入了两难的困境。对此，日本学者平野龙一无奈的指出"法益概念的确不能说是很明确，尤其是从德国的法益理论史来看，特别是在战前出现所谓的法益概念的精神化思想，例如处罚同性之间的性行为，这时如果问损害的法益是什么，只能回答是性的伦理；再如不能犯，采用极其主观的见解，被侵害的法益只能说是法的妥当性"②。为了维护犯罪是侵害法益这一基本命题，平野龙一也只得接受精神化的法益概念。结果无价值论对法益进行精神化处理后，虽然勉强维持了"犯罪本质上是法益侵害"这一命题，却不得不放弃其结果无价值的立场。③ 对法益概念加以精神化、抽象化的理解后，这样的法益侵害说与规范违反说就不存在明显的对立了，二者说明的实际上是同一个本质。相反，这样一种法益侵害的违法本质观掩盖了违法的规范违反内涵，使所有的违法评价都带上了利益衡量的色彩。

3. 法益界定模式的理论困境

除对法益的精神化理解以外，对于法益概念的界定在理论上也存在很大争议。在德日国家的刑法理论中，对于法益的界定基本上有方法论上的法益和实在意义上的法益两种模式。

方法论意义上的法益概念认为，法益是刑法规范所承认的利益，"是对具体条文的意义和目的提供的一种概括性的思想方式。"④ 法益是刑法规范的目的，只有在规范的范围内才有意义。因此，实质的犯罪概念只能从刑法规范中寻找。方法论意义上的法益观实际上是认为，法益是包含在刑法规范内的利益评价，法益必须根据刑法规范来确定，没有刑法规范就不存在法益。如休委格认为，"法益必须根据刑罚规范来确定，要知道什么样的财属于法益，就必须

---

① 张明楷：《法益初论》，中国政法大学出版社 2000 年版，第 156 页。

② 王安异：《刑法中的行为无价值与结果无价值研究》，中国人民公安大学出版社 2005 年版，第 68 页。

③ 王安异：《刑法中的行为无价值与结果无价值研究》，中国人民公安大学出版社 2005 年版，第 68 页。

④ ［德］克劳斯·罗克辛：《德国刑法学总论》（第 1 卷），王世洲译，法律出版社 2005 年版，第 14 页。

学习现行法，离开现行法就不可能理解法益"①。但这样一来，无非是说因为立法者的规定才产生法所保护的利益，违反刑法规范的行为就侵害了法益。如此，所得到的仍旧是形式意义上的法益概念，是与立法目的相循环的论证，并没有揭示违法性的本质。因为立法者总是能在每个条款中找到需要保护的利益，这样的法益概念无法对立法起到限制和指导作用，所谓的法益侵害只是立法目的的进一步阐述，并不具备说明违法的本质的功能。

实在意义上的法益概念则主张从生活事实中寻求对违法的实质解释，认为法益是先于立法而存在的、是"前实定的"。如耶各认为，法益具有"前实定"的性质，即法益是先于立法之前而存在的，法益保护是制定刑法规范的理由和追求的目的，只有行为侵害了所保护的法益，才具有非难性与应受刑罚性。② 实在意义上的法益概念揭示了法规范背后的社会因素，这样的法益就可以成为制约国家动用刑罚权的标准。但是它却没有说明，现实中存在的法益是如何进入规范领域的。因为现实的法益本身并不包含价值内涵，现实的法益侵害并不能直接导致价值的评价。如此，法益的确定还是要归结于立法者的选择，实际上得到的还是一个规范意义上的法益概念，陷入了"法益是立法者的选择，立法者的选择产生了法益"这样的循环论证。导致最终认为"法益"与规定犯罪的刑法规范是你中有我、我中有你，混不可分，因为"法益"就是刑法规范的目的。③ 这样一个抽象的法益概念。

针对上述法益概念的缺陷，有学者站在宪法价值的立场提出了宪法意义上的法益概念。认为法益是位于刑法之前而存在于宪法原则之中的概念。相对于刑法而言，法益是"实在的、超刑法的"，而它同时又是存在于宪法之中的价值体现。这就同时解决了法益的实在与价值问题。德国学者罗克辛认为，一个在刑事政策上有拘束力的法益概念，只能产生于基本法中载明的建立在个人自由基础之上的法治国家的任务。这个任务就为国家的刑罚权规定了界限。法益是以个人及其自由发展为目标进行建设的社会整体制度之内，有益于个人及其自由发展的，或者是有益于这个制度本身功能的一种现实和目标设定。④ 我国学者张明楷教授也将法益定义为"法益是根据宪法的基本原则，由法所保护的，客观上可能受到侵害或者威胁的生活利益"⑤。

宪法性的法益概念从宪法原则中寻求需要保护的利益，这既脱离了实定刑

① 张明楷：《法益初论》，中国政法大学出版社 2000 年版，第 56 页。
② 丁后盾：《刑法法益原理》，中国方正出版社 2000 年版，第 28 页。
③ ［意］帕多瓦尼：《意大利刑法原理》，陈忠林译，法律出版社 1998 年版，第 79 页。
④ ［德］克劳斯·罗克辛：《德国刑法总论》，王世洲译，法律出版社 2005 年版，第 15 页。
⑤ 张明楷：《法益初论》，中国政法大学出版社 2000 年版，第 167 页。

法的范围，可以对刑事立法加以指导和批判，同时又通过宪法来为这一法益概念提供依据和制约，防止了法益概念的飘忽，这无疑是可取的。但是，由于现代社会中宪法利益极其广泛，几乎涵盖了社会生活的每个方面，以宪法保护的价值为基底来建构法益概念实际上并不能明确界定法益的范围。因为"在合宪法的目的设定框架内，法益对于历史演进和经验认识的步伐而言，是开放的"，"法益因而不能给出能推导出最终结论的定义"①。而且，将法益归结于宪法性利益，首先要解决的问题仍是，这是实定法上的宪法性利益还是超法规的宪法性利益。如果将宪法限定为国家制定的宪法规范，将法益限制在成文宪法规定的范围内，如此得到的还是一个需要立法者确认的规范意义上的法益概念。而且，即使将法益限制在成文宪法范围内，由于宪法本身也是成文法的一种，也需要解释，而由于宪法涉及的往往是国家权力、公民的基本权利等政治性考虑，有关基本法的解释更多的是运用政治性、社会伦理性的标准。在具有如此广阔的解释空间下，想要通过宪法原则明确界定利益本身就是很困难的。如此，法益侵害说所主张的以法益概念的概念来限制司法中的主观解释、保障违法评价客观性的目的也不可能达到。

而如果将宪法法益扩展为具宪法价值的利益，那么所谓的宪法性利益就更无法明确，所得到的只能是一个精神化的法益概念。如德国学者罗克辛就从宪法的原则和目的中寻找规范的要求，将法益解释为有益于个人及其自由发展的目的设定。这种目的性考量的宪法法益概念显然过于抽象，已经丧失了确定的含义。这实际上又回到了社会伦理违反或是违反社会价值观这种规范违反的立场。因此，将法益归结于宪法性利益并没有解决法益概念的明确性问题。正如意大利学者所指出的，"宪法性法益如此广泛，要想以维护宪法性法益为限来制约国家的刑罚权实在有幻想之虞。因为任何规范实际上都可以说是为了维护某种宪法性法益而制定的。同时，认为犯罪的本质在于侵犯了宪法性利益的观点，还使得立法者可以随心所欲的规定维护宪法性法益的手段、形式和范围。"②

归纳而言，法益侵害说的最大缺陷在于：如果坚持自由主义、保障个人权益的传统立场，那么就只能坚持客观的、物质化的法益概念。而这样的法益侵害说显然缺乏对所有犯罪行为的解释力，无法成为解释刑事中违法行为的最小公分母。因为利益衡量只能对利益对比极其明朗的犯罪有说服力，相对于财产

---

① 王安异：《合目的论与我国刑法解释》，载《武大刑事法评论》（第1卷），中国人民公安大学出版社 2005 年版，第 133 页。

② ［意］帕多瓦尼：《意大利刑法原理》，陈忠林译，法律出版社 1998 年版，第 83 页。

利益，生命的利益自然较为重大，财产利益与个人健康之间在多数情况下也可以得出相同的结论。然而，个人在经济上独立自主的利益，及其在社会安全上的利益二者孰轻孰重就不易决定了。利益重要性的判断是极为复杂的，因为人类的需求及兴趣委实过于分歧，因此，在具体的案件中不可能期待获得妥当的见解。① 如罗克辛在谈到德国刑法第 216 条规定的"受请杀人"时指出，其可罚性不在于法益侵害，而是因为被害人放弃生命的行为不得由第三人来实施，保护生命的规定要求任何人对他人的生命保持一种原则性的禁忌。② 这显然是一个极其抽象的、精神化的定义。而如果按照通说的观点坚持抽象的、精神化的法益，这显然又是与其所追求的通过法益概念来实现违法性评价的客观化、具体化的结果无价值立场相背离的。

正是由于法益侵害说存在的上述不足，当前在德日国家刑法中，理论的主流要么是将法益概念抽象化理解从而维持法益侵害的违法本质，要么是抛弃法益侵害说而采兼顾法益侵害与规范违反的二元的行为无价值论。

（二）规范违反说的合理性分析——为行为无价值论辩护

规范违反说立足于新康德主义实然与应然、事实与价值两分的哲学基础，认为无法从事实中直接获得价值的认识。因此，它不是直接从对现实生活的侵害中寻找违法性的本质，而是从应然的价值规范——社会规范中寻求违法的本质，意图通过违反社会道德规范、违反国民道义以及行为的社会相当性来说明违法的本质。这样，就将刑法上的违法与其背后支撑刑法的社会生活规范相联系。在规范违法说看来，规范是主导社会共同体成员生活的方式，法从根本上说是国民生活关系的一部分，违法的本质就是违反了这种规范秩序。

由于规范违法说将违法性的本质与社会规范违反相联系，将社会伦理道德的评价引入违法性判断中。因而受到了有关学者的批判，认为"规范违反说将违反社会伦理规范作为违法的本质，使得保护社会伦理成为刑法的任务，有以国家的刑罚权强制推行道德观念的危险。规范违法说将社会伦理规范作为刑法的基底，难以实现刑法正义"③。笔者认为，违法性本质的规范违反说有相当的合理成分，反对者的批判意见并不可取，违法性评价中的规范违反性不可否认。

1. 规范违法说的批判者认为，"从刑法谦抑的原则出发，只应把客观上侵害或者威胁法益的行为认定为违法。在现代多元化的社会，多种价值观并存，

① ［德］卡尔·拉伦兹：《法学方法论》，陈爱娥译，商务印书馆 2003 年版，第 29 页。

② ［德］克劳斯·罗克辛：《德国刑法总论》，王世洲译，法律出版社 2005 年版，第 17 页。

③ 张明楷：《法益初论》，中国政法大学出版社 2001 年版，第 371 页。

将是否违反社会伦理规范作为判断违法的基准，有家长主义推行单一价值观的危险。这种见解的潜在基础是'刑法是道德伦理的最低界限'，即刑法所处罚的仅仅是严重偏离社会伦理规范的行为，以刑法手段强制人们实施合乎道德要求的行为，最终会导致刑法干涉人们内心思想。"①

笔者认为，上述批判观点值得商榷。其一，将违法性本质仅仅归结为"违反伦理秩序"只是早期行为无价值论规范违反说的观点。后期的行为无价值论者实际上已抛弃了这种单一的行为无价值理论。当前二元的行为无价值论是既着眼于行为的反规范性，同时又考虑到行为现实的侵害性来认识违法性的，而不是单纯以违反社会伦理规范来评价违法。就连批判者本人也承认"简单的对'二元论'进行批判，说其是维持社会伦理的见解的说法，是不妥当的"②。其二，多元的社会确实应当允许不同的价值观存在，规范价值的多元性、相对性是规范违反说面临的一道难题。但是，价值的相对性并不是绝对的，在特定时点的社会必然有为社会接受或不接受的基本价值观念。在司法上，法官只能按照当时时点被认为具体社会的一般观念的东西来确定违法性的有无，法官当然要忠实于自己的信念，但是其信念必须符合社会的一般通念。社会的伦理规范中正好包含着作为支撑法官这种判断的基础的意义。③ 大塚仁教授明确指出，成为现实的判定违法性的存否、程度标准的国家、社会伦理规范是什么？认识它，在不少情形中总是伴随着相当的困难。特别是在今日具体的国家、社会中，多是不同的社会观念和种种价值观的对立、相克，以矛盾的原样包含着矛盾，容易由于判断者主观的不同得出各种不同的结论。但是，不允许胡乱的沉缅于相对主义的立场，必须从维持法的安定性和适合于社会进步这种观点，找到应该能够成为适当的刑事审判标准的伦理规范。④ 其三，规范违法说主张在违法中考虑社会伦理规范并不意味着直接由社会规范伦理来评价违法，或是说将刑法作为维护社会论的工具。而是强调，为了实现维护社会秩序的目的，犯罪与刑罚的评价必须同时立足于国民的健康的道义观。这样的规范违反说显然并不是简单的刑法的伦理化。那种认为刑法中不应该导入道义或者社会伦理观念，而只应该从保护法益的必要性、有效性的角度来把握刑法的机能的观点，是误解了刑法机能的见解。⑤

---

① 黎宏：《行为无价值论批判》，载《中国法学》2006 年第 2 期。

② ［日］曾根威彦：《刑法学基础》，黎宏译，法律出版社 2005 年版，译者序"行为无价值论与结果无价值论的现状与展望"，第 5 - 6 页。

③ ［日］大塚仁：《犯罪论的基本问题》，冯军译，中国政法大学出版社 1993 年版，第 117 页。

④ ［日］大塚仁：《刑法概说》，冯军译，中国人民大学出版社 2003 年版，第 302 - 303 页。

⑤ ［日］大谷实：《刑法总论》，黎宏译，法律出版社 2003 年版，第 6 页。

因此，承认刑法规范与社会伦理规范的内在联系并不会导致以刑法手段强制人们实施合乎道德要求的行为的后果。相反，还可以加强刑法规范的社会基础，增强违法性评价的合理性、可接受性。

2. 批判者还对行为无价值论中的社会相当性理论提出了批判。他们指出，"在二元论当中，社会相当性是一个举足轻重的关键概念……但是，什么是社会相当性？什么样的行为具有社会相当性？这些问题，至今尚无明确的结论……社会相当性的概念相当的抽象、多义，其定位与内容都不是很明确。"①

应当说，社会相当性是规范违反说的一个核心概念，行为的社会相当性的考察实际上就是从社会规范立场的容许性评价。社会相当性理论由行为无价值论者威尔哲尔所创。威尔哲尔在 1939 年所著的《刑法体系研究》一书中指出，"社会共同生活系在一定范围内限制行动自由而成立，如法律对所有法益侵害都认为是客观的违法，而加以禁止，则全部社会生活不能不立刻停止，仅留下只许观览的博物馆版的世界"，"故不应对一切法益侵害的行为都加以禁止……应于历史所形成的国民共同秩序内，将具有机能作用的行为排除于不法概念之外，并将此种不脱逸社会生活上常规的行为，称为社会相当行为。"②

威尔哲尔提出社会相当性理论的一个重要理由就是，"由于社会的复杂性，在日常生活中，如果不伴随任何法益侵害就不可能生活。因此，如果将所有的法益侵害结果的发生（结果无价值）都作为违法予以禁止，社会就会停滞。所以，应当认为法益侵害中属于社会相当范围内的行为缺乏违法性。于是要想在结果无价值中辨别是否违法的基准，当然必须在结果无价值以外的现象即行为无价值中去寻找。"③

对此，有学者批判指出，社会相当性概念过于抽象、难以界定，不利于刑法人权保障机能的实现。威尔哲尔所主张的那些造成危害后果，但属于社会容许范围内的行为不作无价值判断的原因是这些行为能够产生更大的利益，并不是因为行为为特定社会整体秩序所允许，这完全是利益衡量的结果。因为，"在行为无价值理论出现之前，就存在被允许的危险理论……而被允许的危险理论是以优越利益为中心的，这正好是结果无价值论的观点。"④

笔者认为，上述学者对社会相当性理论的批判是缺乏说服力的。其一，社会相当性的评价与利益衡量并非是完全相对应的，认为被允许的危险完全是利

①　黎宏：《行为无价值论批判》，载《中国法学》2006 年第 2 期。

②　黄丁全：《社会相当性理论研究》，载陈兴良主编：《刑事法评论》（第 5 卷），中国政法大学出版社 1998 年版。第 321 页。

③　张明楷：《刑法的基本立场》，中国法制出版社 2002 年版，第 168 页。

④　张明楷：《刑法的基本立场》，中国法制出版社 2002 年版，第 168 页。

益衡量的评价是不妥当的。的确，一些被社会所容许的行为在一定情况下可能会带来"更大的利益"。但是，并不是所有被允许的行为都能带来更大的利益。有些行为具有极高的危险性，甚至几乎不可能带来现实的利益，但也仍然被视为是合法的。如从事高风险的医疗试验，严重危险性的体育活动、科学实验活动。这些行为从结果来看并没有带来更大的利益，甚至还明显造成了利益的侵害，但仍为法律所容许，这显然是单纯利益的衡量所无法解释的。而且，被允许的危险也是在一定的条件下、一定程度上的允许，这些都必须按照现实社会规范的要求来判断，无法以纯粹利益的衡量来完成。特别是，具有危险性的社会相当行为被容许是在行为实施时作出的判断，而不是事后的判断（我们不会通过一个医疗手术的成败来确定该行为是否违法），这类行为在实施时就被认为是不违法的，而不管其后是否带来更大的利益，这只能通过社会相当性的评价才能作出正确的解释，而不是用利益衡量就可以加以解释的。其二，社会相当性理论确实不能说是极为明确。但是，不明确并不意味着缺乏可操作性。因为，刑事违法性的评价本来就是建立在特定社会通常观念基础上的规范判断，从维持法的安定性和市民社会规范的价值出发，找到应该能够成为适当的刑事违法性评价基础的社会伦理规范本身就是司法的责任。而社会相当性的内涵准确地揭示了法官在认定犯罪时所受到的社会制约，具有很强的实用性、可检验性。正如藤木英雄所指出的，"所谓的社会相当性，就是从一般承认的、健全的社会通念出发，不具有不法性，也不会唤起处罚感觉的行为的性质。也就是说，行为是日常的、一般的市民生活领域或者其他社会生活的主要领域中具有通常性、日常性、一般承认的事态。"[①] 这种从国民的价值观出发将不值得刑罚处罚的行为排除出去的做法类似于哈耶克所提出的"否定性正义标准"的思考模式。因为，尽管我们无法确证对某一行为人是否应当予以刑法处罚，但是我们可以从社会生活经验感知对某一行为认定为犯罪处罚明显不当。刑法的补充性、谦抑性决定了刑事违法性本身就蕴含着违反市民社会基本规范的价值，立法者只是将这种价值以国家的名义明确下来。在刑法的适用中，作为一种在特定社会中自发形成的，为市民社会成员所接受的道德、伦理观或者是一种正义感，对于保证刑事违法性评价的正当性、合理性及可接受性有着积极的意义。因为，社会相当性理论是解释行为违法性本质的理论，而违法性的判断主要是对符合构成要件的行为排除违法性的消极判断，以社会相当性理论来将特定社会通常观念所容许的行为予以出罪化，正符合现代刑事法治所追求的维护个人自由、限制刑罚权的宗旨。其三，应当强调的是，作为保护

---

① ［日］藤木英雄：《刑法讲义总论》，弘文堂1975年版，第78页。

法性质的法规范，刑法实际上保护的是社会最基本的社会秩序，是一种底线规范。因此，刑法上的违法评价不可能完全脱离社会伦理规范的价值。即使将违法性的本质归结于法益侵害的学者也认为，刑法只是辅助性的保护法益，如果侵害法益的行为可以通过其他规范手段处理的情况下，就不应当将这样的行为评价为刑事违法。而如果不考量特定社会规范的容许性，则根本无法对某种侵害法益的行为是否必须动用刑法加以干预的情形作出评价。忽视行为的社会相当性，单纯进行利益的比较衡量并不能说明行为的可罚性。如同样是基于被害人同意的行为，为了救助他人进行器官移植和黑社会组织履行"帮规"或"偿还债务"的伤害行为是完全不一样的评价；从事疾病研究的危险试验与为了克隆技术的危险试验其社会评价也是不同的；同样是交通肇事造成损害，流氓飙车行为与为看望弥留之际的亲人的超速行为亦不相同。对这类行为，如果不考虑行为的社会容许性则无法对其作出恰当的评价。

3. 由于规范违反说认为违法性的本质在于对社会规范的违反，而社会规范的违反必然要考虑到行为人的目的、动机及规范意识等主观要素，因此，这类主观要素也成为了违法性评价的内涵。对此，批判者指出，"在违法性判断中考虑主观要素，会导致主观归罪的结果。所谓主观违法要素，如目的犯中的目的、动机犯中的内心动机、表现犯中的心理过程等都不是影响社会危害性大小的要素。将主观要素作为违法性的评价基础，必然导致违法的主观化。"[①]

笔者认为，上述批判观点值得推敲。其一，所谓主观归罪是指只根据行为人的主观态度来认定犯罪，而不考虑行为的客观危害性或危险性。众所周知，单纯的客观归罪与主观归罪都已成为历史的遗迹被抛弃了。现代刑法理论都强调对于犯罪的评价是主客观相统一的。即使是批判者所支持的法益侵害说也并不否认行为的主观因素对于犯罪认定的意义。在德日刑法理论中，行为无价值论与结果无价值论的对立也只是有关违法性的对立，二者的分歧在于，到底是在责任评价中还是在违法性评价中考察行为的主观要素，而不是否认上述主观要素对于犯罪评价的意义。结果无价值论不等于客观归罪，行为无价值论也与主观归罪有根本的区别。因此仅因规范违法说主张考虑到行为人的目的、动机等主观要素来评价违法就批判其导致主观归罪是不恰当的。其二，即使是主张违法的本质是对社会伦理规范违反的一元行为无价值伦，也从未主张仅仅以行为人的主观恶性来认定犯罪、以对行为人的道德评价取代法的评价。他们也是积极强调构成要件的定型化、客观行为的危害性在犯罪评价中的意义，只不过

---

① 黎宏：《行为无价值论批判》，载《中国法学》2006 年第 2 期。

主张应当从社会规范的立场来评价行为是否具有违法性，并不是否认客观行为在违法评价中的必要性。而当前二元的行为无价值论更直接指出，法益的侵害本身就是行为无价值应当考量的内容。这种立场的规范违法说既强调现实利益侵害在社会规范评价中的意义，又考察行为的社会相当性，更为彻底地贯彻主客观相结合的评价原则。正如大塚仁教授所言，"行为无价值论是在充分考虑了结果无价值后，进一步考虑到行为无价值，因此，更确实地把握了违法性的实质，我想反而可以说它比结果无价值论更具保障人权的功能。"①

4. 刑法规范兼有裁判规范和行为规范的双重性，从评价规范的角度来看，法的功能确实是作为一种约束法官评价的裁判基准。因而，应该站在事后的时点综合行为的侵害后果情况来做出客观的判断，也就是从法益被侵害的立场来考量，以决定某种事件是否在法的观点上无价值。而从行为规范的立场来看，法主要是起到指引、呼吁的功能，以督促行为人作出正确行动的决定，如果不从事发之前的时点、从社会相当性立场加以考量则毫无意义。因此，批判者所认为的"在现代社会中，刑法首先应当是裁判规范，而不是行为规范。判断违法时应当从法官这样的司法专家的立场加以认定。因此，应当采纳结果无价值论的观点，以在行为时和行为后所查明的全部客观事实为基础，以裁判时为标准，从事后的客观立场加以判断"②的观点并不恰当。

在违法性的评价中否认行为的规范违反性质，就会忽视刑法的行为规范属性，切断刑法与社会的联系，会使公众认为刑法只是国家掌握的统治工具，而不是调整社会生活的行为规范。而一种仅具有统治工具功能的刑法是不会赢得公民的尊重与信仰的。在我国，由于缺乏西方自然法文化的精神，加之长期的专制文化的影响，在社会中有一种很强的工具化、压制化的法意识。两千年来的法刑一体的法文化更使得统治者将刑法作为"刀把子"，一般国民也是将刑法视作惩罚性的工具而非一种行为规范。这样的刑法由于缺乏深厚的社会基础，并没有赢得公民真心的认同与信赖。正如我国学者指出的，在中国，公民没有将其（刑法）作为行为准则，普遍的规范伦理感觉没有确立。③ 而如果缺乏基本的规范意识与法情感，刑法的存在根基就经常会发生动摇。因为"只有培养了对法的理解之后，法才有能力获得普遍性"④。因此，在我国强调违法性评价的社会规范违反性对于建立市民刑法的观念有着更加积极的意义。如

---

① ［日］大塚仁：《犯罪论的基本问题》，冯军译，中国政法大学出版社 1993 年版，第 135 页。

② 黎宏：《行为无价值论批判》，载《中国法学》2006 年第 2 期。

③ 周光权：《行为无价值之提倡》，载《比较法研究》2003 年第 5 期。

④ ［德］黑格尔：《法哲学原理》，范扬等译，商务印书馆 1961 年版，第 220 页。

果像批判者所主张的，将刑法规范仅仅视作裁判规范，会使民众仍旧停留在"刑法完全是立法者意志的产物，是用来惩罚犯罪人的工具，而不是引导国民的行为准则"的意识中。这会导致刑法失去必要的社会基础，进一步加剧刑法工具主义的色彩，无法使民众从内心建立起对刑法的信仰与尊重。

此外，在刑法的违法性评价上，注重行为规范违反的属性，将目光从重视侵害结果转到道德上自主的个体身上，这也是和现代刑法的教育和特别预防的倾向相一致的。因为，受到法规范规制的是能够理解（或应当能够理解）社会共同伦理价值并且能够按照这种群体道德意识决定自己行为的自主个体。作为这种有能力认识自己行为的法律意义、有能力决定是否遵守法律的规定与社会交往的社会个体，如果违反规范的要求，实施违反法规范的行为，就应当受到制裁，这才是违法的本质所在。违法是从法秩序立场的无价值评价，对违法性本质的考察不能忽视法秩序的特点。任何一国的法秩序都具有双重性，其中"法益保护"是目的，而规范"特定行为"是手段。只有从法益保护与法秩序的关系出发才能准确地认识违法性的本质。"行为规范在整体上对个人勾勒出一个特定的行为框架，在这一框架中行为人可以合法的活动，而无须畏惧公开其行为会招致非难。这一行为框架的设定具有'特定利益保护的目的'。进行不法评判，如果只以行为无价值为依据，就没有考虑到利益冲突的问题；而若只以结果无价值为依据，则因为未考虑到刑法规范所设定的行为框架而使不法根据变成了纯粹的利益冲突……当刑法关注制裁损害者时，无价值评判关注的是规范的违反，即为行为无价值；反之，当刑法关注被保护者的利益时，无价值关注的是法益侵害，即结果无价值，二者体现了不法的二重性。"① 只要承认违法是对法秩序的违反，就必须从法益侵害和规范违反两方面来界定违法性的本质，这是法秩序的双重性所决定的。

综上所述，笔者认为，行为无价值论与结果无价值论，法益侵害说与规范违反说并不是相对立的见解，而应当是相互补充的。因为，任何一个行为的违法性都体现在两个方面：一是引起外界损害的客观事实层面；二是行为为社会否定评价的规范层面。其中，客观事实的损害是规范评价的物质基础，行为的社会评价是违法性的价值基础。物质性的法益侵害只是揭示了这样一种客观基础的存在，却不能解释对行为评价的价值基础。而价值评价则是要通过考察行为与社会规范的关系来完成的，这种考察显然不可能脱离特定社会的伦理规范。在当前德日国家的刑法理论中，二元的行为无价值论实际上占据了主流地

---

① 王安异：《刑法中的行为无价值与结果无价值研究》，中国人民公安大学出版社 2005 年版，第 45 – 46 页。

位，有些主张法益侵害说的学者实际上已经倒向了二元论。连最初主张法益侵害说的李斯特最终也站在了二元论的立场。他在《德国刑法教科书》（第24版）中，将实质违法性修订为"违反规律社会生活之法秩序的目的而侵犯法益或使之危殆化"①。这实际上已经是站在规范违反的立场来评价法益侵害了。因此，在违法性的评价中既要着眼于行为的反规范性也要考虑到行为现实的侵害性，从法益侵害和社会规范容许性两方面来认识刑法中的违法性本质的二元论是妥当的。

第二节　刑事违法性的本质
——二元的行为无价值论之提倡

对于犯罪本质的认识，我国传统刑法理论的主流观点一直是社会危害性说。通说的观点认为，社会危害性是犯罪的本质，刑事违法性是社会危害性在法律上的体现。晚近，随着刑法研究的深入以及国外理论的不断涌入，我国学者对传统理论的社会危害性本质观进行了反思和批判。不少学者在对社会危害性的缺陷展开批判的同时，还提出了对社会危害性说的改造、替代方案。其中，以法益侵害取代社会危害性作为刑事违法性本质的观点是最有影响的一种主张。这当中又以陈兴良教授的观点最为鲜明。他将社会危害性理论作为传统的苏俄化刑法理论的一部分展开了激烈的批判。他首先指出了犯罪的社会危害性本质说有三个重大缺陷：（1）它是一个超规范的概念；（2）社会危害性不具有实体性，是一个十分空泛的没有自身认定标准的东西；（3）社会危害性不是刑法专属的概念。同时，他还指出了法益的概念具有规范性、实体性和专属性的优点。② 因此，他主张应当以法益侵害说作为规范刑法学中犯罪的本质，以取代社会危害性的概念。张明楷教授虽然并没有完全拒绝社会危害性的概念，但是他认为社会危害性实质上就是对法益的侵害性，实际上也是站在法益侵害说的立场来认识刑事违法性的本质的。同时，他还着重强调了法益侵害说在刑法中的价值，认为这可以使刑法的处罚范围适当、处罚界限明确，有利于发挥刑法的法益保护机能和自由保障机能，合理区分刑法与道德。③ 除了上述两位学者以外，还有不少学者也主张犯罪本质的法益侵害说。从我国目前的

---

① 洪福增：《刑法理论之基础》，三民书局1977年版，第240页。
② 陈兴良：《社会危害性理论——一个反思性检讨》，载《法学研究》2000年第1期。
③ 张明楷：《刑法的基本立场》，中国法制出版社2002年版，第182、186页。

理论现状来看，法益侵害说几乎成为新一代学者的主流观点，甚至已有与传统的社会危害性说分庭抗争的态势。

在前面的论述中，我们已经对刑法中的社会危害性理论展开了评析，在此不再赘述。尽管可以笼统的说，犯罪就是侵害社会的行为，社会危害性说也确实一定程度上揭示了刑事违法性的实质。但是，由于社会危害性说的固有缺陷，以其来表述刑事违法性的本质是不够恰当的。张明楷教授将社会危害性进一步解释为法益侵害有一定的合理性。但是，以法益侵害说取代社会危害性作为刑事违法性的本质并不妥当。除了上文所提到的法益侵害说本身的理论缺陷以外。在我国刑法中，法益侵害说更是缺乏文化的认同和现实的基础，不能完整地对刑事违法性的本质进行解释。如我国主张法益侵害说的学者往往认为偶然防卫的行为欠缺法益侵害，因此并不构成犯罪。但是，这样的观念很难得到司法实践与国民道义观念的认同。如果不从社会容许性和法益衡量这两个方面来考察，笼统的说偶然防卫不构成犯罪是不妥当的。例如甲乙二人均意图故意杀害对方，甲在乙举枪射击之前先下手杀死了乙。甲的行为虽然并没有防卫意图，但是因为制止了对方的侵害，保护了自己的利益，符合偶然防卫的特征。按照法益侵害说的观点，这样的行为就不具有刑事违法性，不构成犯罪。但是，将这样明显具有犯罪故意的行为排除出刑事违法性的评价显然为社会通常理念所不能接受。这不但严重扭曲了刑法中正当防卫的价值，而且会助长不法侵害中"先下手为强"的心态，以丛林法则取代了法的正义评价，有损刑法的严肃与公正。

从我国刑法的现实状况来看，单一的法益侵害说既不能给我国刑法规定的犯罪作出合理的解释，如刑法规定的赌博罪、聚众淫乱罪、污辱尸体罪等风俗犯罪，也不符合司法实践的要求，无法得到我国社会通念的认同。如对于偶然防卫、不能犯的未遂，在我国实践中一直是作为犯罪处罚的，即使不作为犯罪处理也更多地是从行为的规范违反性、行为人的伦理非难性出发的，而不是简单地进行利益衡量的结果。特别是，我国刑法明确规定对于犯罪预备、未遂的行为均应当追究刑事责任，而犯罪中止的处罚又要远远轻于犯罪未遂的处罚。这显然是站在行为无价值的立场，考虑到行为本身的规范违反性和社会评价的结果。

因此，笔者认为，以法益侵害说取代社会危害性说作为刑事违法性本质的观点并不妥当，而应当借鉴德日国家的行为无价值论，从行为的规范违反和利益侵害两方面来评价刑事违法性。

一、刑法与社会道德伦理的关系

在刑法学中，刑法与社会道德伦理的关系一直是学者争论的焦点。刑罚权的依据、刑法的目的以及犯罪评价的价值基础等都牵涉到刑法与道德的关系问题。具体到刑事违法性中，就是在刑事违法性的评价中是否包含道德伦理的内涵，刑事违法性到底是一种纯粹的法规范立场的否定评价，还是包含社会道德伦理上谴责的否定性评价。在德日刑法中，规范违法说与法益侵害说争论的一个关键问题即是否承认违法性评价的道德性、社会性内涵。

一般认为，现代法治的一个基本标志就是法律与道德分离。但是，二者形式的分离并不意味着法律在道德价值上的无涉，更不意味着法律可以完全脱离道德和社会伦理价值的制约。因为，道德与法律虽然在效力、渊源上有所差别，但是价值基础是共通的。"法律与道德不仅分享同一套词汇，以至于既有法律上的也有道德上的义务、责任与权利；而且，所有国内法律制度都体现着特定的和基本的道德要求的宗旨，不得杀人和不得滥用暴力是法律禁令与道德禁令相一致的最明显的例证。还有一种观念，即正义的观念，它似乎要把这两个领域统一起来：正义既是适合于法律的善，又是诸善中最具法律性质的善。我们思考和讨论'依照法律的善'，也思考和讨论法律的正义与非正义。"①

在现代社会，法律不再是代表统治者意志的统治工具，而是调整社会生活的规则体系，它不纯粹是立法者理性建构的产物，而是社会生活经验的价值体现，社会道德规范才是法规范的价值基础与正当性的根据。"制定法律的机关所制定的法律，其本身并不具备神圣不可侵犯的特性；相反，不论它们拥有何种神圣性，均来自于道德的认可——这种道德的认可，正如我们所观察到的，乃在于社会条件下行使着的人类生活的法则。由此，也会带来一个必然的结果，即若缺乏道德认可，他们必将受到理所当然的挑战，并且无法再披着神圣的面纱来唬弄大众。"②

作为法秩序最后防线的保护法，刑法同样有着坚实的社会基础，而且，社会伦理规范对于刑法制定与适用有着更为重要的意义。以最严厉的惩罚措施——刑罚——作为制裁手段的刑法不仅是维护社会秩序最为有力的武器之一，也是特定国家（社会）价值观念最鲜明的载体。在所有法规范中，刑法是最接近于道德伦理的，社会伦理是刑法规范的根基，规范伦理性是刑事违法

---

① ［英］哈特：《法律的概念》，张文显等译，中国大百科全书出版社 1996 年版，第 8 页。
② 参见田宏杰：《宽容与平衡：中国刑法现代化的伦理思考》，载《政法论坛（中国政法大学学报）》2006 年第 2 期。

性的基石；排除刑法的伦理色彩、排除刑罚的报应因素，就会使刑罚丧失根据上的合理性。① 因为，特定社会道德的伦理观是一定社会文化价值的真实体现，是一国的法秩序建构的文化基础。正如 Hassemer 所认为的，"刑法若欲实现其保护功能，则其保护客体之认定不能背离文化脉络。一个文化疏离的实定法，绝对不能长久有效运作。实定法，只有当其能为文化所容纳，方能较为持久的成为法秩序的主要组成部分。更有甚者，文化价值意识不仅可要求法制措施维护控制功能，尚可进一步要求创造功能……法益之内涵，若只就规范范畴或司法范畴加以理解，将有所不足。"②

在刑法早期史上，刑法规范是和社会伦理道德密切相连的。即使是到了近代，极力倡导罪刑法定原则、强调国家制定法的重要性的古典刑法学者也没有否认社会伦理规范在刑法中的价值，并且还都在不同程度上强调了社会伦理、习惯对于违法评价的意义。如 M. E. 麦耶就主张违法性的本质在于违反国家所承认的文化规范。他认为，要建立法秩序，说明违法性的本质，必须从法秩序以外的地方着手，也就是要回到产生法律的地方去找，那就是先于法律而存在的规范复合状态，也就是刑法所赖以建立的文化价值观。法规范只是对于国家机关有意义，而一般国民则对其完全不知，支配人们生活的是"文化规范"。③ 他还指出，习惯法对于刑法而言"更重要的是其积极的方面。特定种类的习惯在我们刑法维护的其他途径上对各种最深之层面都有影响，虽然不说服或否定法律条文，但影响着对行为的说明并支配着法律条文的解释"。因而，"刑法规范的内容因其他领域习惯法的形成而发生变化（如侮辱）。"④ 此外，就是强力主张违法类型法定化、形式化的贝林格也强调了道德、习惯对于刑法的意义。他指出，习惯法不受影响地确立排除可罚性之理由、降低可罚性根据，或者进而确定其内容。基于习惯法而排除刑法实定法的可罚性，就意味着赋予了习惯法一种为实定法价值基础的超实定法的效力。在另一篇文章中，贝林格还明确写道："这样一种实证主义是可能的，其不再是无条件、无限制地承认国家实定法的法律性，而是赋予其他的积极要素以一种高于实定法的优先地位"，使其"能够撤销实定法的效力"，从而出现双重的法律秩序。⑤ 在此，贝

---

① 许发民：《论刑法的伦理品格》，载《法律科学》1997 年第 4 期。

② 高金桂：《利益衡量与刑法之犯罪判断》，台湾元照出版有限公司 2003 年版，第 87 页。

③ 马克昌主编：《西方刑法学说史略》，中国检察出版社 1996 年版，第 230 页。

④ 王安异：《合目的论与我国刑法解释》，载《武大刑事法论坛》（第 1 卷），中国人民公安大学出版社 2005 年版，第 129 页。

⑤ 王安异：《合目的论与我国刑法解释》，载《武大刑事法论坛》（第 1 卷），中国人民公安大学出版社 2005 年版，第 129 页。

林格更为明确地指出了社会道德、习惯在刑法中作为实定法的价值基础的功能，甚至主张其具有超越实定法的效力。

在我国，由于缺乏宗教文化的洗礼和自然法理念的熏陶，法律既缺乏神圣性也缺乏社会性。长达两千多年的封建专制体制所形成的法文化就是：法是统治者意志的体现，是禁奸止恶的工具，是统治者掌握的统治人民的器物。在新中国成立以后一段时期，由于受到当时政治气候的影响，在法学理论中更多强调的是法律的阶级性、国家性，而忽视了法律的社会性、市民性。这导致法律至上的观念，国家和法是市民社会的产物、是为市民社会的利益服务的观念始终未能确立。就刑法而言，就更是一直作为统治者维护统治的工具而存在的，中国几千年的法制史其实就是一部刑法史。在这样的一种法律文化中，国民对刑法普遍缺乏信任和认同，对刑法的信仰更无从谈起，而更多的是冷漠、厌恶、规避与拒斥。在国人（包括立法者与司法者）的观念中，刑法就是"刑罚"，是统治者的统治工具、是国家的"刀把子"，根本没有市民刑法的意识。因此，在现代刑法学的研究中，更需要淡化刑法的统治工具意识，注重刑法的规范性、社会性。这样的刑法才是与人民生活相表里，真切反映国民自身价值需要的规范。因为，社会是由每一个个体成员组成的，在组成社会以后，为了社会的和谐发展，保障个人权利与利益，人与人之间得以形成规整相互关系的规范。这一规范必然以共同的价值标准为依归，而基于共同的价值标准所形成的标准不外乎人类之间共同的人伦常理。而且，社会道德规范是与国民心理紧密相联系的，把法律看作是社会中通行的道德伦理、价值观的体现与升华，从社会的角度来解读违法，这对于养成国民对法律的信仰、确立法律在社会生活中的崇高地位有着积极的意义。因为，除非人们觉得那是他们的法律，否则他们就不会尊重法律。一味地强调刑法与道德、社会伦理无涉，会使国民对刑法产生疏离感、不信任感，无法形成良性的刑法文化。

二、刑事违法中的道德伦理基础

任何法规都必须建立在特定社会的伦理基础上，伦理规范涉及的是"事实上支配一个民族的一些标准"[①]。不考虑违法行为的社会规范违反性就切断了法规范与其正当性根据之间的联系。同样，社会规范也起着在刑法的背后支撑刑法规范的功能，社会规范的评价实际上是刑法违法性的评价基础。正如韩忠谟教授所言，"所谓犯罪不外为社会伦理生活之矛盾现象，与违反道德规范

---

① ［德］卡尔·拉伦茨：《法学方法论》，陈爱娥译，商务印书馆 2003 年版，第 27 页。

之行为并无根本差异，所不同者，及犯罪所触犯之规范曾经国家以刑法之形式予以明白界定而已。"① 如果只将刑事违法本质限定为现实的法益侵害或社会危害，就未免忽视了犯罪行为道义的、伦理的背景。如果仅有现实利益的侵害或威胁，而没有伦理道德的违反、没有道义非难的必要，行为人就只需承担恢复、补偿利益的责任，而不应受到刑罚的处罚。因为犯罪在本质乃是侵害社会秩序之行为，这里所谓的秩序，并不只是物质的，而且是伦理的、规范意义上的。刑事违法不仅仅意味着国家对行为在规范立场的否定评价，还得打上道德评价的烙印。正如川端博所指出的，"刑法系以保护法益而最后以维持社会伦理秩序为目的，并非以维持社会伦理秩序为直接目的。基此，只要非侵害法益或法益侵害危险之行为，纵然系违反社会伦理规范之行为，也不构成刑法之违法行为。换言之，刑法之目虽在于保护法益，然在法益保护之规范机能中，事实上应肯认具有实现从属关系之维持社会伦理机能。"② 因为，"刑法上的基本违法现象……是道德上应受谴责的，不仅仅意味着对行为的非议，而且是对行为者的蔑视。"③ 德国学者耶塞克在阐述违法性的实质时也指出，"法与道德并非相互无关，法与道德存在广泛的一致性……刑法的价值不仅包含纯粹的功利价值，而且一般意识所承认的、共同社会生活的繁荣赖以依存的伦理价值也占了大部分。"④ 实践中，刑事违法性的评价也是和社会伦理规范密切相关的。如迷信犯不构成犯罪的原因并不在于其不能够造成法益侵害的危险，而是从社会的通念、从法秩序的角度而言，这种行为是荒唐的，是不值一提的，从刑法的角度不值得做出违法的评价，这也是其与不能犯的根本区别。某些以往不为法秩序所容忍的行为，如通奸、淫乱等行为的非罪化的原因也是因为得到社会的认同或容忍。而这恰恰是社会伦理规范发展的结果，并不是依据法益的衡量做出的判断。在刑事违法性的评价中引入社会伦理、国民的道义观念以及社会正义的要求，还可以避免纯理性思考的片面性，防止法官急切地依据刑法的文字形式对行为人作出评价。

当然，刑事违法性中所考虑的道德应当是何怀宏教授所指的一种"底线的道德伦理"。这种底线伦理的内容主要是否定的、消极的"不做什么"，而不是肯定的、积极的"做什么"。⑤ 这和哈耶克所主张的"否定性的正义观"是相暗合的，都是强调以消极的思维模式来界定正义，即通过在"不正义"

---

① 韩忠谟：《刑法原理》，中国政法大学出版社 2002 年版，第 76 页。

② 余振华：《刑法深思、深思刑法》，台湾元照出版有限公司 2005 年版，第 17－18 页。

③ ［德］哈贝马斯：《在事实与规范之间》，童世骏译，三联书店 2003 年版，第 252 页。

④ 张明楷：《法益初论》，中国政法大学出版社 2000 年版，第 102 页。

⑤ 何怀宏：《底线伦理》，辽宁人民出版社 1998 年版，第 5 页。

上达成共识以避免非正义从而实现正义。在刑事违法性中，社会道德伦理的功能就是这样一种否定性的正义标准。强调刑事违法的道德违反性只是强调道义上的可责难性为刑事违法性判断的必要前提，体现道德评价对于刑罚适用的控制功能。而不是反之，将社会伦理道德作为违法评价的标准，甚至将刑法作为推行道德的工具。我国古代刑法最大的缺陷并不在于强调法的道德伦理内涵，而是道德的法律化，将刑法作为维护反映皇权意志的封建道德礼教的工具。而相反，统治者制定的法律则根本未受到社会道德规范的有效制约和批判。我国两千年的封建专制社会并非无法，而是缺乏对法的精神的理解，忽视法作为社会生活规范的意义。因此，在实践中就缺乏超越皇权意志的"社会法"、能动的司法制度来对皇权加以制约和抗衡。从法家倡导"以法制国"之始，法律和司法一直被视为皇权意志的产物，皇帝的旨意就是法，司法的过程就是这一意志的贯彻。正如黄宗羲所指出的，三代以下之法，尽为一家之法，也即只是反映帝王一家利益而不是天下人利益之法。因此，这里的法只是体现皇权意志的统治工具，并不是国民意志和现实社会生活的体现，而是以皇帝的意志为唯一源泉并作为制约官吏与民众的手段而存在的。相反，它自身却根本不受到任何的制约和批判，所谓的司法也就只是维护皇权统治、维护帝王一家利益的工具。这才是导致中国传统社会法治衰微、民权无以保障的主要原因。

虽然，在当今多元价值观并存的社会中，确定具支配力的社会伦理为何是较为困难的，什么是伦理上容许的，什么已经不被容许，在很多领域尚不能得到一致的见解。但是，我们不能由此否认社会伦理在法律判断中的价值，放弃对公正与正义的追求。在社会生活的潮流中把握作为刑事违法性评价基底的社会伦理规范本身就是法官的责任。作为法官而言，不允许胡乱的沉缅于相对主义的立场，必须从维持法的安定性和适合于社会进步这种观点，找到应该能够成为适当的刑事审判标准的伦理规范。司法裁判正是依据特定的法律评价标准及许多它自己发展起来的基准，来具体化"社会伦理的"[①]。而且，作为刑事违法性本质之一的道德违反指的是社会的最低限定的道德标准，即底限的伦理，应当予以刑事违法性评价的应当是社会普遍认为违反社会相当性的侵害利益的行为。因为，只有以社会历史长河中所孕育的伦理规范和国民健康的道义观出发，才能恰当地将值得刑罚处罚的行为评价为刑事违法。刑法的评价不应当超出社会伦理规范容许的范围，相反，应随着社会道德观念的变化而逐步缩小。如对有关淫秽物品的犯罪、性犯罪等有很强道德伦理特征的犯罪的评价应当随着社会价值观念的开放而逐步放宽。

---

① ［德］卡尔·拉伦茨：《法学方法论》，陈爱娥译，商务印书馆 2004 年版，第 170 页。

三、法益侵害说与规范违反说的融合

我国学者支持法益侵害说的一个重要理由就是：法益侵害说立足于个人主义与自由主义的观点，通过将侵害或者威胁法益这种客观事态作为违法性评价的基础，可以有效地防止法官在违法性评价上的恣意，与规范违反说相比，可以更好地对国家刑罚权的发动加以限制、保障公民的权利和自由。因此，他们极力倡导法益侵害说，反对规范违反说，并对折中的二元说也提出了批判，认为这是对法益侵害说和规范违反说的调和，结局还是行为无价值。[①]

笔者认为，上述学者的观点并不完全妥当。所谓的考虑到法益侵害与规范违反两者的二元论，既不是二者简单的调和，更不是二者的相加，而是综合二者的机能性考察。上述学者的批判可谓是误解了二元论的立场。二元论不应是无原则的折中，而是考虑到不同案件的特点及实际情况，从法益侵害和规范违反两方面来考察可否作出刑法上的无价值判断的综合评价。

毫无疑问，法益侵害说的立意与初衷均是合理的。但是，我们必须注意到，由于对法益概念本身的不同认识，在德日国家已经导致理论上的广泛争议，在没有厘清法益的概念之前，在我国笼统的倡导法益侵害说而反对规范违法说是不妥当的。因为，法益并不是一个裸的事实，而是经过法的评价的规范概念。而刑事违法性本身就是一种规范评价的体现，如果坚持法益侵害的违法性本质，那么这里的法益概念只能是包含规范评价的抽象的法益。就像大塚仁教授所指出的，"法益本来就不是偶然性的存在，而是在制定、维持刑法的国家和社会中，根据各种文化传统和现实的必要性，需要由实定刑法加以保护的生活利益。它依存于人类长期育成的文化，即以其中包摄着的道德、宗教、政治、经济、艺术等所有东西的文化为基础，并且从现今国家性刑法的观点来考察，这种文化不是漠然的人类文化，而是受到民族传统和现实国家制约的具体文化。"[②] 这样一种以文化为基础的抽象的法益概念为基底来界定违法性本质的法益侵害说很难说与规范违法说有着实质的区别。

实际上，在德日国家，主张法益侵害说的学者也并不认为任何法益侵害行为都是违法，而是主张从国民的立场来对其加以限定，认为只有在国民道义立场看来值得处罚的法益侵害才是违法的。而如果进一步对这种国民的立场进行考察，那么就只能归结到一般的社会伦理价值、社会相当性。所谓考量行为的社会相当性的法益侵害说，只不过是变化了一种说法而已，实质上与学者们所

---

① 张明楷：《法益初论》，中国政法大学出版社 2000 年版，第 206－207 页。

② ［日］大塚仁：《犯罪论的基本问题》，冯军译，中国政法大学出版社 1993 年版，第 11 页。

主张的二元的行为无价值论没有实质区别。有学者就直接指出，"主张法益侵害说之学者认为并非造成任何轻微法益侵害之行为皆具有违法性，行为违法性具备与否应以全体国民认为值得处罚者为限，而若将该全体国民之观点解为系'道义秩序'及'社会相当性'二者，则法益侵害说与规范违反说二者在实质上并不具有差异性。"①

四、二元的行为无价值论与刑事违法性的本质

在德日国家刑法中，法益侵害说与规范违反说是有关违法性理论的对立。而犯罪构成理论的通说又是将对行为的违法性评价与对行为人的责任评价相区分，也即违法性是不含责任要素的客观评价。在这样的理论背景下，将违法性的评价客观化，将违法性的本质归结为现实的法益侵害的法益侵害说确有其积极的价值。因为，在坚持违法性评价的客观性的同时，将有关行为人规范违反的要素放在责任评价中加以考察，可以保障刑法适用的合理性、正当性。但是，与德日国家刑法理论不同，我国刑法中刑事违法性并不是与责任评价相区分的部分评价，而是既包括对行为侵害性的客观评价也包括对行为人的道义评价在内的一体评价。在这样的理论体系中，如果采纳传统的结果无价值论的观点来评价刑事违法性，就有忽视对行为人的道义谴责性和社会评价而导致客观归罪的危险。

因此，从我国刑法的现实规定与刑法实践的社会基础来考虑，应当扬弃传统的法益侵害说的观点，而以二元的行为无价值论来认识刑事违法性的本质。

第一，结果无价值论与行为无价值论两说均有其部分的真理，既不能毫无保留地接受，也不能全然抛弃。无论是在刑事立法还是在刑事司法中，对行为的评价都是综合考量二者的结果。完全抛弃行为的规范违反性仅仅从结果的侵害性来决定罪与非罪，不但是偏颇的，而且会与司法实践理念和社会通行的价值观念相违背，最终导致刑法的权威性丧失。如我国刑法规定的赌博罪、聚众淫乱罪、污辱尸体罪、侮辱罪等，对这类犯罪，如果不考虑行为的社会规范违反性，根本无法对行为作出恰当的评价。

第二，从法律的结构来看，在形式的法规范背后，还存在文化规范、伦理规范以及法秩序的整体目的等内容。作为"其他法的保护法"性质的刑法直接负有的是维护社会整体法秩序的义务，而只是间接地维护已经为其他法律所保护的利益。正如雅克布斯所指出的，"刑法保护的不是法益，而是规范的有

---

① 余振华：《刑法违法性理论》，台湾元照出版有限公司 2001 年版，第 9 页。

效性，社会这一形态就意味着规范联系。这不是说刑法防止的是破坏法律，毋宁说是刑法保障破坏法律被作为破坏法律而不是被作为某种社会上正常的事来理解。"① 虽然，法律的根本目的就在于保护人类的生活利益，但是，社会并不是一个纯粹的利益组合，而是一个规范的组织体。人类的生活利益并不是一种孤立的存在，而是包含在社会文化规范之中并通过它加以体现的，法益保护的实现包含于对社会伦理秩序的保护之中。刑法上的违法不仅是对法所保护的"现实利益"的侵害，更是对社会整体法秩序的违反。在刑法中，法益侵害是违法判断的一个基本要素，缺乏法益侵害或是威胁的行为不应评价为刑事违法。但是，刑法对法益的保护，必须限定在社会相当性的范围内，即历史形成的、市民社会伦理秩序范围内。具备社会相当性的法益侵害或者威胁的行为不应当被评价为刑事违法。

第三，日本学者前田雅英曾指出，"对于犯罪论体系来说，最为重要的是，与具体的社会变化相适应，保持一种与国民的当罚性判断相关联的灵活性与开放性，尤其要适应刑事政策的要求。因此，应在某种程度上允许在体系的诸要素中注入政策性的因素。从而使犯罪论体系时常接受具体合理性的审查。"② 在违反社会相当性的视角下评价行为对现实利益的侵害与威胁的二元论立场，正可以通过对行为社会规范违反性的评价将刑法的评价引向社会生活，将刑事违法性的评价与国民的当罚性意识相联系，从而保持刑法体系的开放性，为犯罪论体系的开放结构提供可供检验的社会资源。这刚好又和刑事违法性中的社会规范价值相互回应，可以更好地实现刑法评价的正当性、合理性。

因此，在我国刑法中，采利益侵害与规范违反的二元论立场，将刑事违法性的本质定义为违反社会相当性的利益侵害与威胁是最为妥当的选择。

---

① ［德］格吕恩特·雅克布斯：《行为、责任、刑法》，冯军译，中国政法大学出版社 1998 年版，第 1 页。

② ［日］前田雅英：《刑法总论讲义》（第 2 版），东京大学出版会 1996 年版，第 93 - 94 页。

第六章　刑事违法性理论的实践价值

第一节　刑事违法性理论与罪刑法定思想

刑事违法性的评价是刑事司法活动的主要内容和目的。有人担心，突破形式从价值内涵来理解刑事违法，会不会戕害罪刑法定原则在刑法中的价值，甚至会破坏刑事法治。实际上，罪刑法定原本就不仅是一条文本上的原则，而是具有深刻价值内涵的刑事法治精神的体现，准确把握罪刑法定的精神和从价值内涵把握刑事违法性两者是相统一、相辅相成的，刑事违法性理论的研究不仅不会戕害罪刑法定原则在刑事司法中的价值，而且有助于罪刑法定司法理念的实施。

一、罪刑法定原则的思想基础

一般认为，罪刑法定原则的思想渊源是自然法理论、三权分立思想和心理强制说。

（一）自然法和社会契约理论

17 世纪，随着自然科学的发展，欧洲发生了巨大变化，怀疑论思潮兴起，导致天主教的精神秩序和封建主义世俗秩序均受到了挑战。在法律领域出现的"启蒙的理性的自然法"对传统自然法学说作出新的表述，并在 17、18 世纪的欧洲大为盛行。其中对罪刑法定原则诞生产生直接和重大影响的是英国学者洛克的思想。洛克认为，在法律产生前，人类处于一种自然状态，这一自然状态是完全自由和平等的状态。在此自然状态下，理性，也即自然法，教导人类不得侵害他人生命、健康、自由和财产，而每一人均有权以制止违反自然法为度，惩罚违反自然法的人。但由于缺少明文规定、众所周知的法律规范，缺少一个有权依法裁决争端的裁判者，缺少保证判决执行的权力，自然状态就存在缺陷：一方面自然状态中秩序缺乏稳定的保障，另一方面每个人在惩罚违法者时，难免因事关自身而过度。因此，人们同意缔结契约组成国家，并将立法、刑罚等权力让渡给国家，"于是每一个别成员的一切私人判决都被排除，成了仲裁人，用明确不变的法规来公正地和同等地对待一切当事人；通过那些由社会授权来执行这些法规的人来判断该社会成员之间可能发生的关于任何权利问题的一切争执，并以法律规定的刑罚来处罚任何成员对社会的犯罪"①。由此，洛克阐明了刑罚权源于自然状态下的私力处罚权，因此，其目的只能用于保障和增进个人幸福和安全，并受此目的的限制，政府在任何情况下都不得侵犯个人的天赋权利。这一自然权利和社会契约学说为罪刑法定原则提供了根本的思想理论基础。

（二）三权分立的政治思想

孟德斯鸠赞同洛克的自然权利学说，他认为，法律与自由密切相关，个人自由只能依靠法律来保障。"自由是做法律所许可的一切事情的权利，如果一个公民能够做法律所禁止的事情，他就不再有自由了，因为其他的人也同样会有这个权利"②。但无限制的权力必然导致政府腐败，并损害人民的自由。为限制权力滥用，保障公民自由，孟德斯鸠提出了三权分立的制度设计构想。他指出，为防止滥用权力，必须以权力制约权力。为此，将国家权力划分为行政、立法、司法三个方面，使三种权力相互独立，并由不同机构行使，从而实现权力间的制衡。对于什么行为是犯罪、应予何种处罚，都应由立法机关事先做出规定，并且，这一规定应该是理性的，"刑罚不是依据立法者一时的意念，而是依据事物的性质产生出来的。"而司法机关只能按事先确定的法律定罪处刑，做出符合法律规定的判决。三权分立思想是罪刑法定原则在政治法律方面的直接思想基础。

（三）心理强制说

费尔巴哈认为，国家存在的目的在于使人民拥有自由，因此不允许发生权利侵害。为此，最有效的方式是使人从心理上不能产生权利侵害动机。因为人是理性动物，有趋利避害的本能，所以只要触犯法律将招致的痛苦较之违法行为的欲求不能被满足而产生的痛苦更大，那么违法行为就能够被阻止了。为使人们对触犯法律必然招致痛苦有明确认识，就要求法律规定犯罪行为的必然后果。为实现威慑目的，刑罚法规还必须是适用刑罚的唯一依据并具有确定性。当法律明确规定了刑罚是犯罪的必然后果，有犯罪必有刑罚，则人们自然会基于利害计算而选择抑制犯罪行为，以免触犯法律而招致刑罚

①　［英］洛克：《政府论》（下篇），叶启芳、瞿菊农译，商务印书馆 1964 年版，第 59 页。

②　［法］孟德斯鸠：《论法的精神》（上册），商务印书馆 1961 年版，第 154 页。

引起的更大痛苦。

随着时代的发展，特别是民主、人权思想的理论复兴，作为罪刑法定原则的早期思想渊源的前述三项理论的局限性也渐渐暴露，不少学者对之提出了批判。

第一，对自然法思想的批判。古典自然法经过了 17、18 世纪的辉煌后，在 19 世纪遭到猛烈批评。在 18、19 世纪之交，科学思维和哲学思维里，一种同历史的新的关系明显可感。对启蒙运动来说，历史上的人基本都是相同的，各个时代的差别首先是由于它们所达到启蒙程度的不同，历史的运动被理解为人类进步的过程。而按照历史主义的理解，各个时代和各个民族的人之间存在深刻不同，因为他们深深打上了他们对传统即历史的思维和价值观念的烙印。历史不再被理解为直线进步，而是极其复杂、不能机械理解的有机发展。① 在德国和英国，反对自然法学派所倡导的理性主义的历史法学派运动高涨，并推动了对法律史，特别是对形成法律的各种力量的研究。萨维尼认为，自然法是一个不足为据的超经验的先天假设，并认为通过人类普遍理性制定出人类普遍适用的法典完全是幻想，法"首先是通过习俗和民众信仰，然后通过法学被形成，也即到处是假手内在的、静默作用的力量，而非借助立法者的意志"②。梅因也认为"自然状态"是幻想，自然法根本不存在。总之，在自然法的反对者看来，自然法更多是语词和概念上的，而非历史的和现实的。

第二，对三权分立思想的批判。三权分立思想要求权力分立，立法机关制定法律，司法机关依法裁判，这否定了罪刑擅断，为成文法主义奠定了基础，但不能为罪刑法定的其他内容，如禁止制定事后法、法律明确性等精神提供理论依据。还有批评认为，"就司法而言，这个原则的深刻意义不仅在于排除了对于立法和行政行为的司法审查权，而且还导致否认法院通过解释法律条文具有的'制法'功能。然而，这种立法至上在逻辑上的内涵，并未能阻止现代大陆法各国的法制正日益朝着某种形式的司法审查靠拢，也同样未能削弱其重要性在事实上的增强。"③

第三，对心理强制说的批判。心理强制说以理性人为假设，认为犯罪是人自由意志的产物，是基于利害权衡作出的选择。但通过对犯罪的统计和实证调查以及犯罪原因的社会学研究，很多学者明确对此提出批评。如意大利学者菲

---

① ［德］H. 科殷：《法哲学》，林荣远译，华夏出版社 2002 年版，第 27－28 页。
② ［德］弗里德里希·卡尔·冯·萨维尼著，［德］艾里克·沃尔夫编：《历史法学派的基本思想（1814—1840）》，郑永流译，法律出版社 2009 年版，第 8 页。
③ ［美］格尔登·戈登·奥萨魁：《比较法律传统》，米健、贺卫方、高鸿钧译，中国政法大学出版社 1993 年版，第 37 页。

力否认自由意志论，认为人的自由意志的观念是中世纪个人道德责任观念的残留，它仅是一种幻想，"它的产生完全是由于我们不认识在做出决定时反映在我们心理上的各种动机以及各种内部和外部的条件"①，"当用现代实证研究方法武装起来的近代心理学否认了自由意志，并证明人的任何行为均系人格与人所处的环境相互作用的结果时，你还怎么相信自由意志的存在呢?"② 黑格尔反对心理强制说中的功利因素，认为凭此不足以说明刑罚的合法性，"如果把犯罪及其扬弃（随后被规定为刑罚）视为是一般祸害，于是单单因为已有另一个祸害存在，所以要采用这一祸害，这种说法当然不能认为是合理的"③。他在评论费尔巴哈的刑罚理论时指出，费尔巴哈的刑罚理论以威吓为依据，"就好像对着狗举起杖来，这不是对人的尊严和自由予以应有的重视，而是像狗一样对待他……心理的强制仅仅跟犯罪在质和量上的差别有关，而与犯罪本身的本性无关，所以根据这种学说制定的法典，就缺乏真正的基础。"④ 埃里克·沃尔夫则通过对犯罪原因的实证调查，也否认了心理强制说，他认为：行为人基于快乐与痛苦的比较而实施犯罪的情形极为罕见；行为人之所以实施犯罪，通常是因为在实施犯罪行为前存在一种侥幸心理，以为犯罪后不会被发现，可以逃避刑罚处罚；如果没有这种侥幸心理，则不会实施犯罪行为。⑤ 李斯特也否认犯罪人有自由意志，认为犯罪是由人类学的原因和社会学所决定的。⑥ 可见，心理强制说遭到来自实证心理学、社会学、人性尊严的哲学等各方面的否定，其作为罪刑法定原则的基础的确具有重大欠缺。

由于罪刑法定原则早期思想渊源不足以支撑现代法治下的罪刑法定原则，理论上要为罪刑法定原则的存在寻找新的更为坚实的理论基础，以支持其作为刑法基本原则的重要地位。特别是，从 19 世纪下半叶到 20 世纪初，伴随着社会本位思潮的兴起，完全体现个人本位的罪刑法定原则受到一些学者的批评和质疑。尤其德国、日本一些学者受国家主义影响，提出罪刑法定取消论和恢复

---

① ［意］菲力：《实证派犯罪学》，郭建安译，中国政法大学出版社 1987 年版，第 16 页。

② ［意］菲力：《实证派犯罪学》，郭建安译，中国政法大学出版社 1987 年版，第 9 页。

③ ［德］黑格尔：《法哲学原理》，范扬、张启泰译，商务印书馆 1961 年版，第 101 页。

④ ［德］黑格尔：《法哲学原理》，范扬、张启泰译，商务印书馆 1961 年版，第 102 页。

⑤ ［日］木村龟二编：《刑法学入门》，有斐阁 1957 年版，第 53 - 54 页；转引自张明楷：《罪刑法定与刑法解释》，北京大学出版社 2009 年版，第 18 页。

⑥ 张明楷：《刑法格言的展开》，法律出版社 1999 年版，第 25 页。

类推等主张。但罪刑法定原则仍得到大多数法学家的支持和维护。① 纳粹德国刑法及其专制统治的教训使二战得后人们对罪刑法定原则与民主法治的关系有了更深刻的认识。因此，探寻罪刑法定的理论基础并不全然是一理论问题，而是有着重要的现实意义。一般认为，罪刑法定原则的当代思想基础主要是民主主义与尊重人权主义。

第一，民主主义思想。民主主义涉及国民能否实现在刑事法领域自己统治自己的问题。根据民主主义的要求，犯罪与刑罚必须由国民的代表机关制定的法律来规定。这就是为了防止国家权力恣意行使的危险，必须由民主制定的法律规定犯罪与刑罚。这是因为刑法的处罚范围与程度直接关系着每一个人的生命、身体、自由、财产与名誉，属于特别重大的事项。如果规定这一重大事项的法律不能反映国民自己的意志，则罪刑法定的意义也就化为乌有。所以，应当由国民决定什么行为是犯罪、对犯罪科处何种刑罚。由此而制定的刑事法律，当然是为了保障公民权利和自由的实现。因此只有在不得不依据刑罚来处罚某种行为从而使国民重大利益得到保护的情况下，才有通过刑事法律将某类行为规定为犯罪并设置相应刑罚的必要。因此，民主主义是实现实质法治的重要保障，它保证了适用于国民的法律具有社会正当性。

刑法一经制定，便由司法机关适用，司法机关适用刑法的过程，也是实施国民意志的过程。由于刑法是国民意志的体现，故司法机关不能随意解释刑法，尤其不能类推解释，任意适用。又由于刑法是国民意志的体现，它要尽最大可能、最大限度地保护国民的利益，如果扩大处罚范围，就必然侵害国民的自由。这便要求禁止处罚不当罚的行为。正义与公平是国民的当然要求，立法机关根据国民意志制定的刑法，必须体现正义与公平。所以，刑法必须规定与犯罪相均衡的刑罚，并禁止残酷的刑罚。

第二，尊重人权思想。人权是指人因其为人而应享有的基本权利，具有丰富的内涵，当代许多国家的法律文件以及国际条约中都写入了保障人权的内容。我国十届全国人大二次会议通过的宪法修正案中，也把"国家尊重和保障人权"正式载入了宪法文本。随后，2012 年的刑事诉讼法将尊重和保障人权纳入刑事诉讼的任务和原则。从保障人权的角度看，罪刑法定原则的基本价值目标就是要求国家履行其保障人权的义务，这意味着对国家公权力的限制。

---

① 欧洲 20 世纪 30 年代关于罪刑法定原则的争论，参见〔法〕卡斯东·斯特法尼：《法国刑法总论精义》，罗结珍译，中国政法大学出版社 1998 年版，第 144 - 146 页；日本牧野英一等学者在"二战"前废除或限制罪刑法定原则主张的讨论，参见〔日〕中山研一：《刑法的基本思想》，国际文化出版公司 1988 年版。

为了保障人权，不致阻碍国民的自由行动，不致使国民产生不安感，就必须让国民能够事先预测自己行为的性质与后果。因此有必要将国家刑罚权与抽象的法律相联系，法官仅能依据事先公开的法律中的明文规定来定罪，并且只能在所预告的法律范围内适用刑罚。当国民事先能够根据成文刑法预测自己的行为性质时，就不会因为不知道自己的行为是否会受到刑罚处罚而感到不安，也不会因为不知道自己的行为是否会受到刑罚制裁而不敢实施合法行为。国民对自己行为的性质与后果具有预测可能性的前提是事先有成文法的规定，这便是法律主义。事后法不能使国民具有预测可能性，因此，必须禁止刑法溯及既往；如果在有成文法的前提下实行类推解释，国民也不能预测自己的行为是否会被解释为犯罪，导致自由被侵犯，故必须禁止类推解释。刑法是裁判规范与行为规范，如果含混不清、模棱两可或者前后矛盾，法官就无法裁判，国民也因为不能预测自己行为的性质而左右为难，由此产生了刑罚法规的明确性原则。刑法是通过限制自由的手段来保护自由的，二者之间始终存在一个平衡问题，故刑法的处罚范围必须合理，否则便与刑法的宗旨相矛盾。[①]

二、罪刑法定原则的价值内涵

回顾罪刑法定原则的历史发展可以看出，罪刑法定原则经历了一个从形式到实质，从单纯限制司法权到既限制司法权又限制立法权，从而对国家刑罚权整体加以限制、以保障公民权利的发展过程。要正确理解罪刑法定思想，就必须合理把握罪刑法定原则的价值内涵。

作为刑事法治基石的罪刑法定原则是欧洲启蒙运动的产物，从其诞生之日就被打上了时代的烙印。在欧洲资产阶级革命之前，刑事司法领域的罪刑擅断、酷刑迫害登峰造极。以旧制度下的法国为例，刑罚是不平等的，刑罚执行方式是残酷和野蛮的，犯罪没有确切定义，个人没有丝毫的安全保障足以避免国家在镇压犯罪时的过火行动。刑法的适用范围扩展到了调整社会关系之外，甚至超越了对意识的统治。[②] 因此，防止法官在运用法律过程中的主观恣意，对司法者的权力给予足够的限制就成为这一时期的主要目标。另外，19 世纪以来科学与技术取得了惊人的成就，这使人们相信科学是处理所有问题的最可靠的方法。人们试图以物理学原理解释一切。许多研究社会科学的学者也加入了进来，采用科学的方法来研究社会。认为依照社会发展的基本准则，社会可以得到科学的研究和改造。他们天真地认为，人生而具有智识与道德的秉赋，

---

① 张明楷：《刑法学》（第 4 版），法律出版社 2011 年版，第 52 页。
② 黄风：《贝卡利亚及其刑法思想》，中国大百科全书出版社 1987 年版，第 2 页。

能使人审慎思考而建构文明，借助于普遍理性的方法，社会就能得到最大程度的建构。在法律领域，自然法思想认为"存在着独立于宗教信条的个人自治的自然原则，由此而派生出法律规范制度，如果这些规范被有目的地以一种条理清楚的形式加以制定，那么一个伦理与理智的社会秩序的基础即由此而得以奠定"①。因此，19世纪初法律界主流思想主张运用理性的力量制定严密理想的法律体系，力图系统地规划出一部包含各种各样的法律规则和原则，并可以适用于社会生活各种情况的完美法典。相应的，在法律适用中，他们否定法官的自由裁量权，甚至对法律的解释，认为立法是公意的体现，是人的理性结晶，各种法典已经实现了尽善尽美的理性，具有绝对的正当性，只要司法者严格依据法律的规定去适用就能实现社会的正义，保障个人的自由。

在这样的时代背景下，早期的罪刑法定原则着重强调的是立法对于司法的形式限制，提倡"无法无罪"、"无法无罚"，要求什么样的行为构成犯罪、对构成犯罪的行为处以什么刑罚，必须有成文法的规定。司法者只能被动地执行法律，而不允许任何的自由裁量。因此，早期的罪刑法定原则是一种严格的、不容任意选择或变通的原则，更多地强调对司法的形式控制，反对司法的自由裁量。在理论上，也称之为形式的、绝对的罪刑法定原则。

绝对的罪刑法定原则描绘了一幅排除了法官裁量的严格、明确的法律适用图景，但其一旦进入现实，就迅速变得黯淡，显得相当不切实际。法国在严格规则主义思想指导下制定了体现绝对罪刑法定原则的1791年刑法。但在1810年，拿破仑颁布的法国刑法典就改变了1791年刑法草案中绝对罪刑法定的规定，对大多数犯罪规定了一定的量刑幅度，并允许法官在法定幅度内的自由裁量。在理论上，绝对罪刑法定原则也面临着无法解决的明确性困境。成文法至上理念下的罪刑法定原则的一个基本要求就是刑法规范的明确性。因此，基于法治安定性、可预测性的追求，罪刑法定原则要求刑法对于所有的犯罪构成要件及其处罚都有明确的规定。然而，刑法规范中大量的概括条款、规范性构成要件要素、开放的构成要件的存在对罪刑法定明确性的要求造成巨大的冲击，使得刑法的绝对明确性成为理论的幻影。而且，由于语言文字本身的局限性，即使是描述性的构成要件，也依赖于法官的解释，没有解释的法律只能是僵死的条文，根本无法实现其应有的功能。因此，企图以立法明确规范所有的现实生活、禁止法官对刑法解释的绝对罪刑法定是无法实现的空想。正如Leckner所指出的，罪刑法定的原初理想只是一个乌托邦，它不可能在刑法中实现。②

---

① ［德］K. 茨威格特：《比较法总论》，法律出版社2003年版，第133页。

② 劳东燕：《罪刑法定的明确性困境及其出路》，载《法学研究》2004年第6期。

19 世纪中叶以后，随着自然竞争资本主义发展到垄断资本主义阶段，各种社会问题纷纷涌现，单纯依靠市场这只看不见的手，已难以保证经济的健康发展，个人本位观念也逐渐被社会本位意识所取代。与之相适应，在法律领域出现了法律社会化运动。在刑法界，以社会防卫论为理论核心的刑事实证学派对奠基于个人本位至上的刑事古典学派及其所倡导的罪刑法定原则提出了强烈的批判，并意图抛弃罪刑法定原则。他们指出，法律的作用不仅仅是为了规制司法者，更是为了实现社会正义，保障人民的福祉、国家的繁荣与人民安宁而幸福的生活。人的理性具有非至上性，意图建立以理性设计的立法为唯一法律的社会秩序规则只能是人类"致命的自负"。为了应对社会生活的发展和理论的非难，适应社会的发展，摆脱理论上的困境，绝对罪刑法定原则最终演变为现代各国所奉行的相对罪刑法定原则。

现代的罪刑法定原则已从当初单纯的强调严格依照实定法定罪量刑的形式原则，转而成为强调限制刑罚权、保障人权的原则和理念的实质追求。它不仅强调罪刑的法定化，更强调刑法适用的正当性、合理性。从单纯依赖立法限制司法到对立法者进行同样的限制，从绝对排斥法官的自由裁量到有条件地容许法官的自由裁量，从单纯追求刑法适用上的形式公正变为兼顾追求实质的公正。经过理论的发展，现代意义的罪刑法定原则已不仅限于强调法律主义的形式侧面的价值，而且更为强调刑法规范制定和适用的正当性和合理性，反对处罚不当罚行为的实质价值。可以说，罪刑法定原则已演化为法治理念在刑事法中的体现。美国学者罗尔斯在论述法治时，就将罪刑法定视为法治的重要原则之一："法无明文规定不为罪的准则及其暗含的种种要求也产生于一个法律体系的观念中。这个准则要求法律为人所知并被公开地宣传，而且它们的含义得到清楚的规定；法令在陈述和意向两方面都是普遍的，不能被当成损害某些可能被明确点名的个人（褫夺公民权利法案）的一种手段；至少对较严重的犯罪行为应有严格的解释；在量刑时不追溯被治罪者的既往过错。上述要求暗含在由公开规则调节行为的概念中。"① 因此，现代以民主主义和尊重人权主义为基础的罪刑法定原则是实质的，其"并非仅具有法实证主义的形式原理之意义，更具有支撑自由主义、民主主义等法治国家之宪法秩序基本原理（实质人权保障）之实质原理之意义。"②

---

① ［美］约翰·罗尔斯：《正义论》，何怀宏等译，中国社会科学出版社 1988 年版，第 228 页。
② 陈子平：《刑法总论》，中国人民大学出版社 2009 年版，第 35 页。

三、罪刑法定原则在我国刑法中的体现

1997 年修订的刑法，从完善我国刑事法治、保障人权的需要出发，明文规定了罪刑法定，并废止类推，在我国刑法史上有重要进步意义。1997 年刑法第 3 条规定："法律明文规定为犯罪行为的，依照法律定罪处刑；法律没有明文规定为犯罪行为的，不得定罪处刑。"本条后段大致相当于罪刑法定原则的经典表述"法无明文不为罪，法无明文不为罚"，但对这一条文整体是何含义其与罪刑法定原则又是何关系等问题，学者之间有不同理解。

第一，全面的罪刑法定说。有学者认为，1997 年刑法第 3 条是积极的罪刑法定与消极的罪刑法定的统一，其前段为积极的罪刑法定原则，它从积极方面要求正确运用刑罚权，惩罚犯罪，保护人民；后段是消极的罪刑法定原则，它是从消极方面限制刑罚权的适用，防止国家滥用刑罚权，侵犯人权。"其中，正确运用刑罚权，惩罚犯罪，保护人民，这是第一位的；而防止刑罚权的滥用，以保障人权，则是第二位的。积极的罪刑法定原则与消极的罪刑法定原则的统一，运用刑罚权，惩罚犯罪，保护人权与约束刑罚权，防止滥用，保障人权的统一，是罪刑法定原则的全面的正确涵义，它克服了西方罪刑法定原则的片面性，是对罪刑法定原则新的发展"[①]。

第二，后段罪刑法定说。有学者认为，1997 年刑法第 3 条前段与罪刑法定无关，后段表述的才是罪刑法定。该说认为，刑法第 3 条后段虽然是对罪刑法定原则的规定，但其前段并不是对罪刑法定原则的规定，而是针对我国刑法分则的特点，防止司法人员随意出罪。换言之，第 3 条前段旨在突出刑法的法益保护机能，后段则旨在突出刑法的人权保障机能。第 3 条要求司法机关对二者进行调和，在充分权衡利弊的基础上，使两个机能得到充分发挥。另外，总体来说，第 3 条旨在限制司法权，只不过前段与后段所限制的内容不同而已[②]。

第三，相辅相成说。有学者认为，并不存在所谓"积极"或"消极"罪刑法定的区分，1997 年刑法第 3 条前段与后段是从正反两个方面来界定"法无明文不为罪"这一罪刑法定原则的基本含义，体现的是对刑罚权的限制，防止刑罚权滥用的人权保障观念，而不能认为第 3 条前段在法律有明文规定的

---

① 何秉松主编：《刑法学教科书》，中国法制出版社 1997 年版，第 63 - 68 页。

② 张明楷：《刑法学》（第 4 版），法律出版社 2011 年版，第 53 - 54 页。

情况下，必须依照法律规定定罪判刑。[①]

有学者批判了第一种观点，认为将刑法的机能与罪刑法定原则的机能混为一谈，也即将刑法是保护机能与保障机能统一的要求，强加给罪刑法定原则的机能上，背离了罪刑法定原则的基本精神。罪刑法定原则的产生与发展的进程表明，该原则旨在保障公民自由、限制国家刑罚权的行使。实际上，罪刑法定原则的机能只能是突出对权利的保障，并体现为对司法机关刑罚权和立法机关制刑权的限制。因此，不可能有所谓"积极的罪行法定"的存在余地。第二种观点在将1997年刑法第3条前段理解为体现了刑法保护机能、而非人权保障机能上与第一种观点实际上是一致的。[②] 区别在于，其否定"积极的罪刑法定"的提法，而主张第3条前段与罪刑法定原则无关。但从1997年刑法对基本原则的规定体例来看，第4条、第5条分别规定了法律面前人人平等原则和罪刑相当原则，均是一个条文规定一项刑法基本原则。将第3条理解为后段规定了罪刑法定原则，前段与罪刑法定原则无关，显然与这一体例不合，也得不到立法资料的支持。第三种观点肯定了1997刑法第3条是对罪刑法定原则的规定，同时，对刑法这一法条规定的合理性提出了质疑，认为罪刑法定原则只能是"消极的罪刑法定"，即第3条后段内容。

从刑事立法的层面上说，在刑法中确立罪刑法定原则，无疑是刑事法治的一次重大进步。但是，如果其价值内涵或是罪刑法定的精神不能厘清，那么其对刑事法治的贡献也只能是纸面上的。日本刑法学者西园春夫在《刑法的根基与哲学》一书中说道："国家制定刑罚法规的必要性，是以对刑罚及刑罚法规所一般具有的机能寄予期望为前提的。"[③] 西园春夫在提到刑法具有的规制犯罪、制止犯罪、惩罚犯罪等一般功能以后还特别提到，"刑罚还有保障功能，即行使保护犯罪行为者的权利及利益，避免因国家权力的滥用而受害的机能。对司法有关者来说，刑法作为一种制裁的规范是妥当的，这就意味着当一定的条件具备时，才可命令实施科刑；同时条件不具备时，就禁止科刑。虽然刑法是为处罚人而设立的规范，但国家没有刑法而要科以刑罚，照样可行。从这一点看，可以说刑法是无用的，是一种为不处罚人而设立的规范。人们之所

---

① 陈兴良：《刑法的明确性问题：以〈刑法〉第225条第4项为例的分析》，载《中国法学》2011年第4期。

② "第3条前段的规定，并不是限制司法机关与立法机关的入罪权、施刑权与制刑权，故与罪刑法定原则没有关联。其次，从实质上说，限制司法机关与立法机关的入罪权、施刑权与制刑权，是为了保障行为人的自由。换言之，罪刑法定原则旨在对适用刑法保护法益进行制约，而第3条前段的内容显然不是如此。"参见张明楷：《刑法学》（第4版），法律出版社2011年版，第53－54页。

③ ［日］西园春夫：《刑法的根基与哲学》，上海三联书店1991年版，第30页。

以把刑法称为犯人的大宪章，其原因就在此。"①

作为现代法治的源头的《人权宣言》曾明确指出"对官员来说，没有授权的都是禁止的，对于公民个人来说，没有禁止的都是允许的"，罪刑法定主义所代表的刑事法治，强调的是对公权力的限制。罪刑法定原则提出的历史背景是处于资产阶级革命前夜的欧洲中世纪，到处充满着专制的黑暗，在司法领域盛行着罪刑擅断的现象。正是针对这一黑暗现象，资产阶级启蒙思想家们提出了罪刑法定、罪刑相应和刑法人道等刑法三大原则，使其成为摧毁当时专制黑暗与司法专横的思想武器。因此，罪刑法定原则的最原始、最本初的机能首先就是体现为对刑事司法权的限制，它要求法官只能根据国家立法机关实现针对一般社会成员制定的成文法律给予具体被告人定罪而不得越雷池一步。在此基础上的禁止类推解释、禁止适用溯及既往的法律、禁止绝对不确定刑，都是这一原则对司法权进行限制的具体体现。因此，罪刑法定实际上是刑事古典学派为防范刑事司法权侵犯公民权利和个人自由的一种思想指导下的制度设计。现代刑法学的奠基人贝卡利亚第一次从理论上阐述了罪刑法定原则的思想，他认为："只有法律才能规定惩罚犯罪的刑罚……超出法律范围的刑罚，也是不公正的。因为这是法律没有规定的一种刑罚。因此，无论有什么借口，无论从社会福利的什么观点出发，法官都不能加重对犯罪所规定的刑罚。"② 由此可见，罪刑法定思想是资产阶级在反封建专制的革命过程中专门为抵制司法专横的罪刑擅断所提出的一种思想武器和制度设计，它能成为一项举世公认的现代刑法原则，不但在于它体现了资产阶级革命的胜利成果，蕴含着对社会公众基本权利的保护，而且还在于它拥有着对现代法治所追求的固有精神，即对国家公权的制约、对国民人权的保障与对法官刑罚权的限制，限制权力的滥用始终是罪刑法定的精髓与本质所在，防止国家这一"利维坦"无限扩张，侵害民权。

在罪刑法定原则的指引与约束下，刑法上的"罪"的法定主要体现在犯罪构成要件的法定类型上。而如何正确地理解刑法规定的构成要件，准确定罪，这就与刑事违法性本质的理解密切相关。以罪刑法定原则为指引，深刻理解刑事违法的本质，才能更加恰当合理地理解、解释刑法的规定。罪刑法定原则不仅意味着对立法权的限制，更意味着对刑事司法权的全面限制。刑事司法如果没有罪刑法定原则的限制，罪刑擅断就难以避免。对刑事司法权限制的目的就是保障公民的基本权利和个人自由不受司法侵犯。罪刑法定原则通过对罪

---

① ［日］西园春夫：《刑法的根基与哲学》，上海三联书店 1991 年版，第 33 页。
② ［意］贝卡利亚：《论犯罪与刑罚》，西南政法学院 1980 年刊印本，第 10 页。

与刑的法定化，为公民提供了行为模式，也使公民对自己的行为具有预见性。罪刑法定主义的古典形态无疑就是建立在人权保障与个人自由的基础之上的。"在第二次世界大战后，罪刑法定主义又重新得以发扬光大，并且进一步派生出了刑罚法规不明确即无效以及实体正当等新的要求，实现了从追求形式合理性的形式的罪刑法定向追求实质合理性的实质的罪刑法定的超越。同时，随着司法经验的积累与立法认识能力的提高，针对传统的罪刑法定主义的严格规则主义的局限，在有利于被告人、犯罪人的前提下，罪刑法定亦逐渐由绝对的罪刑法定原则发展成为相对的罪刑法定原则：即在定罪的根据上，从绝对禁止类推和扩大解释演变为允许有利于被告人的类推和严格限制的扩大解释；在刑法的渊源上，从绝对禁止适用习惯法演变为允许习惯法成为刑法的间接渊源，但必须以确有必要或不得已而用之为前提；在刑法的溯及力上，从绝对禁止刑法溯及既往演变为在有利于被告人、犯罪人时允许溯及既往……经过这样的'并非自我否定，而是自我完善'的转变，罪刑法定原则在强调保障公民权利的同时，也没有妨害对社会利益的保护。"① 这才是罪刑法定原则的本质内涵，也是刑事违法性研究的价值所在。

四、刑事违法性评价的司法误区

现行 1997 年刑法明文规定了罪刑法定原则，结束了对于刑法是否应该写入罪刑法定原则以及是否保留类推等问题的争论。但由于我国法治的进程毕竟还处在初级阶段，从司法人员到每一个公民都需要一个过程来准确理解罪刑法定原则，实践中还缺少把握罪刑法定原则精髓，全身心地坚守罪刑法定原则的精神和理念。其中，集中体现在司法实践中对罪刑法定原则理解和把握的误差。

（一）刑法条文理解的机械化、形式化倾向

罪刑法定原则在我国刑法中确立以后，受到了理论界的广泛好评，这一原则同样也对司法实践产生了积极影响。与此同时，也出现了一种对罪刑法定原则的不当理解和把握，特别是一种对罪刑法定原则的僵化理解倾向，将罪刑法定原则等同于死的教条，将它理解为机械的教义，认为成文刑法应该能够解决所有与犯罪有关的问题，刑事司法被理解为脱离鲜活社会生活事实的单纯逻辑运用，只要正确运用逻辑就能得出唯一适当的结论。一旦作为大前提的法律条

---

① 付立庆：《善待罪刑法定——以我国刑法第三条之检讨为切入点》，载《法学评论》2005 年第 3 期。

文与作为小前提的案件事实之间对应不那么紧密，不能以规则直接照扣事实，法官往往就认为法律规定不明确，要么不知所措，要么向上级法院请示，而不能、不会主动对法律加以解释，探求适当的结论。而有些学者在此情形下也动辄认为刑法条文存在漏洞，只能由修法或立法解释加以解决。例如刑法第 267 条第 2 款携带凶器抢夺的规定，有人即以不明确的规定违反了罪刑法定为由，要求不使用"凶器"一词或者在刑法中对"凶器"的性质与范围作出详尽的规定，否则便违反了罪刑法定。"法无明文不为罪"被机械地理解为"法无明确规定不为罪"，似乎凡是法条没有明确规定的内容，法官在个案中就不能进行合理解释。

罪刑法定原则的早期提倡者曾认为，法学家能够设计出一部容纳了正义的完美刑法典。因此，对法律的进一步解释和阐明是完全不被许可的，也被认为是没有必要的。法官只要按照三段论的逻辑方式来适用这一法典，完全无须行使裁量权，就可以得出唯一正确结论。然而，这一设想在绝对排除了法官恣意的同时，也使得刑法成为绝对封闭的僵化体系，无法适应现实需要。因此，绝对罪刑法定原则最终被相对罪刑法定原则所取代，有限制的司法解释被各国普遍接受。从各国刑法典看，构成要件立法中不可避免地存在一些不够明确或者模糊的情况，有学者称之为开放的构成要件。最常见的是在刑法典中使用一些需要评价的规范性构成要件要素，如"凶器"、"淫秽物品"、"情节严重"、"其他方法"等。这些词语的含义都要求司法人员结合个案事实作出合理、妥当的解释才能明确。由于语言文字的局限性，只有法官的价值判断才能克服成文法的稳定性与社会变化之间的矛盾。如果对罪刑法定原则的理解仍然停留在早期绝对罪刑法定原则的阶段，将刑法视为已完成而无须发展的完美体系，则刑法势必陷入停滞和僵化。

刑法条文的抽象性以及作为法律载体的语言本身的模糊性，使得成文刑法的局限性不可避免。因此，实践中必须要运用司法技术，尽可能阐明刑法含义。刑法的明确性实际上是由立法本身的明确和个案中解释对法律含义的阐明共同构成，各国一般都承认立法表面的不确定性可由司法过程中的解释加以弥补。某种程度上，刑法的含义就是在司法实践过程中不断被通过解释加以明确的。如刑法第 275 条故意毁坏财物罪的规定中"毁坏"的含义，由于之前此类案件不多，理论界和实务界对其含义的认识并无太大分歧，认为就是毁灭和损坏。随着近年来司法实践中涉及这一罪名的争议案件的涌现，对该罪名中"毁坏"一词含义的阐明才得以深入。在一些临界案件中，刑法的含义更是必须通过结合案件事实的解释加以确定。如行为人将被害人的钻戒等贵重物品投入大海，从物理意义上讲，该物品并未受到损害，但实际上，该物品已经无从恢复。如果只是机械地理解"毁坏"一词，则对此类案件的处理不可能得出合理、公正的结论。例如德国刑法第 224 条第 1 款第 2 项使用了"武器"一词，但行为人将盐酸倾倒在被害人脸上时，是否可以认为是"借助武器"造成身体伤害？这就必然涉及对"武器"一词的理解。德国法院认为，因为口语中承认"化学武器"的概念，所以文字意思并不要求将武器的概念限制在机械性作用的工具上。另外，法律的目的也指出，对特别危险的伤害方法应当给予更严厉的惩罚，从而支持在武器的概念中包括化学手段，用盐酸造成的伤害甚至比棍棒的一击还要严重。① 而日本刑法上也使用了"凶器"的用语，日本法院将木棒、铁锹柄、燃烧瓶、空玻璃瓶、石块、水泥块、登山刀等均认定为凶器。② 当然，由于各国规定犯罪构成要件不同，我国司法实践中不宜照搬国外法院对凶器的认定范围来界定我国刑法上规定的"凶器"。但重要的是，应当由此认识到，不能将实践中遇到的疑难问题一概推卸给立法不明确或立法漏洞，并以罪刑法定的名义，得出在立法做出回应以前，司法只能无所作为的结论。相反，大多数情况下，疑难案件中更多需要的是结合具体的案件事实，对刑法条文的合理解释，以求得妥当的裁判结果，维护司法正义。

在司法中，要正确理解罪刑法定原则，不能简单地理解为就是照刑法字面意思执行，而是要以刑事违法性的本质来规范把握犯罪的评价。所谓"法无明文规定不为罪"，不是指对行为人实施具体危害行为的形式、方法、步骤没有明确规定，而是指行为人的行为性质不符合刑法分则条款已规定的任何类型化的犯罪构成，因而不构成犯罪。如果仅仅因为行为的某一具体形式没有为刑法明确规定，便忽视了该行为的本质属性，认为其不构成犯罪，无疑是违背罪刑法定原则本意的。

（二）对罪刑法定原则保障机能重视不够

我国理论界和实务界的主流观点认为，罪刑法定原则承担了社会保护与人权保障的双重机能，认为"在价值观念从个人本位到社会本位，再到个人、社会双本位变迁的社会，罪刑法定的机能也发生了转移。从只重视保障机能，到追求社会保护机能，再到保障机能和保护机能协调发展"③，我国刑法第 3 条独特的表述方式某种程度上似乎也能支持此类解读。故而司法实务界有观点

---

① ［德］克劳斯·罗克辛：《德国刑法学总论》（第 1 卷），王世洲译，法律出版社 2005 年版，第 85 页。本案存在争议，支持的学者如拉伦茨，认为将盐酸解释为武器是可接受的，参见［德］卡尔·拉伦茨：《法学方法论》，陈爱娥译，商务印书馆 2003 年版，第 204 页。

② 张明楷：《简论"携带凶器抢夺"》，载《法商研究》2000 年第 4 期。

③ 王俊华：《试论罪刑法定原则的价值取向与机能协调》，载《当代法学》2002 年第 12 期。类似的观点参见曲新久：《刑法学》，中国政法大学出版社 2004 年版，第 12 页。

就认为，依据刑法第 3 条的规定，我国刑法规定的罪刑法定原则克服了西方罪刑法定原则对保障机能的片面强调，"既通过限制国家刑罚权来保障个人自由，同时也通过设置国家刑罚权来限制个人自由。如果将我国罪刑法定原则只理解为'法无明文规定不为罪，法无明文规定不处罚'，就是只强调了保护，而忽视了打击；只强调了对个人权益的维护，而忽视了对社会整体利益的维护。"① 这类观点源于对刑法自身具有的双重机能与罪刑法定原则的保障机能的混淆。在我国，由于没有经历过文艺复兴这样人性、人道和人权洗礼的思想运动，加上长期专制体制以来形成的通过宗法专制、中央集权体制不断强化的国家本位、社会本位观念是根深蒂固的，这种观念支配下的制度设计无不体现着国家权力的痕迹。因此，社会本位意识在我国历来有着深厚的思想土壤，这与我国传统法制的义务本位观念和实质主义追求相互契合，因此具有很强的社会接受度。在很多司法人员的司法观念中，刑法的功能就是打击和惩罚犯罪。虽然1997 年刑法规定了罪刑法定原则，但长久以来形成的观念仍然影响着对罪刑法定原则的正确理解和接受。部分司法人员受传统观念影响，囿于对刑法保护机能的追求，在具体案件中仍时有偏离罪刑法定原则的行为。

由于刑法是以刑罚作为责任承担的形式，其天然地具有惩罚性，过度地着眼于刑法的惩罚犯罪机能往往会忽视对公民权利的保障。因为，刑法对社会的保护主要是通过惩罚和预防犯罪来实现的，而惩罚和预防犯罪又是刑罚的根本目的和任务，所以，刑罚对刑法保护机能的产生起着基础性的作用。而人权保障机能则并非刑法所固有，恰恰是随着近代民主法治的发展，由罪刑法定原则所赋予的。因此，现代刑法虽兼具社会保护机能与人权保障机能，但更多地强调保障机能的一面，这是刑法的特殊属性决定的。罪刑法定原则倡导法无明文不为罪，要求何种行为构成犯罪以及犯罪应处何种刑罚都有了明确的标准，其本质并非仅是以法律规定各种犯罪构成要件的形式规定，而是通过明确规定的法律限制国家刑罚权的恣意发动，保障公民的自由。这是现代法治思维在刑法中的体现，其目的是通过罪刑法定来限制国家刑罚权的发动，保障国民权利。自此，刑法在其社会保护机能之外，才终于有了人权保障机能，并且以后者为优位，"从刑法具有制止国家恣意处罚人民之功能以观，刑法不失为'善良国民之大宪章'；从犯人不受刑法规定以外之刑罚之科处以观，刑法实乃'犯罪者之大宪章'"② 此后，经过 19 世纪、20 世纪的发展，罪刑法定原则被赋予

---

① 丁卫强：《我国罪刑法定原则的内涵及相对性》，载游伟：《华东刑事司法评论》（第 4 卷），法律出版社 2003 年版，第 16 页。

② 陈子平：《刑法总论》，中国人民大学出版社 2009 年版，第 9 页。

了民主主义和尊重人权的思想内涵，并与民主法治越发契合。今天，罪刑法定原则已成为刑法人权保障机能优先理念的集中体现。由此可见，现代刑法之所以引入罪刑法定原则，并不是因为它可以兼顾保护机能，而恰恰是因为它对于保障机能的突出强调。如果单纯强调刑法的保护机能，根本无须有罪刑法定原则的存在，有刑罚足矣。在刑法结构中，刑罚承载社会保护机能，罪刑法定原则承载人权保障机能，二者互为消长。正是通过它们之间的相互作用，以及对后者的强调和维护，刑法才得以在社会保护和人权保障之间取得适度平衡。

虽然罪刑法定原则作为刑法重要组成部分，但罪刑法定原则本身并非同时承载了刑法的双重机能，刑法打击犯罪的功能主要体现在犯罪构成要件和相应刑罚的设定上。事实上，正如有学者指出的，"刑法的任何一个构成要素都不可能单独具有这样的能力，否则，我们只需要这样一个可以体现刑法全部价值的要素，而根本没有必要再去制定具有复杂结构的刑法体系了。刑法的双重机能必须由刑法的各种构成要素合力打造，而不能由罪刑法定原则一肩挑。限制国家刑罚权，是罪刑法定原则最直接的目标，也是它服务于刑法的整体价值的基本方式和表现。"[1]

（三）忽视罪刑法定原则的程序性价值

程序正义的要求包括裁判者的中立性、审判的对抗性、说理性以及程序的对等性等。刑事程序与刑事实体法之间互为表里，刑事程序不仅保障案件的处理获得实体上公正的结果，而且本身就是司法公正的重要体现。因此，要保证实体上的法律得到正确适用，离不开刑事程序的适当性。我国传统法律文化重实体、轻程序的影响深远。这一方面制约和妨碍了程序法的发展。另一方面，程序的不成熟、不合理又加剧了这种司法上的重实体、轻程序的倾向。在建设法治国家的进程中，我们已经逐步意识到这样的问题，也越来越注重程序法的价值。1996 年修正后的刑事诉讼法纠正了以往职权主义色彩浓厚的偏向，更多地借鉴当事人主义诉讼模式的优势，在刑事程序法中引入了对抗制因素，突出了对犯罪嫌疑人和被告人权利的保护，取得了长足进步。2012 年修正的刑事诉讼法更进一步明文规定了保障人权、"不得强迫任何人证实自己有罪"、"证据合法性审查"等内容，进一步加强了刑事诉讼中的人权保障。

在现代法治的历史进程中，罪刑法定原则与正当法律程序之间天然存在亲和关系。英美法上的罪刑法定原则更多地表现为法律的正当程序等在内的大量程序规则。"二战"后，受美国影响颇深的日本法也将罪刑法定原则提高到宪

---

① 周少华：《罪刑法定与刑法机能之关系》，载《法学研究》2005 年第 3 期。

法的层面，并赋予了罪刑法定原则以程序价值。日本 1946 年宪法第 31 条规定："任何人非依法律所定程序，不得剥夺其生命或自由，或科以其他刑罚。"其中所谓"程序"，学说上认为不仅是指刑事程序，也包括在刑事程序中应该适用的实体法。① 在司法实践中适用罪刑法定原则，就要在人权保障优先的价值理念指导下，正确认定事实、合理解释和适用法律，这在价值内涵上与程序正义相互一致，在限制司法恣意、实现司法公正的作用上二者更是相辅相成。在制度设计层面，一方面，通过在实体法确定犯罪的范围及处罚的方式，使国民可以预测自身行为后果，避免国民被任意定罪处罚；另一方面，通过在程序法规定的无罪推定、疑罪从无等，限制国家权力的滥用，从而保障国民权利。在具体操作层面，司法人员应当坚持刑事违法性的本质，严格受制定法的约束，通过合理的法律论证过程——司法人员依据刑法规定判断现实中的具体行为是否构成犯罪。这一法律论证过程的基础是对案件事实的认定，如在一起案件中，检察机关可能指控被告人犯故意杀人罪，而被告人可能辩称自己只是实施伤害行为；或者由于侦查机关取证违法会导致证据被排除，以致重要事实无法得到有效证明；等等。而只有依照程序法上证据规则筛选过的证据，才能被采纳为实体法上进行法律论证的材料，再经过正当的法律程序，才能作为定案的依据，得出行为是否符合刑法分则规定的某一犯罪构成要件的结论。因此，可以说，罪刑法定原则在司法中得到真正贯彻，不仅需要实体法规范的完善，更依赖于一系列程序性规范的实施，正是这些程序原则的设立奠定了罪刑法定原则生效、运行的程序框架和制度环境。

但在我国司法实践中，相当一段时间对罪刑法定原则与程序规范的关系认识仍然不足，部分司法人员只注意到刑法上的实体规定，而忽视了程序性规定对于正确定罪量刑的重要性。近年来发生的一些冤错案件，很多正是因为存在刑讯逼供、忽视证据的合法性、有罪推定等程序违法问题或是取证程序存在瑕疵，以致虚假口供、错误证据进入司法程序，导致误无罪为有罪或误此罪为彼罪的情况。另外，刑事审判中也存在不少忽视程序规范对审判权约束的情形。这些都使得罪刑法定原则的保障机能大打折扣。"刑法所为刑事实体法的规定，必须有刑事程序法的配合，始能具体实现，而发挥刑法的规范功能。"② 罪刑法定原则作为刑法基本原则，同样不能离开刑事程序法的保障。当前推进的以庭审为中心的诉讼制度改革，更加突出了程序正义的司法认定制度的重要性和意义。在实践中，要特别注意程序法对罪刑法定的影响，通过程

---

① ［日］大塚仁：《刑法概说》（总论），冯军译，中国人民大学出版社 2003 年版，第 64 页。
② 林山田：《刑法通论》（上册），北京大学出版社 2012 年版，第 29 页。

序设计保障司法过程的公开、公正，才能保障罪刑法定原则在司法中真正得到贯彻落实。

五、以刑事违法性规范评价为基础的司法理念

科学的司法理念是公正司法的前提，司法人员秉持的司法理念直接制约了司法实际层面的运作。刑事司法理念集中体现了司法人员对刑法的理解，并指导着司法人员对刑法的适用。以刑事违法性评价为核心的犯罪评价过程与罪刑法定原则一脉相承，要求以法律明文规定刑罚权的范围以及刑事司法权保持必要的克制，以实现对公民权利和自由的保障。以刑事违法性为核心的犯罪评价理念有助于司法实践中法治理念的树立。

（一）人权保障优先理念

刑法自其诞生之日起就发挥着社会保护机能，而对刑法人权保障机能的认识和重视则是晚近以来的事。罪刑法定原则与人权保障机能互为表里，"法无明文不为罪，法无明文不为罚"所彰显的正是人权保障机能，即国家为维护社会秩序，仅在当事人行为时有法律明文规定的情况下，方能动用刑罚权对行为人实施刑事制裁。由于实行罪刑法定原则，现代法治国家的刑法不仅约束公民，而且约束公权力的定罪量刑活动，在规制公民行为的同时，也规制国家刑罚权的行使。在这种情况下，刑法不再是国家单方面镇压犯罪的工具，更是公民抵制国家权力滥用的法律手段。"由于罪刑法定主义从一开始就是基于尊重人权的意旨而确定下来的，所以必须从实质上保障人权（实质的人权保障原则）。这就要求超越形式的法律主义的要求而实现刑罚法规内容的。"[①]

在实际运用中，刑法社会保护与人权保障这两种机能并非总是能协调一致。由于每个人都可能犯罪，因此限制国家刑罚权及其运作方式对每个国民都是有必要的，但倘若过分强调刑法的人权保障机能，则刑法的社会保护机能势必萎缩。反之，如果着眼于严密法网、维护社会秩序而强化刑法社会保护机能，则刑法的人权保障机能势必被削弱。在不同时代、不同国家，对社会保护与人权保障这二者的偏重往往有所不同：采取国家本位的国家往往以维持社会秩序为优先，并将社会保护作为刑事司法的首要价值，极端情形下，甚至以保护国家、社会利益之名，不惜践踏公民个人的权利与自由，扩大刑法打击范围，以实现社会保护之目的；采取个人本位的国家，则更加注重个人权利和自由的维护，将人权保障作为刑事司法的首要价值和任务。

---

① 　马克昌主编：《刑法学全书》，上海科学技术文献出版社 1993 年版，第 605 页。

　　我国几千年封建法制传统以维护统治秩序为最高法律价值，重视国家和社会的存在，在庞大的集体中，个人被淹没，整个社会集体意识浓厚，几乎无视个人利益的存在。近代以来，受现代文明和西方法治思想的冲击，传统法制思想被迫改弦更张，建立在个人主义基础上的近代西方法制才被引入中国。1949年后，我国秉承前苏联的政治经济体系，建立了高度集权的政治体系和高度集中的计划经济体系，并在传统价值观的影响下，强调国家的利益高于一切，当个人利益与国家利益发生冲突时，个人利益无条件服从国家利益，打击犯罪为刑法和刑事司法的首要任务。在这种国家本位主义价值取向的指引下，我国很长一段时期内强调刑法打击犯罪和保护社会的机能，而忽视了刑法所具有的人权保障机能。随着我国政治经济体制改革的深化，确立了社会主义市场经济体制，传统的国家本位的价值观念受到了前所未有的挑战，民主与法治的呼声越来越高。在这种情况下，1997年刑法修订时废除了类推适用制度，并在第3条规定了罪刑法定原则，这标志着我国刑法价值观念由传统的国家本位开始向个人本位转变。之后，1999年宪法修正案规定了依法治国，2004年宪法修正案增加了"国家尊重和保障人权"的规定。2012年修订的刑事诉讼法也规定了"尊重和保障人权"，明确要求在刑事司法中将保障人权与惩罚犯罪放在同等重要的位置。

　　由于长期以来司法惯性的作用，司法人员的思想理念还未能跟上理论的和立法的变更，当前实践中的司法理念仍然受传统刑法观念的影响较深。要推进法治进程，司法理念就必须与此相适应，司法理念也应从重打击犯罪的专政司法理念向注重保障人权的司法理念转变，打击犯罪必须受到罪刑法定原则的限制。就入罪而言，罪刑法定原则坚持"法无明文规定不为罪"，严格禁止法外入罪；就出罪而言，罪刑法定原则的人权保障功能表现为"法有明文规定也可能不为罪"，并酌情解释法内出罪，将形式上符合刑法文字规定但实质上不值得刑罚处罚的行为排除在犯罪之外。如果离开人权保障的价值目标，罪刑法定原则就失去了存在的价值和意义。特别是当打击犯罪与保障人权发生冲突时，应当坚持人权保障的司法理念，绝不能以牺牲人权保障为代价来实现打击犯罪的目的。

　　（二）形式法治优先的理念

　　司法活动蕴含着对实质理性和形式理性的双重追求，其理想状态是符合形式理性要求的同时实现实质理性。但由于形式理性与实质理性之间存在紧张关系，也即马克斯·韦伯所说的"法逻辑的抽象的形式主义和通过法来满足实质要求的需要之间无法避免的矛盾"①，因此，形式的法律规定与实质的社会正义要求之间有时难免不能兼容。而刑法后果的特殊性决定了保障刑法的安定性、可预测性是刑事法治的一个基本要求。就此而言，强调立法规定对于刑法司法适用的限制与制约有着极为重大的意义。因此，在我国刑法学界，不少学者从形式法治观出发，强调刑法形式规定的重要性，如陈兴良教授指出："在刑法中（主要是刑事司法中），我们经常面临着这种实质合理性与形式合理性的冲突，传统的以社会危害性为中心的刑法观念是以实质合理性为取舍标准的，但罪刑法定所确立的刑事法治原则却要求将形式合理性置于优先地位。因此，形式理性是法治社会的公法文化的根本标志。"②

罪刑法定原则与近代欧洲实在法兴起及法典化运动相伴而生。实在法抛弃了与超验的伦理世界的传统联系，并在法律科学指导下建构起了法秩序，正义因此意味着服从法律规则，超越法律，就没有正义。在刑法领域，这意味着，犯罪首先是法律形式上存在的犯罪，即刑法分则条文明确规定应受刑罚处罚的行为。对法律没有明文规定为犯罪的行为，不得定罪处罚。换而言之，行为人可以实施一切法律所不禁止的行为——即便该行为具有社会危害性也不例外——而不必担心受到刑罚处罚。如在法国，法律规定采用翻墙、掘洞、蒙混的方法脱逃的构成越狱罪。在一起案件中，某天在操场放风的时候，天空中飞来一架直升飞机停在了操场上空，并放下一条绳梯，被告人顺着绳梯成功脱逃，这显然是越狱行为。但该案被起诉到法院后，被告人的辩护律师主张刑法规定使用翻墙、掘洞、蒙混的方法脱逃的行为构成越狱罪，而被告人没有采取上述三种方法，所以被告人的行为不具有越狱罪的构成要件。法庭采纳了律师的意见，做出了无罪判决。③ 这一案件是为维护法律形式合理性而牺牲了实质合理性的典型，但这被认为是法治社会维护形式法治必然的代价。因为只有保证将对某一行为罪与非罪的评价限制在刑法条文框架内进行，排斥超越法律形式规定进行的实质判断，才能避免过多法外因素的介入导致司法恣意，侵犯公民权利与自由。

受前苏联法律学说影响，我国 1979 年刑法仿照前苏联刑法规定在刑法第10 条规定，"一切危害国家主权和领土完整，危害无产阶级专政制度，破坏社会主义革命和社会主义建设、破坏社会秩序、侵犯全民所有的财产或者劳动群众集体所有的财产，侵犯公民私人所有的合法财产，侵犯公民的人身权利、民

---

① ［德］马克斯·韦伯：《经济与社会》（下卷），林荣远译，商务印书馆 1997 年版，第 401 页。
② 陈兴良主编：《刑事法评论》（第 4 卷），中国政法大学出版社 1999 年版，主编絮语，第 3 页。
③ 陈兴良：《面向 21 世纪的刑事司法理念》，载《当代法学》2005 年第 3 期。

主权利和其他权利，以及其他危害社会的行为，依照刑法应当受到刑罚处罚的，都是犯罪。但是情节显著轻微危害不大的，不认为是犯罪。"考虑到1979年刑法第79条规定了类推适用制度，犯罪的社会危害性具有优越于犯罪的形式特征的地位，有学者认为这一犯罪定义实际上规定的是犯罪的实质概念。①受这一理论的影响，一段时期以来，我国传统的司法理念中社会危害性判断是第一性的判断，忽视了刑事违法性的评价，强调社会危害性是犯罪的本质特征，它的思想背景是对实质合理性的追求。1997年修改后的刑法第13条规定了几乎同样的犯罪定义，但因为刑法第3条明文规定了罪刑法定原则，在此基础上，显然犯罪的刑事违法性特征已经具有优于社会危害性特征的绝对地位，所以完全可以将其视为一个犯罪的形式定义。因此，刑法中有了罪刑法定的规定以后，判断罪与非罪的唯一标准是法律有无明文的规定。一种行为即使具有再大的社会危害性，如果不具备刑事违法性，司法者也不能逾越立法语言可能的界限而进行类推解释，或基于法律以外的因素——如社会舆论、形势需要等——违反罪刑法定原则的刚性要求，将在刑法中没有明文规定的行为任意定罪，或者将法律明文规定为此罪的行为任意认定为他罪。

形式理性的司法理念和我国长期以来以社会危害性理论为内容的实质理性的司法理念是相扞格的。特别是在刑法规定存在漏洞时，某种行为具有明显的严重社会危害性时，两种司法理念的对立表现得极为明显。此时，司法中贯彻罪刑法定原则就要求对那些具有严重的社会危害性，但刑法没有明文规定的行为不能按照犯罪加以惩治。对这一法律漏洞只能通过修改刑法的方式来进行填补。而实践中部分司法人员受实质理性的司法理念影响，往往将"被告人应该受到惩罚"和"被告人根据法律能不能受到惩罚"相混淆。特别是在一些社会影响重大和社会舆论反响强烈的案件中，部分司法人员便在行为具有处罚的必要性和合理性的认知下，超越了法律形式规定的界限而对法律条文作出超出可能意思的解释以将行为入罪，以致违背了罪刑法定原则的要求。在司法过程中坚持形式理性的理念，体现的是对罪刑法定刚性要求的遵从和对法律安定性的守护，这意味着，在承认成文法具有不能涵盖所有当罚行为的局限性的基础上，即使牺牲个案实质合理性，也要坚守法律形式合理性。

当然，在罪刑法定司法化过程中强调形式理性，并不意味着对实质理性的否认，也不排斥对刑法条文可能包含的不值得科处刑罚的行为，通过实质解释予以出罪。其毋宁说是对我国过于偏重实质理性的传统司法理念的矫正，并藉此对刑事司法权施加限制。事实上，陈兴良教授也认为法治国刑法文化的品格

---

① 陈兴良：《社会危害性理论》，载《法学研究》2000年第1期。

包含形式理性与实体正义，但主张形式理性的判断先于并优位于实质理性的判断。实质理性的判断对于形式理性的判断起着补充作用，通过形式理性实现实质理性。① 通过形式理性实现实质合理性和实体正义的追求已经不再是价值偏一的形式理性，而是一种将实质融入形式之中的价值理性。

（三）刑法谦抑性、补充性的理念

封建刑法的一个重大特点是其扩张性、干涉性，即刑法几乎全面介入国民个人生活，以刑罚为后盾强制推行道德和风俗、宗教，作为管理社会的主要规范。如 1762 年法国牧师罗舍特因宗教信仰不同而被法庭判处死刑。1764 年信奉新教的西尔万被法院判处死刑，罪名竟然是"阻止女儿信仰天主教"。② 国家权力的触角由此深入社会生活各个角落，并动辄通过酷刑展现其存在。与此相对，现代刑法的重要特征是其谦抑性、补充性，它意味着，刑法以刑罚后果这一最为严厉的社会规制手段只能作为防卫社会的最后手段。只有其他调节社会关系的法律规范无法取得应有效果时，才有刑法的介入，并且刑法也不能涵盖所有不法行为。罪刑法定原则的产生本身就是对罪刑擅断的否定，并意味着对国家刑罚权行使的限制。罪刑法定原则不仅意味着形式上的法无明文不为罪，而且具有民主主义和尊重人权主义的实质内容，正因为如此，在司法实践中坚持罪刑法定原则，也就意味着保持司法克制、抑制不当刑罚，这与刑法谦抑性的内在精神也是一致的。

在刑事司法中，必须意识到罪刑法定原则对司法权的限制机能，避免刑罚权过多地介入人民生活，妨碍其自主权利。因此，司法权力应持少用、慎用刑罚手段的立场，在面对社会价值的冲突时，保持价值中立，将自身局限于刑法规定设定的范围内运行。对于一些实践中出现的新情况、新问题，在其他法律救济手段尚未穷尽时，司法机关应基于自我克制立场，从行为性质、法律规定和司法干预的成本等角度出发，审慎权衡刑罚权介入的正当性和必要性。在法无明文规定的情况下，当然不应有刑罚权的介入；即使行为具有可罚性，也要根据社会形势判断是否有适用刑罚处罚的必要。

以曾经引起争议的一起网络裸聊案件为例：2005 年 9 月 15 日，36 岁的家庭主妇李某在家中登录名为"开心就好"的视频网络聊天室，用视频与多人一起进行裸聊时被警方抓获。据李某交待，其进行裸聊主要是为寻求刺激。裸聊行为的性质在我国刑法中没有相关规定，因此这种行为能否定罪、如何定罪、应定何罪均不明确，从而引发许多争议。对该案如何处理有三种意见：第

---

① 陈兴良：《面向 21 世纪的刑事司法理念》，载《当代法学》2005 年第 3 期。
② 郭华榕：《法国政治制度史》，人民出版社 2005 年版，第 57 页。

一种意见认为对裸聊行为应按照《关于办理利用互联网、移动通讯终端、声讯台制作、复制、出版、贩卖、传播淫秽电子信息刑事案件具体应用法律若干问题的解释》的规定构成传播淫秽物品罪；第二种意见认为裸聊行为应当构成聚众淫乱罪；第三种意见认为裸聊是个人道德行为，由于参与者之间不具有现实接触的可能，具有一定的隐私性，不会危害社会，不构成犯罪。就第一种意见而言，构成传播淫秽物品罪要求该行为必须有物品作为载体，包括有形载体和无形载体。虽然在互联网上传播的淫秽信息可以不具有有形载体，但是它仍然需要有视频文件、音频文件等电子文件形式作为必需的载体。本案中，随卷移送至检察机关的光盘中记录的视频信息仅仅是公安机关通过技术手段录制下来的视频文件，而并不代表其原始的存在形态，在信息传播的形式上并不符合《解释》的规定，不构成传播淫秽物品罪。就第二种意见而言，由于"淫乱"的表述具有模糊性，为限制聚众淫乱罪名的适用范围，就有必要对"淫乱"加以限制解释，应界定为自然性行为。本案中，裸聊者之间虽然能达到生理与心理上的刺激，但因为空间的阻隔并没有实际的、直接的身体接触，其对于特定法益并没有构成现实的损害或危险，所以不应属于"淫乱"的范畴。现代价值多元社会中，不同社会群体对此类伤及风化行为有不同认识，如果以道德范畴作为刑事惩罚基础，难免将伦理规范与刑法规范相混淆。对于裸聊而言，在刑法之外，还有治安管理处罚以及社会谴责来规制。即便行政处罚和社会道德谴责不能遏制裸聊，是否就一定需要刑法介入也不无疑义。事实上，即使认为裸聊应该入罪的观点也承认，何种裸聊行为应该通过刑法规范，何种裸聊行为应作为一般违法行为处理，涉及到一个量的问题，应视裸聊行为的具体表现形式而定，只有那些具有较为严重的淫秽性质的裸聊行为才能入罪，而对于淫秽性质并不严重的裸聊行为，通过道德或刑法之外的法律手段调整即可。[①] 对这类案件作出适当的行政处罚，不作为犯罪处理，没有以刑法介入强制推行伦理道德，符合司法克制要求和刑法的谦抑性，也维护了当事人的隐私，保障了其合法权利，取得了良好的社会效果。

第二节　刑事违法性理论与刑法的解释适用

明确刑事违法性评价的价值内涵问题后，需要面对的是如何解决实践中刑事违法性评价的客观、合理、公正，这也是刑法理论对于司法实践的价值所在

---

① 王明辉、唐煜枫：《"裸聊行为"入罪之法理分析》，载《法学》2007 年第 7 期。

和司法必须面对的问题。对于不断变化的社会生活，何时需要刑法出场对某一类行为加以调整，不仅牵涉到一国刑法体系的合理和科学，更是与每一个国民的权利息息相关。因此，依照刑事违法性的本质来解释法条，检视刑法对社会生活的介入的必要性，一方面可以更为妥当地解释刑法规范保障司法公正，另一方面在一定程度上有助于保持刑法的克制和谦抑，防止社会管理的过度刑法化。前文已经阐述，对于形式上的违法我们尚可通过法条与事实的对照予以解决。而对于刑事违法的实质内涵，无法通过简单的文字涵摄予以解决，将刑法应用于具体的案件，也必然包含司法者"目的的考量、利益的权衡"的价值色彩。在此，法官对于刑法的解释甚至填补就至为关键，刑事违法性的研究再次凸显了法官释法的重要性和必要性。

一、刑法解释的必要性与必然性

社会现象日新月异，立法者并非万能，无法将社会现实的种种都予以明确规范。为了保持法律的稳定性和适应性，立法者往往多用抽象性的原则规范社会生活，以便有更大的弹性，加之具体案件的纷繁复杂，单一法条往往不足以成为裁判的依据，需要法官在具体适用时通过进一步解释予以具体化，以形成具体案件裁判的规则。法国当代哲学家保罗·利科尔的文本理论认为，文本具有间距化特征，文本一旦完成，文本就脱离作者而独立存在。同样，刑法一经立法者制定并颁布，刑法文本的意义就自主存在。刑法在适用中也会逾越立法者当初的预期，介入到立法者当初不能够全部预见的社会关系中去，从而发展出自己独立的存在意义。因此，对刑法的解释就是对刑法文本文字所包含的意思的探讨。解释者应该通过立法者使用词语的意义探寻法律精神，并以满足现实需要为目的，对刑法做出解释。与其他法规范的适用一样，刑法适用的解释必要性也属显然。其一，由于社会发展日新月异、立法者并非万能，无法预见立法后的具体社会生活状况，当社会环境发生变化，需要依据现时的环境对法律加以解释。其二，由于文字语言的局限性以及立法技术不周的情况，无法或不便通过立法加以改进时，需要探寻立法的本意，通过法律解释予以完善。其三，所有的法律适用都是具体的，针对每一个不同的案件，都需要依据现实的状况对法律含义加以理解。因此，刑法上某个概念不会永远停留在该概念在立法当初的意图与含义，相反，重要的是通过解释寻找相关概念与规则在当下的真实含义，以适应时代发展。

以曾受社会广泛关注的南京李某组织卖淫案为例。李某系南京耀身公关礼仪服务中心、南京"正麒"演艺吧业主，其为营利目的组织男青年向同性提供性服务。2003 年 8 月 18 日，李某因涉嫌组织卖淫罪被查处。本案涉及的刑法条款主要是第 358 条组织卖淫罪。该条只是概括规定了组织他人卖淫，而并没有对其中的"他人"、"卖淫"等字眼作出具体界定。在传统意义上，卖淫多表现为女性向男性出卖肉体进行交易，同性之间的性交易则是近年来出现的新现象。本案中，同性之间的性交易是否属于刑法上规定的"卖淫"，成为认定李某有罪与否的关键。

主张不构成组织卖淫罪的观点认为，组织卖淫罪中的"卖淫"通常表现为妇女向男性进行性交易。我国大众对"卖淫"一词的通常理解是妇女向男性出卖肉体。《现代汉语词典》、《汉语大词典》与《新华词典》等辞书也都将卖淫解释为妇女出卖肉体。组织卖淫罪的"卖淫"一词，在我国刑法理论和实务中，通常是指以出卖肉体为代价换取各种物质利益或非物质利益的行为，通常表现为妇女向男子卖淫，有时也可以是男子向妇女卖淫，但不包括同性之间的交易。持该论者还求诸刑事立法与司法的发展历史，指出刑法意义上的"卖淫"并不包含一切性行为，而单指性交，依据是：在 1979 年刑法之下，同性之间的性行为乃由流氓罪来处罚，在 1997 年刑法取消流氓罪后，处罚此类行为便缺乏法律依据。因此，现行刑法并未将同性间的性行为纳入其中，或者说现行刑法对男性之间的性行为无明文规定。持此观点的学者因此认为将同性之间性交易认定为卖淫是类推制度的复燃，违背了罪刑法定原则。

无罪论观点认为自己对组织卖淫罪中"卖淫"一词的理解是符合立法原意的。但这只是其对刑法规定的一种解读，不无疑问。语言文字的含义通常是逐渐发展的，随着生活事实的不断发展变化，刑法用语的含义也在不断变化。在制定 1979 年刑法时，由于卖淫在我国较为罕见，因此有关罪名使用的都是"妇女"卖淫的用语，如第 140 条规定："强迫妇女卖淫的……"第 169 条规定："以营利为目的，引诱、容留妇女卖淫的……"其针对的就是传统意义上的妇女卖淫行为。1991 年，全国人大常委会颁布《关于严禁卖淫嫖娼的决定》时，考虑到了现实中出现的卖淫既包括妇女向男性出卖肉体，也包括男性向妇女出卖肉体，因此在规定卖淫的对象时，将用语由"妇女"改为"他人"，既包括了男性，也包括了女性。1992 年 12 月 11 日，最高人民法院、最高人民检察院发布《关于执行〈全国人大常委会关于严禁卖淫嫖娼的决定〉的若干问题的解答》规定，组织、协助组织、强迫、引诱、容留、介绍他人卖淫中的"他人"，主要是指女人，也包括男人。在 1997 年修订后的刑法中，第 358 条规定："组织他人卖淫或者强迫他人卖淫的……"在规定卖淫的对象时，也相应使用了"他人"，而非"妇女"的用语。从这一立法演进过程可以看出，立法者对出卖肉体换取金钱的行为表达了否定的态度，起初，由于实践中仅有妇女卖淫，立法禁止的就是组织、强迫妇女卖淫。当实践中出现了男性向女性卖淫后，立法随即对用语作了修改。尽管并无资料表明制定现行刑法时，草案起草者已经意识到了同性之间卖淫现象的出现，但也没有资料表明立法者认为"卖淫"仅限于异性之间的性交易行为。

如果现行刑法延续了 1979 年刑法中的表述，规定"组织妇女卖淫"，由于"妇女"一词的字面含义无论如何不可能包含男性，则不能将男性卖淫的行为解释为被法律规定包含在内。但现行刑法采取的是"组织他人卖淫"的表述，因此，"他人"显然既包括女性，也包括男性。问题在于，"卖淫"是否可能包括同性之间的性交易，抑或仅限于异性之间？在解释刑法时，必须正视刑法文本的开放性，适应社会生活事实的发展变化，科学界定法律用语的准确含义。刑法规定的"卖淫"的本质特征在于以营利为目的，向不特定的人出卖肉体的行为，至于行为人的性别是男是女，以及其对象是异性还是同性，均不应成为判断、决定行为人的行为是否构成"卖淫"所要考察的因素。因为无论是女性卖淫还是男性卖淫，无论是异性卖淫还是同性卖淫，均违反了基本伦理道德规范，毒害了社会风气，败坏了社会良好风尚。从此角度看，将同性卖淫归入"卖淫"范畴，以组织卖淫罪追究组织同性卖淫的行为人的刑事责任，并不违背刑法有关卖淫嫖娼犯罪规定的立法精神。并且，社会生活中已经出现了同性卖淫现象，现代的一般社会观念也自然而然地以同性"卖淫"来指称这类现象。2001 年 1 月 28 日公安部颁布的《关于同性之间以钱财为媒介的性行为定性处理问题的批复》也规定："不特定的异性之间或者同性之间以金钱、财物为媒介发生不正当性关系的行为，包括口淫、手淫、鸡奸等行为，都属于卖淫嫖娼行为，对行为人应当依法处理。"虽然公安部的这一批复对司法没有拘束力，不能作为法官定案的根据，但其关于同性之间以钱财为媒介的性行为的定性完全可以作为法官在解释组织卖淫罪构成要件时的参考依据。因此，由于大部分的刑法用语都具有多种含义，需要结合生活事实的发展变化予以合理解释，通过对刑法的解释将同性之间的性交易包含在组织卖淫犯罪规定中，不仅适应了时代发展和社会生活变化的需要，而且符合一般社会观念和刑法有关规定的立法精神。

此外，对于形式上违反刑法，又不具备法定犯罪阻却事由，但实质上不值得刑罚处罚的行为，在实践中如何处置也无法通过简单的法条比照得出结论。此时只有通过法官结合刑法的体系和整个规范体系作出解释才能得出合理的结论。刑事违法性的本质说明，刑事违法不仅仅是违反了刑法，而是对一国规则体系的违反和破坏，对行为的规范违反性，即行为所体现的反伦理程度，或者说行为的社会容许性是对行为进行刑事追究必须考虑的要素。这都需要法官通过具体案件的解释来完成。与民法不同，刑法是用刑罚这一严厉的手段来调整社会生活的，其适用的结果涉及公民自由和权利的剥夺。为了防止对国民生活的过度介入，导致刑罚不必要的扩张，刑法的结构应当是内敛的、封闭的。但是，这种封闭与内敛是针对国家刑罚权的发动而言的。从另一个侧面，即对于限制刑罚权的发动而言，它又是开放的、充满弹性的。与民法相反，它是一种反方向的开放性。这种开放性主要体现在犯罪成立的消极要件中，具体来说，就是作为限制刑罚权发动的犯罪阻却事由是面向社会开放的。正如德国学者所言，"由于对合法化事由来源的领域不加限制，所以，若想对能够考虑到的全部合法化事由无一余漏地加以列举，这无论在法律上还是理论上均是不可能的。而且，对国家立法者而言，即使想将所有的合法化事由都通过立法加以规定也是根本不可能的。必须考虑到社会外部的状况和价值观的可变性，会导致新的合法化事由不断产生，而过去存在的合法化事由被否定或扩大。"① 在社会不断发展中，人们对于行为的评价也是不断发生变化的。因此，刑法中合法化事由的范围从未堵死，而是跟随社会生活的发展呈现一种开放的结构。李斯特就主张，如果从构成要件适当性中得出违法性的结论是显得矛盾的，那么必须尝试借助于成文法以外的评价来证明行为的合法性。这里考虑到行为的实体内容也许是有所裨益的。从行为的实体内容进行认定时，必须以国家的规定产生于经验的生活目的为依据。如果一个行为表明是实现国家产生的共同目的的适当方法，那么虽然行为符合构成要件的适当性，但也不是违法的。② 在刑法中，实定法所规定的犯罪阻却事由并不是限制犯罪阻却事由的范围，只是这类事由典型情况的列举，犯罪阻却事由的开放性对于维护刑法的稳当性，保证刑法适用的正当性、可接受性有着重要的意义。

二、我国现行刑法解释体制评析与反思

（一）当前刑法解释体制利弊分析

无解释则无司法，司法活动是以对法律的理解为前提的。与其他国家由法官主导法律的解释不同，我国长期以来实行的是最高司法机关主导法律解释，刑法也不例外，目前的司法解释主体主要是最高人民法院和最高人民检察院，有时还包括公安部、司法部，甚至一些非司法机关共同参与。一方面，这样的司法解释模式充分利用了"两高"的人才优势和信息优势，将立法机关制定的法条根据时代的变化和司法的需求进一步予以具体化、明确化，有力地指导

---

① ［德］汉斯·海因里希·耶塞克、托马斯·魏根特：《德国刑法教科书》（总论），徐久生译，中国法制出版社 2001 年版，第 393 页。

② ［德］弗兰茨·冯·李斯特：《德国刑法教科书》，徐久生译，法律出版社 2000 年版，第 214 页。

了司法实践。大量的司法解释解决了立法相对滞后于社会发展、立法粗疏、过于概括、针对性不强等不足，使得犯罪构成要件更加具体、明确，有助于司法人员更好地理解刑法，有利于司法的统一，避免司法的随意性。另一方面，大量的官方解释严重束缚了司法人员的能动性，司法完全变成了司法解释的比照适用。由于立法机关和最高司法机关力图对刑法条文做出精细的解释以应对实践的需要，刑法典适用实际上变成了司法解释的适用。有学者指出，"层出不穷的司法解释不但使刑法典被虚置、被架空，也导致法官根本无权解释刑法，法院和法官的职能日益萎缩甚至被细则化立法性质的司法解释完全消极。刑事司法日益陷入僵化的境地，刑事立法也日益陷入 19 世纪概念法学的桎梏之中。"①

由于解释主体的不同，除立法解释和学理解释等以外，在司法环节的法律解释实际上可分为两种，一种是以法律规定的文字为基础，针对其抽象性、模糊性，进一步加以明确。以"两高"等部门为主体的官方司法解释实际上基本上属于这一类型。另一种是以司法人员为主体，在办案过程中，结合案件事实理解适用于具体案件的解释。实际上，第一种解释在技术上基本属于立法的延伸，严格地讲不属于司法者的解释，仍属于立法的范畴。除了主体不同，在技术上与立法毫无区别。第一，其内容大部分仍是在立法条文下的抽象文字总结，不够具体。比如司法解释对于情节严重、较轻的解释往往都会有兜底条款，具有其他严重或较轻情节。这类司法解释并非没有价值，但是在涉及一些具体案件时，司法解释并没有给出答案，仍然需要司法者去评价。有些司法人员调侃道，我们知道的（司法解释）解释了，我们不知道的还是没有解释，只能等待新的解释出台。第二，有些内容原本属于立法的范畴，不属于对刑法的解释，解释实际上是对刑法内容的补充修改，甚至是新增。比如最高人民法院《关于对变卖、倒卖变造邮票行为如何适用法律问题的解释》规定，上述行为以刑法第227条"伪造、倒卖伪造的有价票证罪"定罪处罚，伪造和变造显然是不同的行为，变造行为的危害严重性也低于伪造，在刑法只规定了伪造邮票行为的犯罪构成的情况下，司法解释将变造行为入刑似乎不能说是解释行为，已经不是对刑法第227条的解释，而是对刑法规定的犯罪构成进行了修改。第三，尽管最高司法机关不遗余力，但众多的司法解释仍旧无法适应社会生活的变化，不能给案件事实以具体的指引，实践中需要法官的进一步解释才能适用。以挪用犯罪为例，1997 年刑法实施后，"两高"颁布的关于挪用犯罪的司法解释多达 8 部，甚至关于"挪用国库券如何定性"如此具体和性质明

---

① 刘艳红：《开放的构成要件理论研究》，中国政法大学出版社 2002 年版，第 4 页。

确的行为都需要最高司法机关的解释。即便最高司法机关如此不遗余力，但仍然无法跟上社会生活发展变化的步伐。

这种以最高司法机关主导甚至垄断司法解释的刑法解释模式存在很大的缺陷。其一，大量规范性的司法解释实际上扩大了刑法的渊源，使得大量的"刑法"规范性文件在刑法典外存在，增加了刑法体系的分散性和繁琐性，不仅不利于司法人员适用，也不利于人民群众知晓熟悉刑法规范，自觉的依法行事。这种情况下"刑法在一定程度上被架空、被虚置，司法机关的刑事审判与其说是适用刑法典不如说是适用单行刑法，甚至是适用司法解释"[①]。有学者指出，"司法解释仿佛在刑法典之外又产生了一部新的刑法……在刑法分则的各个主要章节中，莫不因为有司法解释的公布而停止适用，致使刑法典空有其表，毫无适用余地。"[②] 其二，更为重要的是，司法解释的过于庞大发达弱化了司法实践知识在司法中的价值，扼杀了法官的主观能动性和专业性，成为机械操作司法程序的"司法工人"。刑事司法是通过对法律的理解适用裁决案件、惩罚犯罪的活动。法官是裁判者，通过对法律的理解，结合案件和当事人的具体情况作出公正裁决。但是，大量事无巨细的司法解释等规范性文件窒息了法官主观能动性的发挥，大量细致繁琐的司法解释将法官对刑法的理解需求降到了最低，由最高司法机关的理解代替了具体办案法官对法条的理解。导致实践中一遇到案件，法官首先去找司法解释，没有解释就不会办案或者说不敢办案，就逐级请示，等待上级机关意见。被誉为法律帝国王侯的法官成了法律，不，应是司法解释的传声筒。法官必须具备的注释法条、阐述法条、说理明法的能力大大得到限制。而且，大量的司法解释造成了法官对司法解释的深深依赖，法官失去职业荣誉感的同时，责任心也大大折损。其三，法官主动性的降低、在司法中的价值得不到体现也妨碍了刑事诉讼中审判和庭审的价值，细致繁琐的解释剥夺了法官的选择，在法官没有选择的情况下当事人、律师又从何选择，最终使得庭审乃至审判只是走过场。这样的解释机制使得司法改革所提倡的庭审中心主义的目标也只能是南辕北辙。因为"实体法的细化可以限制程序操作，其结果必然是压制了程序的发展，助长了人民回避程序的倾向。中国人的厌讼，既有文化上的原因，也有制度上的原因"[③]。

（二）法官为主的释法机制之提倡

由于不重视法律解释学的应用，我国历史上对主要通过繁琐的细则化来限

---

① 陈兴良：《刑法疏义》，中国人民公安大学出版社 1997 年版，第 26 页。
② 刘艳红：《开放的构成要件理论研究》，中国政法大学出版社 2002 年版，第 351 页。
③ 季卫东：《法治秩序的建构》，中国政法大学出版社 1999 年版，第 26 页。

制司法的恣意。例如清代就有近两千条例附于主律之上。而为了应对社会生活的变化，频繁的法律修订成为必然。至清代每隔三五年进行修例更成为了制度。对此，日本学者滋贺秀三认为，中国传统法在运用上不重视解释学而重视成例，与案件具体特征相对应的副法在法律变更中起了实质性作用。① 个中原因，除了学者指出的我国不重视程序法的价值和作用以外，对法律解释理解的单一性也是原因之一。

德国学者凯尔生曾创立"法位阶说"，认为一国的法体系，犹如一个圆锥形，法院的判决和行政机关的处分都构成圆锥底层，这种底层的法规范，与实际的社会相接触，而发生规范的作用。底层之上的法规范为法律，法律之上则为宪法。就动态而言，依据宪法制定法律，固然属于立法者；依据法律而为判决，亦未尝不是造法者。从法律的创造以及具体化的过程而言，下位规范当然要受上位规范内容所约束。上位法犹如一个框，法律的解释就在认识这个框。在框内有多种造法的可能，每一张造法，只要符合上位规范的框，即属合法。② 构成法规范的语言文字，或多或少总有不明确之处，语言的核心部分，意义比较明确，但越到边缘之处语义越模糊，落实到具体案件就会引发不同理解的争议。这种情况无可避免，具体的适用就不得不交予法官来加以解释。台湾地区的"戡乱时期贪污治罪条例"第 10 条规定，"犯第四至第六条规定之罪者，其所得财物应予追缴，并依情节发还被害人。"对于请求公务员为职务行为而行贿的人，依当时条例并不为罪，对于这类行贿人是否属于条例所言的被害人，当时台湾司法界存有较大争议。最终仍通过具体司法加以解决，既没有统一认定为被害人，也未一概否认，对于因公务员借势勒索、强募、欺诈而行贿者，仍认定为条例所言被害人。例如，1936 年的民国时期，关于贩卖鸦片灰的行为，当时刑法并无具体规定，实践中往往是依据鸦片残值是否具有鸦片成瘾性的实质由法官具体评价是否构成犯罪。

作为一门实践的学问，"在法律领域内，最核心的问题是法官的行为，只有法官的行为才能使易于僵化之功能不致僵化；使易于丧失真理性之法律随时保持真理性；使一般而抽象的法律随时有化为特殊而具体之可能；这正是国家和社会需要法曹（指司法人员）及法学人士之合理的根据"。为了对相关法条进行解释，法官就不能简单引用法条来支持自己的判决结果，而应当对判决理由加以合理妥当的说明，自此，法官不仅仅要运用自己的专业知识对裁判理由进行分析，阐明判决据以的理由，以求得诉讼参与者和大众的认同，同时将判

---

① 　季卫东：《法治秩序的建构》，中国政法大学出版社 1999 年版，第 103 页。

② 　参见杨仁寿：《法学方法论》，中国政法大学出版社 1999 年版，第 98 页。

决公开接受法律界学者和同行的评判。在此过程中，法官运用的远不止刑法的规范，还要涉及一国法秩序整体中的民法、行政法等，以及还需要社会道德伦理等社会规范来论证自己刑事违法性评价的正当性、合理性。因为"有时依据刑法而认定犯罪之前，每每以适用刑法以外之法律为不可或缺之条件，亦即先以刑法之外之法律认定一定之事实存在以后，始可依刑法为犯罪成立或不成立之判断"①。法官适用法律的过程，根据具体的案件事实，将事实与法律规范加以对照，不断往复二者之间，从而形成适于个案具体的裁判规则。应当说，这种意义上的解释才是法解释学需要研究、解决的问题，是法学的任务所在，也是寻得个案公正的关键。法学意义上的解释的客观性并不是通过禁绝法官的主观解释来实现，而是要透过公开的讨论和批判，通过正当的程序充分发挥参与者协商，达成共识，最后裁判者以合理的理由加以说明。

在大力推进司法改革的背景下，倡导以法官为主的解释机制对于我国的法治建设进程有着积极的意义。

第一，以法官为主的解释机制符合犯罪评价的阶层性和事实与价值的统一性。刑事违法性理论本质的研究揭示了犯罪评价的价值判断本质，犯罪评价是客观到主观、事实到价值评价的渐进过程。任何一种犯罪构成体系，最终的评价中，都需司法者依据法律进行的价值评价。这一理论揭示了犯罪评价中价值评价、主观性的不可避免，在司法中只有首先承认这一判断的存在，从而搁置关于刑事违法性评价主观性的争论，承认价值评价的无可回避性，才能将研究的重点放在如何通过合理的理论设计限制主观解释的恣意，通过制度设计保障这一判断最大限度的客观合理。法律的细则化虽然一定程度上限制了下级机关的恣意，另外也压制了他们的积极性和主动性。正义的基础在于选择，没有选择则无正义可言，概念法学最终无可避免走向失败的一个重要原因是剥夺了司法者的选择。而且，由于细则无法包罗万象，在细则所不及的地方，则由于没有制约，反而导致恣意盛行且难以纠正。由于缺乏对评价主观性的认同和程序支持，最终导致的结果往往是司法没有权威，法院裁判不具有终局效力。此时所有的矛盾又再次集中到上级权力机关，这又只能依靠上级机关对案件无限制的再审来解决，民众便通过无休止的上访、申诉来维护自己的利益，而不论在法律、事实上是否能够成立。

第二，以法官为主的解释机制符合现代司法的规律。明确法官在司法适用中解释法律的职能，就是要让法官成为司法裁判的真正主体，让本该属于法官的职责和权利回归法官，真正建立起以法官为中心的现代司法体制。司法是适

---

① 蔡敦铭：《刑法判决与法条之适用》，载《台大法学论丛》（第21卷）1991年第1期。

用法律裁判案件的活动，但法律的适用并不是简单地将法律条文和待判案件事实相对照的三段论推理，而是法官依据法规范对具体案件的评判，是蕴含价值的评价过程。制定法本身是价值活动的产物，而立法者理性的局限性，语言文字的有限性、模糊性，都决定了制定法规范不具有绝对的完整性和正当性，制定法条文的规范意义还需要司法适用的解释、填补，需要法官在司法过程中结合具体的案件事实进一步加以理解、评价。因此，法官对法律文字的理解和解释是无从避免，也是不能避免的。正因为如此，美国法学家德沃金高度评价法官在法律王国的地位，将法官比喻为法律殿堂的王侯。确实，法官对法治的贡献和价值就在于实现具体正义，而这又是通过法官运用自己的知识和能力，结合具体案件事实来理解法律条文的含义，公正裁判案件来体现的。让审理者裁判，由裁判者负责，是司法规律的客观要求。最高人民法院的"四五改革纲要"已经将完善主审法官、合议庭办案责任制作为关键环节，以推动建立权责明晰、权责一致、监督有序、配套齐全的审判权力运行机制，可谓切中要害。特别是在"四五改革纲要"中，法院改革首次明确提及裁判文书不再由院长、庭长签发。这一改革举措将是打破审判管理的行政化倾向、建立责权统一的法官负责制的关键。以往，由于法官审理的案件都需要经过庭长，甚至主管院长来签发，而庭长、院长本身并没有直接阅卷、主持庭审，其对案件事实的认定和法律适用都来自主审法官的汇报，而主审法官又没有相应的职责和权力来最终裁决，这就造成审者不判、判者不审的局面。不仅大大降低了法官在法律适用中的价值和责任，不符合司法的基本规律，而且一旦出现错案，很难区分审判者或是决策者的责任。裁判文书不再由院长、庭长签发后，一方面可以保证法官独立行使审判权，由法官对法律的理解，结合案件事实作出裁判，充分发挥法官的业务能力和积极性；另一方面也进一步明确了审判者的责任，利于进一步推动法官业务能力和水平的提升。

第三，以法官为主的解释机制有助于提高法官的个人司法能力和责任心。一段时期以来，我国的法治建设更加强调和注重立法和司法解释等法律规则的制定，意图通过详尽、完善的法律规范来指导司法，而对司法本身、特别是法官个人的价值不够重视，忽视了能更好回应社会生活的良好司法机制的建构，造成司法机械化、形式化的倾向。1997 年刑法典实施以后，为了应对社会生活的发展变化，刑法典本身已经过了九次修订，此外还有全国人大常委会颁布的"决定"、立法解释对刑法规范进一步加以解释、补充，"两高"更是出台各种司法解释、法律适用意见、会议纪要等规范性文件来应对刑法适用中出现的各种问题，指导法官办案。这种专注于官方知识、强调权威机构解释法律的路径虽然也能回应纷繁的社会生活对司法的要求，但由于立法的滞后性（"两高"的司法解释在程序和立法技术上等同于立法)、语言文字的局限性，这种法律适用模式有着明显的缺陷，导致司法实践中出现如何解释"司法解释"和"司法解释的解释"又如何解释的尴尬局面。特别是，一些完全可以由法官对法律的理解解决的问题也要等待最高司法机关的权威解释，这不仅影响案件的及时裁判，还大大消解了法官在司法中的职能和责任。在实践中，不少法官形成对上级制定的规则和意见过度依赖的思想，不想或是不敢通过自己对法律的理解和解释来裁决案件，没有司法解释不会办案、司法解释不明确不敢判案。由于过于注重法的文字形式而忽视法的生活内涵、过分专注于立法等权威部门的理性建构而轻视能动司法的积极意义，法官的积极性、能动性和责任都大大受到限制，不夸张的讲，已经对法治进程造成负面的影响。因为，制定法是稳定的、封闭的，而法所规制的现实生活则是流动的、开放的。科学的立法和良好的司法机制是驱动法治进程的两大车轮，失去其中之一都不可能推进法治的发展。审判是司法的核心环节，而主审法官则是法律适用的具体执行者。既然法律适用包含了审判者对法律的理解和价值的判断，而价值的判断无可避免的带有主观性，法官就必须承担起这一责任，并对这样的价值判断进行正当化的说明与论证，社会大众则有权对这样的判断和论证进行检验和评价。反之，如果不揭示法官判案的过程就是解释法律的活动，每一个司法判断都潜藏着法官的价值判断，那实际上也就免除了法官对其裁判正当性的论证义务。为了推卸责任，具体承办者只能事先提前请示、事后及时汇报，寻得上级的认同和支持，以防止自己承担责任。所谓的依法判决有可能成为在"依法"形式下隐藏法官价值选择的遁词。因为，如果所有的裁判结论都是依据上级制定的规则逻辑推演的"科学"产物，作为司法机器中的一个零件，法官又需要承担什么责任呢！

结　语

　　现代刑法的一个基本课题就是：如何对国家刑罚权的发动以合理的制约，使其既可以有效地保护社会安全，又不恣意地侵害到公民的自由权利。这也正是刑法学研究的任务和意义所在。如果要给近代以来刑法理论研究的脉络作一个基本梳理的话，那可能就是许玉秀教授所说的"在主观与客观之间"。应当说，客观化一直是近代刑法学研究的努力方向。客观说立场的刑法理论强调犯罪构成的法定性、违法评价的客观性、形式性，意图将犯罪评价最大限度地客观化，以限制法官在刑法适用中主观评价、防止法官个人价值的涉入，以达到保障公民权利和自由的目的。但是由于犯罪原本就是一种价值的评判，违法性评价中主观价值因素无可避免。因此，客观说在现实中一再碰壁，这使得严格的客观说不断软化而向现实妥协。实际上，既然理论上已不可能禁绝犯罪评价中的价值因素，那么，理论的工作就应该退一步，放弃那种客观化、科学化的理想追求，站在解决问题的立场，功能性地看待违法评价的主观性、价值性，既给予法官评价与选择的价值空间，同时也加以必要的限制。当前，由于传统的体系性思考不断受到现实的挑战，加之英美国家实用主义经验思维模式的影响，德日国家中的刑法研究也一再向这样一种问题思考的模式靠近。作为刑法学的研究者和司法者，不但不可无视这样的一种趋势，而且应当积极地加以研究借鉴，以推动我国刑法研究和刑事司法更加精细、理性、规范。

　　"二战"以来，法律思考中最激动人心的进展是交叉学科法律研究的成长——将社会科学和人文科学应用于法律，以期更少一些形式性，更多一些实用性，更好地植根于经验研究，更好地适应社会目标的需要。借助人文科学、历史学、文化学等的研究思路，可以对法律现象乃至规则提供更加开放和现实的解释。[①] 笔者认为，这一点对于刑法学也同样适用。刑事违法性问题的价值就在于：它不是一个局限于刑法规范内的文字游戏，也不是一个仅在实定法或是在刑法范围内通过文字涵摄就可以解决的问题，它牵涉到人的价值、国家的目的、社会的需求等一系列法哲学或是哲学的问题。诚如德国学者吴登堡所言，

---

① 范愉：《法律现实主义的勃兴与当代中国法学反思》，载《中国法学》2006 年第 4 期。

（违法性问题）用刑法是解决不了的，必须依赖于社会的发展和哲学，"在社会价值观急剧变动的时代，合法与违法的界限往往模糊不清，只有在法律的本质与标准可以一目了然时，才有可能领悟违法的实质。而这与法理学与哲学有关联，没有哲学基础，违法性理论不可能有进步。"① 因此，刑事违法性的问题不仅仅是一个法实证主义的形式问题，而是包含有很深道德伦理内涵的价值判断，是一个哲学的、伦理的价值问题。小野清一郎教授就曾指出，"刑法不仅仅是以实证主义来解释的，而是蕴涵着相当深奥的哲学、伦理学的问题……我们还必须通过这些（刑法的）实证规定，了解其法理的伦理意义。违法性论和道义责任论无非就是讨论构成要件的哲学性法理即伦理。"② 可见，违法性本身就是一个超出实定法范围具有浓厚价值色彩的刑法基础问题，尽管我们无法彻底的将这样一种问题完满解决，但是至少我们可以揭示、正视这一问题的存在，而不是采取鸵鸟策略，加以回避、掩饰。

在一定意义上，西方的法治文明与其多元化的法律观是密不可分的。自古希腊开始，人们就不是局限于法律的形式来界定法律，而是功能性地看待法律的规则意义，因而才会有了自然法这一伟大的创造。在这样一种多元化法律构成的法律体系中，人们既遵从制定法，又可以援用正义的法规范条款去抵制立法的恣意；既有严格法又有衡平法，以严格法来昭示对每个人的平等对待，体现形式正义，以衡平法来实现不同情况不同对待，实现具体的正义。多种法律制度并存于同一政治组织中，这就为法律至上的观念、司法的权威提供了一种合法依据，因为政治权力总是服从于法律的要求。在司法中，这种多元的法律观念所带来的是对社会生活经验、民间知识话语的尊重，对国家权力的警惕与反思。当然，在刑法上，这种多元化的法律观并不意味着所有需要考量的规范都应当作为刑法的一部分。我们并不否认，在罪刑法定的原则下，只有立法者制定的刑事实定法才是据以定罪量刑的刑法规范。但是，这不代表它是刑事违法性评价的唯一价值来源，或是说它本身就足够的完满，足以为所有发生的案件给定法律的答案。相反，我们需要在实定法的规定中演绎、寻找出它的价值内涵，以之作为刑事违法性评价的根据。在这一过程中，社会生活规范、伦理道德乃至法官的正义感都发挥着其应有的功能。

回顾我国刑事法治建设的历程，由于传统文化长期以来忽视形式理性的影响深远，学者们本着矫枉必须过正的理念，对刑法中的实质化弊端给以了无情的揭示和批判，大力倡导形式理性，形式化应当说是这一阶段的主流话语。

---

① 刘生荣、黄丁全编：《刑法基础理论研究》，法律出版社 2001 年版，第 289 页。

② ［日］小野清一郎：《犯罪构成要件理论》，中国人民公安大学出版社 2003 年版，第 37 页。

1997年刑法典的出台成为这一形式化进程的一个里程碑。这种将刑法规范统一化、细则化的努力，对刑法中形式理性强调的积极意义无须多言，但是，其消极的影响却未能引起学界足够的重视。形式的罪刑法定原则在某种意义上已经成为刑事法治中的一个宏大叙事，似乎刑事法治的目标在这一法定化的进程中已经完成了。大量的具体的理论建构、问题导向的思维，刑法适用的价值考量，都可能被这样一种形式的理想所遮蔽。在实践中，由于过于强调刑事立法、刑法规定的明细化以及刑法（立法、司法）解释的重要性，而忽视了回应社会现实的良好司法机制的建构，使得刑事司法愈发机械化、形式化。1997年刑法典实施以后，为了应对社会生活的发展，不断出台的刑法修正案、人大常委会的决定、大量立法解释与司法解释实际上已经摧毁了立法当初的理想，而这种专注于官方知识、忽视司法能动功能的局限性思考所导致的刑法司法窘境更是无情的昭示了这一点，司法人员成为了法律适用的机器，对立法、司法解释的等待、倚靠完全取代了司法人员应当具有的主动性和智慧。

实际上，无论是在法学研究中还是在法律实践中，如果过于注重法的形式而忽视法的生活内涵、过分专注于立法的理性建构而轻视能动司法的积极意义，那就不可能推动法治的进步。因为，制定法是稳定的、封闭的，而法所规制的现实生活则是流动的、开放的。科学的立法和良好的能动性司法是驱动法治进程的两大车轮，失去其中之一都不可能推进法治的发展。站在这一立场，刑事违法性的理论研究的重点就不再仅是以实定刑法作为认定犯罪依据的形式意义的强调，而是对其所蕴含的无价值内涵的揭示。这既可以打破对于立法的过度迷信，体现司法的能动功能，更可以刺破法律形式主义的面纱，揭示刑事违法性是一种价值评价结果的真相。既然刑事违法性是一种刑法上的无价值的判断，而价值的判断无可避免的带有主观性。因此，法官就必须对这样的价值判断进行正当化的说明与论证，同时，社会也完全有权利对这样的判断进行检验和评价。反之，如果不强调刑事违法性的价值内涵实质，不揭示任何一个刑事违法性的判断都潜藏着法官的价值判断，而是拘泥于形式三段论的逻辑推理，那么实际上就免除了法官对其刑事违法性判断正当性的论证义务。所谓的依法判决有可能成为在"合法"形式下隐藏法官主观价值选择的遁词。因为，如果所有的法律结论都是科学的逻辑产物，作为司法机器中的一个零件，法官又需要承担什么责任呢？在司法改革的大背景下，我们更需要考虑，在强调法官、检察官对案件办理的独立责任的同时，在理论上我们能够给他们提供怎样的指引和帮助。

因此，刑事违法性不应当也不可能只是犯罪的法律形式表述，而是包含国家立场与社会立场价值评价的实质体现。刑事违法性本身就是犯罪的本质属性、是犯罪论的核心。在刑法中，所有与犯罪有关的问题，都应该是一个刑法上的评价问题。犯罪论体系的建构也应当围绕着刑事违法性的评价展开。尽管本书没有直接涉及犯罪论体系的建构问题，但是刑事违法性的逻辑结构和价值构造的分析无疑可以为建构一个具有实践价值的犯罪论体系奠定基础。在刑事违法性评价中兼顾官方和社会的两个立场，就易于在司法中形成国家立场与社会立场的相互妥协与融合，可以更好地保障犯罪评价的合理性、正当性，实现刑事法治的目标。这本身就是刑事违法性研究的一个重要意义。

参考文献

一、著作类

（一）中文原著

1. 蔡墩铭：《现代刑法思潮与刑事立法》，东亚法律丛书 1976 年版。

2. 陈兴良：《本体刑法学》，商务印书馆 2001 年版。

3. 陈兴良：《规范刑法学》，中国政法大学出版社 2003 年版。

4. 陈兴良：《刑法适用总论》，法律出版社 1999 年版。

5. 陈忠林：《意大利刑法纲要》，中国人民大学出版社 1999 年版。

6. 陈忠林：《刑法散得集》，法律出版社 2003 年版。

7. 陈子平：《刑法总论》，台湾元照出版有限公司 2005 年版。

8. 陈朴生：《刑法专题研究》，台湾五南图书出版公司 1988 年版。

9. 冯亚东：《理性主义与刑法模式》，中国政法大学出版社 1999 年版。

10. 高鸿钧：《现代法治的出路》，清华大学出版社 2003 年版。

11. 高铭暄主编：《中国刑法学》，中国人民大学出版社 1989 年版。

12. 高铭暄主编：《刑法学原理》（第一卷），中国人民大学出版社 2005 年版。

13. 高仰止：《刑法总则之理论与实用》，台湾五南图书出版公司 1996 年版。

14. 韩忠谟：《刑法原理》，中国政法大学出版社 2002 年版。

15. 何秉松：《刑法教科书》，中国法制出版社 1997 年版。

16. 何秉松：《犯罪理论体系研究（讨论稿）》（第二、三卷），山东大学刑事法律研究。

17. 洪福增：《刑法理论之基础》，刑事法杂志社印行 1977 年版。

18. 黄荣坚：《基础刑法学》，台湾元照出版有限公司 2003 年版。

19. 季卫东：《法治秩序的建构》，中国政法大学出版社 1999 年版。

20. 柯耀程：《变动中的刑法思想》，中国政法大学出版社 2003 年版。

21. 李海东：《刑法原理——犯罪论基础》，法律出版社 1999 年版。

22. 李海东：《刑法原理（犯罪论基础）》，法律出版社 1998 年版。

23. 梁治平：《在边缘处思考》，法律出版社 2003 年版。

24. 林端：《韦伯论传统中国法律——韦伯法律社会学批判》，台湾三民书局 2003 年版。

25. 林山田：《刑法通论》，台湾林山田发行第 9 版。

26. 刘金国等主编：《法理学教科书》，中国政法大学出版社 1999 年版。

27. 马克昌主编：《近代西方刑法学说史略》，中国检察出版社 1996 年版。

28. 马克昌等主编：《刑法学全书》，上海科学技术文献出版社 1993 年版。

29. 马克昌主编：《犯罪通论》，武汉大学出版社 1999 年版。

30. 曲新久：《刑法的精神与范畴》，中国政法大学出版社 2000 年版。

31. 青锋：《犯罪本质研究》，中国人民公安大学出版社 1994 年版。

32. 苏国勋：《理性化及其限制：韦伯思想引论》，上海人民出版社 1988 年版。

33. 田宏杰：《中国刑法现代化研究》，方正出版社 2000 年版。

34. 童德华：《规范刑法原理》，中国人民公安大学出版社 2005 年版。

35. 童伟华：《犯罪客体研究——违法性的中国语境分析》，武汉大学出版社 2005 年版。

36. 王安异：《刑法中的行为无价值与结果无价值研究》，中国人民公安大学出版社 2005 年版。

37. 王海明：《伦理学方法》，商务印书馆 2003 年版。

38. 谢芮智编：《公法上之理念与现实》，台湾文笙书局 1982 年版。

39. 薛瑞麟：《俄罗斯刑法研究》，中国政法大学出版社 2003 年版。

40. 颜厥安：《规范、论证与行动》，台湾元照出版有限公司 2004 年版。

41. 余振华：《刑法深思、深思刑法》，台湾元照出版有限公司 2005 年版。

42. 余振华：《刑法违法性理论》，台湾元照出版有限公司 2001 年版。

43. 张明楷：《刑法学》，法律出版社 2003 年版。

44. 张明楷：《外国刑法纲要》，清华大学出版社 1999 年版。

45. 张明楷：《法益初论》，中国政法大学出版社 2000 年版。

46. 张明楷：《刑法的基本立场》，中国法制出版社 2002 年版。

47. 张明楷：《刑法分则解释原理》，中国人民大学出版社 2004 年版。

48. 张明楷：《刑法的基础观念》，中国检察出版社 1995 年版。

49. 赵薇：《俄罗斯联邦刑法》，法律出版社 2003 年版。

50. 宗建文：《刑法适用机制》，法律出版社 2001 年版。

（二）外文译著

1. 《马克思恩格斯全集》（第一卷），中共中央马克思恩格斯列宁斯大林著作编译局编译，人民出版社 1995 年版。

2. ［德］卡尔·拉伦次：《法学方法论》，陈爱娥译，商务印书馆 2003 年版。

3. ［德］阿图尔·考夫曼：《后现代法哲学》，米健译，法律出版社 2000 年版。

4. ［德］拉德布鲁赫：《法律智慧警句集》，舒国滢译，中国法制出版社 2001 年版。

5. ［德］亚图·考夫曼：《类推与"事物的本质"》，吴从周译，台湾学林文化专业有限公司 1999 年版。

6. ［德］考夫曼：《法律哲学》，刘幸义等译，法律出版社 2004 年版。

7. ［德］汉斯·海因里希·耶塞克、托马斯·魏根特：《德国刑法教科书》（总论），徐久生译，中国法制出版社 2001 年版。

8. ［德］克劳斯·罗克辛：《德国刑法学总论》（第一卷），王世洲译，法律出版社 2005 年版。

9. ［德］黑格尔：《法哲学原理》，范扬等译，商务印书馆 1961 年版，第 220 页。

10. ［德］哈贝马斯：《在事实与规范之间》，三联书店 2003 年版。

11. ［日］西原村夫：《刑法的根基与哲学》，法律出版社 2004 年版。

12. ［日］大塚仁：《刑法概说》，冯军译，中国人民大学出版社 2003 年版。

13. ［日］大谷实：《刑法总论》，黎宏译，法律出版社 2003 年版。

14. ［日］大塚仁：《犯罪论的基本问题》，冯军译，中国政法大学出版社 1993 年版。

15. ［日］曾根威彦：《刑法学基础》，黎宏译，法律出版社 2005 年版。

16. ［日］川端博：《刑法总论 25 讲》，余振华译，中国政法大学出版社 2003 年版。

17. ［日］小野清一郎：《犯罪构成要件理论》，中国人民公安大学出版社 1991 年版。

18. ［英］J. W. 西塞·特纳：《肯尼刑法原理》，王国庆等译，华夏出版社 1989 年版。

19. ［日］野村稔：《刑法总论》，全理其、何力译，法律出版社 2001 年版。

20. ［英］弗里德里希·冯·哈耶克：《自由秩序原理》（上、下卷），三联书店 1997 年版。

21. ［英］弗里德里希·冯·哈耶克：《法律、立法与自由》（第一、二、三卷），中国大百科全书出版社 2000 年版。

22. ［英］哈特：《法律的概念》，张文显等译，中国大百科全书出版社 1996 年版。

23. ［英］休谟：《人性论》，关文运译，商务印书馆 1982 年版。

24. ［美］约翰·罗尔斯：《正义论》，何怀宏译，中国社会科学出版社 1988 年版。

25. ［美］本杰明·卡多佐：《司法过程的性质》，苏力译，商务印书馆 1998 年版。

26. ［美］博登海默：《法理学、法哲学和法律方法》，邓正来译，中国政法大学出版社 1999 年版。

27. ［美］德沃金：《认真对待权利》，信春鹰、吴玉章译，中国大百科全书出版社 1998 年版。

28. ［法］基佐：《欧洲文明史》，程洪逵等译，商务印书馆 1998 年版。

29. ［法］E. 迪尔凯姆：《社会学方法的准则》，耿玉明译，商务印书馆 1995 年版。

30. ［前苏联］H. A. 别利亚耶夫等编：《苏维埃刑法总论》，马改秀、张广贤译，群众出版社 1989 年版。

31. ［前苏联］A. H. 特拉伊宁：《犯罪构成的一般学说》，王作富等译，中国人民大学出版社 1958 年版。

32. ［俄］库兹涅佐娃等著：《俄罗斯刑法教程》，黄道秀译，中国法制出版社 2002 年版。

33. ［意］帕多瓦尼：《意大利刑法原理》，陈忠林译，法律出版社 1999 年版。

34. ［意］贝卡利亚：《论犯罪与刑罚》，黄风译，中国大百科全书出版社 1993 年版。

35. ［奥］凯尔森：《法与国家的一般理论》，中国大百科全书出版社 1996 年版。

（三）外文原著

1. W. Fiedmann, Law and Social Chang in Contemporary British, London：stevens, 1951.

2. Hans Kelsen, Foundations of Democracy, Part 2, in Ethics, vol. 46, No1, Octobor, 1955.

3. Joseph Raz, The Authority of Law：Essays on Law and Mority, Clarendon Press.

4. J. C. Smith，Brian Hogan. Criminal Law. Butterworth，1992.

5. R. Dworkin，A Matter of Principle，Harvard University Press，1985.

6. 藤木英雄：《刑法讲义总论》，弘文堂1975年版。

7. 平野龙一：《刑法机能的考察》，有斐阁1975年版。

8. 前田雅英：《刑法总论讲义》，东京大学出版会2002年版。

9. 木村龟二：《刑法的基本问题》，有斐阁1979年版。

二、论文类

1. 储槐植、张永红：《善待社会危害性观念》，载《法学研究》2002年第3期。

2. 陈兴良：《社会危害性理论——一个反思性检讨》，载《法学研究》2000年第1期。

3. 陈兴良：《法治国的刑法文化——21世纪刑法学研究展望》，载《人民检察》1999年第11期。

4. 陈兴良：《从政治刑法到市民刑法》，载《刑事法评论》（第1卷），中国政法大学出版社1997年版。

5. 陈聪富：《韦伯论形式理性之法律》，载http：//www. lifelaw. com. tw/law/lawbasic。

6. 陈景辉：《合法性规范：规范性基础上的合法观念》，载《政法论坛——中国政法大学学报》2006年第2期。

7. 丁祥雄：《关于犯罪本质特征的再思考》，载《广西政法管理干部学院学报》2002年第2期。

8. 樊文：《罪刑法定与社会危害性的冲突——兼析刑法第13条关于犯罪的概念》，载《法律科学》1998年第1期。

9. 高艳东：《从契约论到强迫论：废除死刑坎坷中的突破》，载《刑事法评论》（第16卷），中国政法大学出版社2004年版。

10. 冯军：《刑法的规范化诠释》，载《法商研究》2005年第6期。

11. 何子伦：《台湾地区刑事犯与行政犯分界之研究》，中国政法大学2005年博士学位论文。

12. 黄丁全：《社会相当性理论研究》，载《刑事法评论》（第5卷），中国政法大学出版社1998年版。

13. 劳东燕：《罪刑法定的明确性困境及其出路》，载《法学研究》2004年第6期。

14. 李海东：《社会危害性与危险性：中、德、日刑法学的一个比较》，载陈兴良主编：《刑事法评论》（第 4 卷），中国政法大学出版社 1999 年版。

15. 李猛：《除魔的世界与禁欲的守护神》，载李猛主编：《韦伯：法律与价值》，上海人民出版社 2001 年版。

16. 黎宏：《行为无价值论批判》，载《中国法学》2006 年第 2 期。

17. 林山田：《评可罚的违法性理论》，载《刑事法论丛》（二），台湾元照出版有限公司 1997 年版。

18. 梁根林：《二十世纪的中国刑法学——反思与展望》（中），载《中国法学》1999 年第 3 期。

19. 刘艳红：《社会危害性辩证》，载《中国法学》2002 年第 2 期。

20. 刘卫波：《诠说的底线》，载陈兴良主编：《刑事法评论》（第 6 卷），中国政法大学出版社 1999 年版。

21. 刘为波：《可罚的违法性论》，载陈兴良主编：《刑事法评论》（第 10 卷），中国政法大学出版社 2002 年版。

22. 米传勇：《刑事违法论——违法性双层次审查结构之提倡》，载《刑事法评论》（第 10 卷），中国政法大学出版社 2002 年版。

23. 沈海平：《社会危害性再审视》，载《刑事法杂志》2004 年第 2 期。

24. 田宏杰：《宽容与平衡：中国刑法现代化的伦理思考》，载《政法论坛》2006 年第 2 期。

25. 王安异：《合目的论与我国刑法解释》，载《武大刑事法评论》（第 1 卷），中国人民公安大学出版社 2005 年版。

26. 吴丙新：《刑事司法的实体法渊源——罪刑法定原则的刑法解释学分析》，载《当代法学》2004 年第 1 期。

27. 夏勇：《法治是什么？——渊源、规训与价值》，载《中国社会科学》1999 年第 4 期。

28. 薛瑞麟：《俄罗斯刑法中的犯罪概念》，载《法制与社会发展》2000 年第 2 期。

29. 薛瑞麟：《犯罪客体的几个问题》，载《中国刑事法杂志》2006 年第 2 期。

30. 许道敏：《犯罪构成理论重构》，载《中国法学》2001 年第 5 期。

31. 许发民：《论刑法的伦理品格》，载《法律科学》1997 年第 4 期。

32. 杨兴培：《论犯罪构成与犯罪阻却事由的关系》，载《政法论坛（中国政法大学学报）》2002 年第 3 期。

33. 郑永流：《德国"法治国"思想和制度的起源与变迁》，载夏勇主编：《公法》（第 2 卷），法律出版社 2000 年版。

34. 周光权：《行为无价值论之提倡》，载《比较法研究》2003 年第 5 期。

35. 张明楷：《刑法在法律体系中的地位》，载《法学研究》1994 年第 6 期。

36. 张明楷：《刑事立法的发展方向》，载《中国法学》2006 年第 4 期。

37. 郑逸哲：《刑法上有意义的行为保证罪刑法定原则不被架空》，载《自由·责任·法》，台湾元照出版有限公司 2005 年版。

后　记

本书是在我的博士论文《刑事违法性理论研究》的基础上，经过进一步修改完善而成。在小书付梓之时，要特别感谢我的恩师薛瑞麟教授。2001年，我离开司法实践部门来到中国政法大学攻读刑法学硕士、博士研究生，有幸在恩师的指导下从事刑法学研究。薛老师辅导了我六年学业，也指导了我六年的人生。正是在恩师的悉心指导和深切关怀下，我才得以顺利完成学业和此书。而薛老师为学、为师、为人的风范以及对学生的严慈和关爱更成为在学业之外给予我的又一份珍贵财富。同时，还要感谢中国政法大学曲新久教授、阮齐林教授、张凌教授、王牧教授等授业老师，感谢他们传授给我的知识和给予的帮助。在此书写作期间，得到了康瑛博士、孟伟博士、丁英华博士、朱平博士、毛冠楠博士、罗猛博士等同窗学友的帮助，与他们的交流与讨论使我获益良多，一并表示谢忱。

此外，还要感谢我在最高人民检察院工作期间的同事和各省市等地方检察机关和相关司法部门的同仁，和他们一起工作、交流的过程也是最好的学习过程，从他们的睿智思想中汲取了精华，从他们的执着精神中得到了鼓励。

英国人类学家弗雷泽曾经说过："一个时代对新知识积累的总和所贡献的数量是很小的，更不要说一个人所能增添的数量了；忽视那些大量积累起来的知识，吹嘘我们自己可能增加上去的点滴知识，这种做法除了不知感恩之外，还暴露出愚蠢或不诚实。"正是在汲取前人研究成果的基础上，我完成了本书。在此，要对书中所有引文以及所参考的文献的作者、译者致以衷心的感谢。

在此要特别感谢中国检察出版社的领导和编辑，承蒙他们的美意和辛劳，本书才得以付梓。最后，要感谢我的家人，是他们给了我面对生活和事业的最大鼓励，我的每一点成绩也都属于他们。

　　需要说明的是，对这样一个刑法理论的核心问题，本书的探讨无疑是粗浅的，书中也必然存在这样或那样的错漏。谬误之处，诚望学界各位前辈、同仁批评指正。

张　军

2016 年 6 月于北京